高等学校新闻传播学应用型系列教材

U0690698

COURSEBOOK OF MEDIA CONVERGENCE

本书为湖北品牌发展研究中心支持出版项目

媒介融合教程

学术顾问　申　凡

主　编　姜　平

副主编　杜俊伟　陈　奕

编委会　姜　平　杜俊伟　陈　奕

　　　　黄　龙　王丽明

武汉大学出版社
WUHAN UNIVERSITY PRESS

图书在版编目(CIP)数据

媒介融合教程/姜平主编 . —武汉:武汉大学出版社,2015.4(2022.8 重印)

高等学校新闻传播学应用型系列教材

ISBN 978-7-307-15360-8

Ⅰ.媒…　Ⅱ.姜…　Ⅲ.传播媒介—高等学校—教材　Ⅳ.G206.2

中国版本图书馆 CIP 数据核字(2015)第 039989 号

责任编辑:韩秋婷　　　责任校对:李孟潇　　　版式设计:马　佳

出版发行:**武汉大学出版社**　　(430072　武昌　珞珈山)

(电子邮箱:cbs22@ whu.edu.cn 网址:www.wdp.com.cn)

印刷:武汉邮科印务有限公司

开本:720×1000　1/16　印张:18.5　字数:327 千字　插页:1

版次:2015 年 4 月第 1 版　　2022 年 8 月第 5 次印刷

ISBN 978-7-307-15360-8　　定价:36.00 元

版权所有,不得翻印;凡购买我社的图书,如有质量问题,请与当地图书销售部门联系调换。

目　　录

第一章　媒介融合概述

　　人类的新闻传播实践，若从技术的角度来看，实则是一个媒介形态不断演化、升级的过程。媒介形态的每一次演进，无论是在时间上还是在空间上，都带来了新闻传播实践的深刻变革：从口语新闻时代到手抄新闻时代，从印刷新闻时代到电子新闻时代，乃至当代的网络新闻时代，新闻传播的时效性越来越强，新闻传播覆盖的空间越来越广，新闻传播本身的形式越来越丰富，新闻传播对社会发展的介入程度越来越深。因此，媒介形态的每一次演进，总会让我们不得不重新打量新闻传播这个"熟悉的陌生人"，对新闻传播的理论和实践作出新的审视，产生新的认识。

　　从口语新闻时代、手抄新闻时代、印刷新闻时代、电子新闻时代到网络新闻时代，媒介形态已然经历五次划时代的变革。我们可以清楚地看到，除了手抄新闻这一新闻传播形态之外，其他的四种形态依然并行于世，各有所长，相互补充。那么，有没有这样的一种可能——将前述种种新闻传播形式各自的优点结合起来，同时又能尽量避免它们在单独存在时所具有的弊端呢？答案是肯定的。

　　20世纪末21世纪初，整合各种媒介的优点、以一种"全能型"媒介的形式来进行新闻生产的努力已现端倪，并正在越来越广泛、越来越深刻地影响着新闻实践。这种努力，及其代表的媒介发展方向，正是我们将要进行全方位认识的、一种崭新的新闻传播形态——媒介融合。

第一节　什么是媒介融合

　　当今，媒介融合已经成为新闻传媒业革命性的进化趋势，并在全世界的很多地区涌现。身为21世纪的新闻专业大学生，我们必须了解媒介融合、掌握媒介融合的相关知识和技能，因为它极有可能影响甚至左右我们的职业前景。

　　那么，到底什么是媒介融合呢？由于观察和思考的角度不同，关于媒介融合的定义也不尽相同。可以说，有多少人实践媒介融合、研究媒介融合，就有多少种媒介融合的定义。其原因在于，"在不同的国家和地区，媒介融合的内涵随着国家的不同，文化的不同而发生变化，其他的影响因素还包括规范媒体所有权的法律和数字技术"①。

一、国外对于媒介融合的相关诠释

（一）尼葛洛庞帝提出的"融合"之说

"媒介融合"是一个偏正词组，从字面上来看，意为"媒介的融合"。《现代汉语词典》将"融合"解释为：几种不同的事物合成一体②。

追溯起来，用"融合"（Convergence）一词来描述媒介的发展状况，美国麻省理工学院（MIT）的媒体实验室创始人尼古拉斯·尼葛洛庞帝（Nicholas Negroponte）是第一人。他于1978年最早提出此概念，并认为"所有的传播技术正在遭受联合变形之苦，只有把它们作为单个事物对待时，它们才能得到适当的理解"③。这个"联合变形"，即指传统媒介在各自的形态之间已出现彼此借鉴、相互渗透的情形。尼葛洛庞帝用三个圆圈来描述电脑业、印刷和出版业以及广播和动画业这三者之间的技术边界，认为三个圆圈的交叉处将会成为发展最快、创新最多的领域。如图1-1所示：

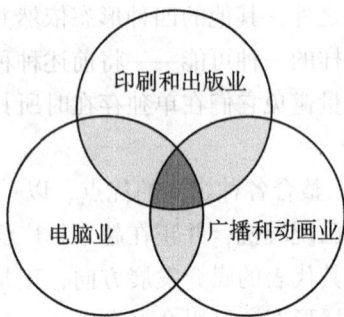

图 1-1　尼葛洛庞帝的"三圆交叠"④

---

① ［澳］Stephen Quinn、［美］Vincent F. Filak：《媒介融合——跨媒体的写作和制作》，任锦鸾，译，人民邮电出版社2009年版，第1页。

② 《现代汉语词典》（第6版），商务印书馆2012年版，第1101页。

③ Stewart Brand, *The Media Lab: Inventing the Future at MIT*. New York: Viking Penguin, 1987, p. 11.

④ 曹漪那、付玉杰：《从尼葛洛庞帝"三圆交叠"看媒介分化》，载《西南民族大学学报》（人文社会科学版）2009年第12期。

随着数字技术的发展，文字、照片、音乐、影像和对话都可以通过同一种终端机和网络传送来显现，而且不同形式的媒体彼此之间的互换性和互联性得到加强。在这种情形下，图1-1所示的"广播和动画业"、"电脑业"及"印刷和出版业"三个领域将逐渐趋于融合。

（二）鲍德温等人提出的"大汇流"之说

此后，托马斯·鲍德温等三位美国学者在《大汇流——整合媒介信息与传播》一书里提出，以前电信、有线电视、广播和电脑业"各自为政"，现在汇流到了一起，产生了整合宽带系统（Broadband Communication Systems）①。同时，美国联邦政府的政策，尤其是1996年的电信法（Telecommunications Act of 1996），给所有传播通信服务业的自由竞争松了绑，由此开创了一个数字化的时代，继而引发了大融合。

（三）凯文·曼尼提出的"大媒体"之说

对于表现出融合趋势的媒介，美国学者凯文·曼尼则提出了"大媒体"（Mega-media）的概念。这一概念用来描述新闻业不分领域全面竞争的现象，而且传统大众传媒业、电信业、信息（网络）业都将统一整合到一种全新的产业之下——"大媒体"业。

（四）普尔提出的"传播形态融合"之说

1983年，美国学者伊契尔·索勒·普尔（Ithiel De Sola Pool）又在《自由的科技》一书中提出了"传播形态融合"（the Convergence of Modes）这一概念。他认为，数码电子科技的发展，致使历来泾渭分明的传播形态出现了聚合。尽管其本意是指各种媒介呈现出多功能一体化的趋势，但最初人们关于这种传播形态融合的想象，更多的是集中于将电视、报刊等传统媒介融合在一起。

（五）戴默等提出的"融合连续统一体"之说

美国鲍尔州立大学的戴默（Lori Demo）等几位学者针对媒介形态和生产过程中相互融合的情形，提出了"融合连续统一体"的概念。在他们向美国新闻与大众传播学教育学会提交的论文《融合连续统一体：媒介新闻编辑部合作研究的一种模式》中，戴默等人用"融合连续统一体"这一概念描述了美国及其他国家的媒介在当时的实际情况，并对融合的不同模式进行了界定：交互推广、克隆、合竞、内容分享和融合。这五种模式都以媒介之间的合作方

---

① ［美］托马斯·鲍德温，等：《大汇流——整合媒介信息与传播》，华夏出版社2000年版，第2页。

式为分类标准，五种模式的新闻融合程度依次由弱到强、由简单到复杂。由此可见，戴默认为"融合"的产生基于媒介间的合作与互动。

（六）"媒介融合"一语渐成通用概念

在"融合"、"汇流"、"大媒体"、"传播形态融合"以及"融合连续统一体"等词汇相继问世后，"媒介融合"（Media Convergence）这一用语在20世纪90年代中后期，逐渐成为描述上述媒介发展趋势的通用概念。

当时的背景是，互联网的兴盛引发了它对传统媒体的"取代论"和"共荣论"的争执。其中的"共荣论"，主张的就是网络媒体与传统媒体的和平共处、联合发展。同时，围绕着"媒介融合"这一概念，人们也从不同的角度给出了诸多不同的定义。

比如，美国新闻学会媒介研究中心主任安德鲁·纳奇逊（Andrew Nachison）将"融合媒介"定义为：

> 印刷的、音频的、视频的、互动性数字媒体组织之间的战略的、操作的、文化联盟。①

在这一定义中，纳奇逊所强调的"媒介融合"更多的是指各个媒介之间的合作和联盟。又如，科隆曾指出，媒介融合的实际运作早已有之：早在20世纪50年代，一些报社就拥有自己的电视台，并且共享一些信息资源；不过，从那个时候开始，媒介融合的概念已经历半个世纪的演变，而坦帕模式所代表的现代媒介融合方式充分说明了其更丰富的内涵②。

此外，道尔（Doyle）认为"媒介融合是指电子通信技术、计算机技术和媒体的融合"③，詹金斯（Jenkins）则详细阐述了媒介融合的五种形式："技术融合、经济融合、社会或组织融合、文化融合和全球融合。"④

---

① 转引自蔡雯：《新闻传播的变化融合了什么——从美国新闻传播的变化谈起》，载《新闻采编》2006年第2期。

② Colon, A. The Multimedia Newsroom, *Columbia Journalism Review*, 2000（39），pp. 24-27.

③ Doyle, G. *Media Ownership*: *The Economics and Politics of Convergence and Concentration in the UK and European Media*. London：Sage Publications, 2002, p. 89.

④ Rich Gordon, The Meanings and Implication of Convergence, in Kawamoto, K.（Ed），*Digital Journalism*: *Emerging Media and the Changing Horizons of Journalism*. New York：ILowman & Litdefield, 2003, pp. 57-73.

当然，"融合媒介"是一个非常广阔的研究领域，西方学者在这一领域的研究也呈现出多样化的视角，有从技术融合角度展开的研究、从媒介所有权融合角度展开的研究、从媒介文化融合角度展开的研究、从媒介组织结构融合角度展开的研究、从新闻采编技能融合角度展开的研究，等等。这些研究可以说铺展到了与媒介相关的所有方面，包括媒介的外部环境和内部机制，涉及媒介经营与新闻传播的各个角度。也正因为如此，所以才仁者见仁，智者见智，"融合媒介"这个概念至今也没有一个公认的准确定义。

总的来看，虽然西方学者对"媒介融合"（或是表现为新闻成品的"融合新闻"）作出的界定不同，但一般认为，比较有代表性的当为美国南加州大学安利伯格传播学院教授拉里·普莱尔所给出的定义：

> 媒介融合（融合新闻）发生在新闻编辑部中，新闻从业人员一起工作，为多种媒体的平台生产多样化的新闻产品，并以互动性的内容服务大众，通常是以一周七日、每日 24 小时的周期运行。①

另外，西方新闻学界在"媒介融合"这个概念上，经常用"Journalism"代替"Media"，出现过"新闻业融合"（Journalism Convergence）这一说法。其实，两者的意思差别并不大，因为在西方，"Journalism"是指整个"新闻业"，因此"媒介融合"和"新闻业融合"是可以互换的两个概念。

二、国内对于媒介融合的相关阐释

在国内，近些年来，"媒介融合"、"媒体融合"、"融媒"、"通媒"以及"全媒体"等名词越来越多地出现在人们的视野之中。尽管名称不尽相同，但实质上，它们所指代的就是"Media Convergence"这一概念所对应的媒介形态和新闻生产的发展趋势。

（一）对"融合"的追根溯源

为了要理解"媒介融合"，界定它的指向范围，国内学者从"融合"入手，也就是探究"Convergence"的意思。如有人分别对"媒介融合"中的"融合"（Convergence）一词进行了追根溯源。根据《牛津高阶英汉双解词典》，它最早源于科学领域，如 1713 年英国科学家威廉·德汉（William Der-

---

① 转引自蔡雯：《从"超级记者"到"超级团队"——西方媒体"融合新闻"的实践和理论》，载《中国记者》2007 年第 1 期。

ham）谈到光线的汇聚或发散；随后，该词被逐渐运用于气象学、数学、进化生物学、政治学和经济学等学科①。

从字面上看，Convergence 有两层意思：第一，线条、运动物体汇于一点，向一点汇合、聚集；第二，两种事物相似或者相同（用于比喻义）。由此可见，"媒介融合"也应该具有两层意思，第一层意思是"汇聚"、"结合"，第二层意思才是融合，两层意思是有区别的。"汇聚"或"结合"虽然有一些"融合"的意思，却是低层次的"融合"，是物理意义上的，是在做"加法"，将同种的媒介或者不同种类的媒介结合为一个共同体，如中国很多的报业集团、广电集团等；而"融合"则是将不同的媒介功能和传播手段"融化"为一种。这种探讨虽然难免显得有点学究气，但是，在一个重要的现象和概念的描述、引入之初，正本清源，字斟句酌，对于我们形成正确的认识，也是有所裨益的。

在此基础上，也有人提出将"媒介融合"分成组织融合、资本融合、传播手段融合、媒介形态融合四个阶段，认为这四个阶段由浅到深、由简单到复杂、由低级到高级，是一个渐次发展的过程。②

（二）从对国外理论和实践的评介中认识媒介融合

由于媒介融合所包含的内涵和外延较广，同时这一过程也仍然处于发展变化之中，有研究者从国内外现有的、成型的融合实践出发，尝试给出客观的描述性定义，然后再对其进行深层次的剖析。比如，有研究者给出了如下定义："媒介融合是在数字技术和网络技术的背景下，以信息消费终端的需求为指向，由内容融合、网络融合和终端融合所构成的媒介形态的演化过程。"③

也有一些中国研究者，虽然没有对媒介融合的概念提出自己的明确定义，但他们却对国外的理论和实践进行了评介，结合"媒介融合"实践操作中的案例，以及对媒介融合未来前景的展望，从侧面对媒介融合进行了认识。

比如，有人认为，"融合发展是网络媒体与传统媒体进行优势互补、战略

---

① 宋昭勋：《新闻传播学中 Convergence 一词溯源及内涵》，载《现代传播》2006 年第 1 期。

② 陈浩文：《再论媒介融合（Media Convergence）》，http：//www.zijin.net/news/journalism1/2008-1-11/n08111430612H23IE6CDEG1.shtml，2008-1-11。

③ 王菲：《媒介大融合：数字新媒体时代下的媒介融合论》，南方日报出版社 2007 年版，第 21~22 页。

重组，占据新世纪主导地位的现实需要。"① 这一界定更多的是侧重于网络媒体与传统媒体应该在技术和内容上互通有无、相互学习、取长补短，因此，它其实强调的是技术与内容的联合发展，而非"印刷的、音频的、视频的、操作的、文化的联盟"②。

还有人这样描述媒介融合的核心思想："随着媒体技术的发展和一些藩篱的打破，电视、网络、移动技术的不断进步，各类新闻媒体将融合在一起。"③由此可见，这种观点认为媒介融合这一概念并不仅仅指媒介产业内部不同形态的媒介之间的融合，它还包括媒介行业与其他行业之间的整合，比如新闻媒介与电信产业的融合、媒介与先进科学技术之间的融合等。

同时，有人认为，融合只是手段而不是目的，"合"是为了更好的"分"，即通过融合达到更高层次的多样化，这才是媒介融合的终极目标④；对于媒介融合的方式，有人认为，真正意义上的媒介融合不止于内容的融合，更应是媒介形态、结构、技术、功能、流程乃至传播方式的融合⑤；对于媒介融合的未来发展前景，有人认为数字技术将打破媒介的介质壁垒，使同一内容多介质的融合成为可能⑥。另外，有很多人从具体微观的角度入手，分析了正在或者（已经完成的）媒介融合业界案例，并进行了一些应用性的思考。也有高校的新闻传播院系教师，对于如何培养具有媒体融合技能的新闻人才进行了探讨。

所有的这些探讨和认识，既可以看作国内学人对于媒介融合的接受和引入，也可看作他们立足于国内实践而进行的本土化审视。

（三）狭义和广义的"媒介融合"

在前人的研究和业界实践中，我们可以看出，"媒介融合"的概念实际上有狭义和广义之分。其中，狭义的概念仅仅是指将不同的媒介形态"融合"在一起，由"量变"产生"质变"，形成一种新的媒介形态，如手机报纸、网络广播等。而广义的概念则涵盖广阔的范围和丰富的内涵，包括一切媒介及其

---

① 庞亮：《关于我国网络媒体与传统媒体融合发展的几点思考》，载《中国广播电视学刊》2002 年第 3 期。

② 转引自蔡雯：《从"超级记者"到"超级团队"——西方媒体"融合新闻"的实践和理论》，载《中国记者》2007 年第 1 期。

③ 陶喜红：《论媒介融合在中国的发展趋势》，载《中国广告》2007 年第 6 期。

④ 彭兰：《媒介融合时代的合与分》，载《中国记者》2007 年第 2 期。

⑤ 郑瑜：《新媒体时代真正意义上的媒介融合》，载《新闻窗》2007 年第 6 期。

⑥ 王鸿涛：《媒介融合现状与前景》，载《中国记者》2007 年第 6 期。

有关要素的汇聚与融合。

本书认为，我们应该从广义的范围来考察和学习媒介融合。在广义上，媒介融合的演进是递进式、立体式的：

> "媒介融合"是指媒介产业在媒介形态、媒介功能、传播手段、资本所有权、组织结构等要素方面所进行的聚合和演进。它既指代这些要素相互融合的过程，也指代新闻生产过程的融合，同时也指代新闻产品以文本、声音、图像、视频、数字等形式呈现出来的信息服务方式的融合。

三、为什么要关注媒介融合的发展趋势

媒介融合的迅猛发展趋势，已经毋庸置疑地将新闻传播的业界和学界裹挟其中。无论人们对媒介融合这一实践持何种态度和看法，它对于人类新闻传播业的全方位冲击无法回避。在这种情况下，深入地认识媒介融合，回顾其发展历程，认识其类型和特征，剖析其操作流程，掌握融合时代的必要理论知识和实践技能，方能提升自身媒介素养，适应传媒业的巨大变革，挺立在时代发展的潮头。

媒介融合的应用，在当今中西方的传媒实践中已经相当普遍。美国密苏里新闻学院曾通过定性研究的方法，对15名亲历媒介融合的人进行深度访谈，研究证明了媒介融合与竞争优势之间的相关性。"媒介融合的多元化趋势对于媒介产业的发展意义重大。媒介之间的跨媒体、跨地区融合，以及媒介产业和其他产业的跨行业的多元化融合可以使媒介组织结构与工作流程发生巨大的变化，将会大大增强媒介影响力，使媒介经济得到有效增长，媒介集团实现规模经济和范围经济。"因此，"媒介融合能够带来利润、带来优质的新闻业务，并且能够降低成本，从而为实施融合的新闻机构带来竞争优势"①。这些优势客观有力地促进了新闻传播业界对媒介融合的推进。

同时，这一实践对于包括中国在内的诸多国家已经产生巨大的示范效应。比如在我国，由于报纸受到电视、网络等媒体的影响，其市场不断被侵占，出现了发行量下降、广告收益滑坡的现象，在这种形势下，传统媒体为探索新的

---

① 章于炎：《媒介融合：从优质新闻业务、规模经济到竞争优势的发展轨迹》，载《中国传媒报告》第19期。

经营模式，在充分利用自身资源优势的前提下，与新兴媒体进行多层次、多样化的合作与融合。从实践结果来看，"融合"帮助它们更好地开拓和占有媒介市场。《杭州日报》在 1993 年成为国内第一份拥有网络版的报纸；开办于 2002 年 3 月的北京"千龙网"，则首次以产业的形式实现了电视、报纸、广播和网络的融合；随后，上海九家单位联合成立的"东方网"，广东报业集团与广播电视、出版单位联合打造的"南方网"，都成功地实现了跨媒介的融合。尽管这些实践都还只是传统媒体自觉融合网络媒体的最早尝试，尽管这些尝试还只停留在媒介融合的浅层次上，但是，随着融合趋势的进一步发展，更多形态、更深层次的媒介融合实践也必将蓬勃兴起。

其次，媒介融合是新闻传播理论研究的新课题。"媒介融合"是当今新闻传播学界的一个前沿课题。如前所述，尽管对于究竟什么是"媒介融合"，至今未有定论，但是，媒介融合这一概念所包含的基本范畴已大致清晰，对于媒介融合历史、媒介融合的驱动因素和利益、媒介融合的类型和特征、媒介融合的工作流程、媒介融合的国内外实例、媒介融合中的问题与教训以及媒介融合的未来发展趋势等问题的探讨和研究，对于从理论和实践层面把握这一全新动向，达到理论指导实践的目标，是大有裨益的。

另外，媒介融合也为新闻传播教育开拓了新思路。"大学的新闻课程也开始走向融合，因为融合新闻技能培训已显得十分重要和必要，跨平台传播训练已经或即将纳入课程规划。以前，记者通常学习一种媒体的传播技能，然后便将自己所选定的这一领域作为终生职业场所。然而，21 世纪的新闻工作者应该认清媒体融合的发展趋势，努力加强跨媒体传播技巧训练，成为具备以多种形式进行写作和传播能力的融合记者（Convergence Journalist）。"[1] 融合媒介的兴起，对于高等院校新闻传播院系的现有教育格局以及教学环节设置，也形成了强大的改革压力和动力。

第二节　媒介融合的基本类型及特征

2003 年，美国西北大学教授李奇·高登（Rich Gordon）根据不同传播语境下的"Covergence"一词所表达的含义归纳了美国当时存在的五种"媒介融

---

① 宋昭勋：《新闻传播学中 Convergence 一词溯源及内涵》，载《现代传播》2006 年第 1 期。

合"类型①：

所有权融合（Ownership Convergence），这类融合指大型传媒集团拥有不同类型的媒介，以实现这些媒介之间的内容的相互推销和资源共享；

策略性融合（Tactical Convergence），这类融合指所有权不同的媒介之间在内容上共享；

结构性融合（Structural Convergence），这类融合与新闻采集与分配相关，如将报纸新闻加工、打包后出售给电视台等其他媒介机构；

信息采集融合（Information-gathering Convergence），这类融合指新闻报道层面上一部分新闻从业者需要以多媒体融合的新闻技能来完成新闻信息的采集；

新闻表达融合（Storytelling or Presentation Convergence），这类融合指记者和编辑需要综合运用多媒体的、与公众互动的工具与技能来完成对新闻事实的表达。

而提出了"融合连续统一体"概念的戴默也根据自己的观察和理解提出了另外五种模式②：

交互推广（Cross-promotion），指作为合作伙伴的媒介相互利用对方推广自己的内容，如电视介绍报纸的内容；

克隆（Cloning），指作为合作伙伴的媒介不加改动地刊播对方的内容；

合竞（Competition），指作为合作伙伴的媒介之间既有合作也有竞争，如一家报社的记者编辑在某电视台的节目中对新闻进行解释和评论，某一媒介为自己的合作伙伴提供部分新闻内容等；

内容分享（Content Sharing），指作为合作伙伴的媒介定期相互交换线索和新闻信息，并在一些报道领域中进行合作，如选举报道、调查性报道等，彼此分享信息资源，甚至共同设计报道方案，但各媒介的新闻产品仍然由各自的采编人员独立制作；

融合（Convergence），指作为合作伙伴的媒介在新闻采集与新闻播发两个方面进行全方位的合作，它们的共同目标是利用不同媒介的优势最有效地报道

---

① Rich Gordon, The Meaning and Implication of Convergence, in Kawamoto, K.（Ed），*Digital Journalism*: *Emerging Media and the Changing Horizons of Journalism*. New York: ILowman & Litdefiled, 2003, pp.57-73.

② 蔡雯:《从"超级记者"到"超级团队"——西方媒体"融合新闻"的实践和理论》，载《中国记者》2007年第1期。

新闻。多个媒介的记者编辑组成一个共同的报道小组,策划新闻报道并完成采编制作,并且决定哪一部分内容最适合在哪个媒介上播发。

综合来看,上面的两种分类实际上有所不同,但也有重叠之处。导致这种差异的原因,在于划分时所依据的角度有所不同:第一种划分更侧重于媒介融合所涉及的各种因素,第二种划分更侧重于媒介融合在新闻生产过程中的实际操作。为了便于我们整体地、全方位地认清媒介融合的类型,下文就对二者进行一定程度的综合和调整,并结合我国的实践,按"媒介技术融合"、"媒介所有权合并"、"媒体间战术性融合"、"媒介组织结构性融合"、"新闻报道融合"、"新闻从业者的技能融合"这六种类型来分别讨论媒介融合的具体类型。

一、媒介技术融合

数字电子技术的发展是导致历来泾渭分明的媒介形态发生聚合的根本原因之一。正是因为清醒地认识到这一点,中国政府在"十一五"规划中明确提出:"加强宽带通信网、数字电视网和下一代互联网等信息基础设施建设,推进'三网融合'。"2010年7月1日,国务院也正式确立了北京、上海、深圳、武汉等12个第一批"三网融合"试点城市。而要实现这一目标,媒介技术融合显然是前提条件。

(一)媒介技术融合的内涵

媒介技术的融合,是指信息的采集、制作和发布过程以数字化处理为基础,在原先不同的媒介之间实现了互通和共用。

数字化传播、数字化管理和数字化保存等技术的创建和广泛使用,为多媒体之间的共享提供了技术保障,原来不能够实现的传播方式变得可能了。利用统一的 IP 核心网,电视将具备更多计算机的特点,直接从客户端就可以与网络相联,既可以接收、存储网络上的数字化内容,又能让观众与电视节目内容进行互动。

每一种传统媒体都有自己的核心技术,这些核心技术之间本来并没有什么必然的联系,但是,数字技术的出现,却将所有的传播技术迅速融合成一种普通的、计算机可读的数字形式。传统印刷媒体的编辑、排版和印刷技术基本上实现了计算机处理;电视媒体将制作好的视频放到互联网上进行再次传播;出版社将图书放到网上书店,使出版和流通领域得到了充分利用;数字电视把计算机处理器引入每个家庭,反过来,家用计算机也可以收看电视节目。总之,各种媒体都在数字技术的平台上,把其各自独立的技术融为一体。可以说,"数字时代的技术为媒体技术注入了催生剂,实现了媒体技术的融合,为其他方式的媒介融合提供了可能"①。

以美国在线与时代华纳公司（Time Warner）的合并为例，两者的合并就在很大程度上兼容并纳了不同的技术。以杂志起家的时代公司抓住新兴的摄影技术，在杂志上大量采用图片报道，成为图片新闻的先驱和出版业大亨。到20世纪70年代后期，时代集团已经拥有全美第二大有线电视系统，有线电视已经成为时代集团最大且发展最快的部门，其产业利润几乎占到总收益的一半。时代公司和华纳公司合并后，根据技术的发展，公司继续大力发展有线电视和卫星电视业务。在兼并了有线电视新闻网后，公司的卫星覆盖面积扩大到可以覆盖200多个国家的9000万用户。时代华纳总裁勒温（Levin）认为，未来有线电视和电话通信业务以及电脑技术的合并不可逆转。因此，时代华纳公司不单纯追求公司规模，而是将兼并的落脚点放在技术上，从而出现了2000年年初世界第一大传媒集团与全球最大的互联网接入服务商美国在线的合并案。两者合并后，时代华纳走在了影视技术和网络技术发展的前列，成为全球范围内真正的媒体"巨无霸"②。

（二）媒介技术融合的条件和动力

在科技进步和市场利润驱动的双重激励下，媒体形态由单一型向基于融合信息网络、为受众提供前所未有的综合感官体验的媒体形态转变。促成和实现媒介技术融合的动力和条件有以下几个要素：

第一，信息通信技术的变革。

科技是第一生产力，科技的进步必定带动媒体向纵深发展。传统媒体所拥有的技术优势将被新技术融合，这种"融合"不是传统意义的替代，而是一种交融。以下几类科技发明可能会促使下一代媒体形态的演变速度加快：

（1）宽带无线传输技术。它使得任何人在任何时间、任何地点，用任何终端都能方便地接收信息，为下一代媒体科技融合提供技术保障。

（2）高性能芯片。强大的CPU计算能力保证了信息编解码处理的高效率。

（3）存储与搜索引擎技术。它可以支持海量信息的存储与检索。

（4）新能源、新材料开发。待机时间更长的电池、可折叠式触摸屏幕、精密传感器等，它们能大大改进媒体终端的服务质量。

---

① 徐沁：《泛媒体时代的生存法则——论媒介融合》，浙江大学2008年博士学位论文，第25页。

② 王宇：《从世界主要媒介集团的经营运作看媒介发展的规律》，载《声屏世界》2003年第8期。

（5）操作系统与应用软件。它们提供丰富的信息传播手段和应用业务。①

第二，市场利润驱动。

一方面，传统媒体集团需要拓展市场，而新媒体又大量涌入市场，两者面临竞争的压力。此时，利用传统的营销技术和传播手段已经无法大规模地拓展利润空间，因此，两者看到了各自的技术优势，融合也就成为可能。基于已有的通信网络、终端条件以及自身资源，设计开发适应并融合新老媒体的新型媒体业务，已成为大家共同面对的挑战。

另一方面，媒介技术融合的动力来自于渠道提供商和通信终端提供者的推动。电信业不甘于"管道"的角色定位，它们也在转型，希望做综合信息服务提供商。它们的优势在于精通网络传播，劣势在于对各个媒体形态运作机制缺乏认知。如果它们能敏锐地发现用户的信息需求，并将这类需求转化为业务，那么对新老媒体来讲，这都是一个很大的挑战。所以，运营商和媒体通过技术接触，了解各自规律，相互合作，共同推动新型媒体业务的开展，将给新媒体的形态演变带来深远影响。

（三）媒介在技术融合后呈现出的新形态

技术的融合是新闻传播领域一切融合的基础，是新闻业革新的最大动力。信息通信技术的进步，打造出了一批新兴的媒体形态，像手机报纸、手机电视、IPTV、车载广播、网络电台等，已经成为人们耳熟能详的新名词。这些名词既体现了媒介在技术方面的融合，同时也体现了它们有别于传统媒体的新特征。

第一，媒介形态的交叉多元性。

媒介因技术融合而形成的信息网络是新媒体形态的载体。有人将媒体形态分为四类：第一代平面媒体，如报纸、杂志，它的信息基本载体是纸张；第二代媒体形态，如广播；第三代媒体形态，如电视；第四代媒体形态，如互联网，它们的信息的基本载体是无线电波和有线电缆。而信息载体的演变也体现出一种趋势，即媒体技术由专业独立型向交叉互动型转变，各媒体之间的信息交互是媒介技术发展的目标。

第二，媒介功能的娱乐体验性。

媒介技术融合最大的创新之处，在于融合了多种传播手段，使得信息展现形式丰富多样，能够全方位地为受众提供良好的综合感官体验。新媒体形态虽

---

① 徐沁：《泛媒体时代的生存法则——论媒介融合》，浙江大学 2008 年博士学位论文，第 25～26 页。

然延续着传统媒体"新闻本位"的任务，但它与以往的媒体形态的主要区别是给受众提供了全新的综合感官体验，这是具有革命性意义的转变。①

麦克卢汉曾说过："媒介是人的延伸。"② 媒介与人的关系是相对独立的，反过来，媒介对于人的感知有强烈的影响，不同的媒介对不同的感官起作用。比如说，报纸时代人类主要是利用眼睛的视觉来接收信息，广播和电视媒体影响人的触觉，使人的感知呈三维结构。而以互联网等为代表的综合性媒体，充分调动了人的眼、耳、鼻、舌、身、意六种感官，全面提升了受众的综合性立体感官体验。这也就是说，媒介技术在融合之后，更容易挖掘和利用人类各种感官的功能，在受众消费媒体产品时为其提供综合的体验和享受。

第三，媒介运作的整合互动性。

随着 Web3.0、IPTV、BiTV 等新技术的出现，下一代媒体形态将具备的初步特征表现为基于融合网络的 IPTV 所标榜的"互动性"、"时移性"。比如，思科和苹果两家公司进行合作，专为喜欢运动的人士开发了一种名为 iPod 的小型设备，让他们可以一边跑步一边听音乐，而 iPod 会记录下他们跑步时的速度、距离、心跳等，并可通过网络与全世界的 iPod 使用者们比较和共享这些资讯③。很显然，这里的 iPod 已经成为一种全新的媒体。

二、媒体所有权合并

媒体所有权合并（Media Ownership Convergence）指的是媒体所有权的集中，它是当今时代新闻业在传媒组织（集团）这一层面的最高层次的融合。像美国几个大的传媒集团，如维亚康姆公司（Viacom）、迪士尼（Disney）、维旺迪集团全球出版公司（Vivendi Universal）以及美国在线时代华纳（AOL Time Warner），都是媒介所有权合并的典型例子。

（一）怎么理解媒体所有权

传媒业所生产的媒介产品尽管属于精神消费层次商品，但它们同样有类似于物质资料的生产、交换、分配和消费过程。媒体所拥有的设施、时段、信息等消耗了大量有限的稀缺的物质资源。从这个意义上讲，媒体从事的信息传播

---

① 徐沁：《泛媒体时代的生存法则——论媒介融合》，浙江大学 2008 年博士学位论文，第 27 页。

② ［加］马歇尔·麦克卢汉：《理解媒介——论人的延伸》，商务印书馆 2005 年版，第 1 页。

③ 百度百科，http://baike.baidu.com/view/1165.htm? fr=ala0_1_1, 2014-12-1。

活动也可以称为经济活动。

因此，从经济学的角度来看，媒体所有权的概念不同于一般经济领域内的其他经济体的所有权。当代世界主要的媒体所有制类型为全民所有制、国家所有制、公共所有制、政党所有制、股份制、报团（传媒集团）所有制以及私人所有制。在媒体经济领域，经济资源的分配是在政治权利分配的基础上进行的。由于媒体是一个社会信息传播的渠道，同时也是政治控制的工具，因此媒体所有权所包含的，除了财富形式的社会权利外，还特别包括媒体这种社会控制和社会影响工具所具有的政治权利。

除了经济权利和政治权利之外，"所有权还是一个法律问题，并且是法律中的一个核心问题"①。同理，媒体所有权也是整个新闻传播体制的核心问题。从新闻传播法的角度来看，媒体所有权是一定社会的媒体所有制在新闻传播法上的反映，是国家用法律手段确认和保护一定社会里媒体所有制关系的法律规范的总和。

目前，中国大陆媒体业呈现出多种媒体所有权并存的局面；同时，由国家对媒体及媒体财产进行占有、使用、收益和处分。作为一种新闻传播的法律关系，媒体所有权是媒介所有人的权利，任何人都负有不得侵犯所有人的媒体所有权的义务，包括媒体所有权主体、媒体所有权客体、媒体所有权内容三个层面。而作为一种传播财产权利，媒体所有权是所有人依法对自己拥有的媒体享有使用、占有、收益和处分的权利，也可以是按照法定形式将其财产所有权能转让给他人的权利。②

（二）媒体所有权合并的相关案例

1. 美国在线时代华纳的形成

时代（Times）和华纳（Warner）分别是兴起于 20 世纪 20 年代的媒体公司，一家以杂志为主，一家以电影闻名。1969 年，以殡葬业起家的奇尼公司兼并了华纳—七艺术公司，成立新的华纳公司。1989 年，时代与华纳又合并成为时代华纳（Time Warner），成为当时最大的传媒集团。1995 年，时代华纳兼并了著名的有线电视新闻网，成为当时最大的传媒集团。2000 年年初，更令人震惊的是，时代华纳与互联网络的新贵——美国在线（AOL）完成了市值高达 3500 亿美元的合并，成立了美国在线时代华纳公司（AOL Time

---

① 王利明：《民商法研究》，法律出版社 2001 年版，第 330 页。
② 雷润琴：《媒介所有权：传播法意义上的制度、关系和权利》，参见《论媒介经济与传媒集团化发展》，中国人民大学出版社 2003 年版，第 302 页。

Warner)，这被称为"世纪兼并"。《伦敦金融时报》当时评论说，这次合并第一次清楚地表明：人们期待已久的各种节目制作及其传播方式的融合，正在变成现实。①

2. 中国移动收购凤凰卫视股份

2006 年，香港电视产业频发"震荡"信号：邵逸夫酝酿出售 TVB 股权，电讯盈科拟出售电信及传媒资产，亚视为筹备上市拟吸纳中信国安作为股东，星空传媒向中国移动出售凤凰卫视股份，阳光媒体在美国展开收购，看似无关的个案彼此间基本都存在交叉与关联，说明香港电视产业重新洗牌的时代到来了。

以上几个案例中，星空传媒向中国移动出售凤凰卫视股份案在 2006 年业已完成的交易中规模偏大，并颇为符合当今世界电视业、电信业趋于融合的潮流。2005 年 7、8 月，凤凰卫视主席刘长乐与中国移动董事长兼首席执行官王建宙沟通合作；2006 年 3 月，中国移动与凤凰卫视开始洽谈收购，初步与星空传媒达成共识；2006 年 5 月，中国移动王建宙在纽约新闻集团总部，与新闻集团董事长兼 CEO 鲁伯特·默多克会晤，双方用半天时间达成中移动收购新闻集团持有的部分凤凰卫视股份的决定；2006 年 6 月 8 日，中国移动宣布以现金收购星空传媒持有的凤凰卫视 19.9% 的股份，每股作价 1.30 港元，总体作价 12.78 亿港元；2006 年 8 月 25 日股份转让协议执行完毕（见图 1-2）。

三、媒体间战术性联合

媒体间战术性联合（Convergence of Media Tactics）是数字时代不同所有制下的传统媒体之间、传统媒体与新媒体之间，在自愿互利的原则下，打破地区、部门等界限，在内容生产、共享、传播、营销等领域的合作。②

中国自古就有"和实生物，同则不继"的思想，意思是说和谐、融合才能产生、发展万物。比如说，悦耳动听的音乐是"合六律"的结果，香甜可口的佳肴是"合五味"的结果，等等。而现代的媒体共生理论（Media Symbiosis）也认为，媒体之间只有相互依靠才能共生共荣。③ 因此，尽管这种战术性合作的初衷是为了推销各自的传媒产品（例如传统纸质报纸和网络的合作

---

① 宋昭勋：《媒体融合：新闻传播业界和学界面临的挑战》，http：//www.baoye.net/News.aspx?id=305641，2006-9-20。

② 徐沁：《泛媒体时代的生存法则——论媒介融合》，浙江大学 2008 年博士学位论文，第 31 页。

③ 吴生华：《媒体的竞争和共生研究》，载《中华新闻报》2000 年 10 月 16 日。

股份转让前主要股东持股结构图　　　　　股份转让后主要股东持股结构图

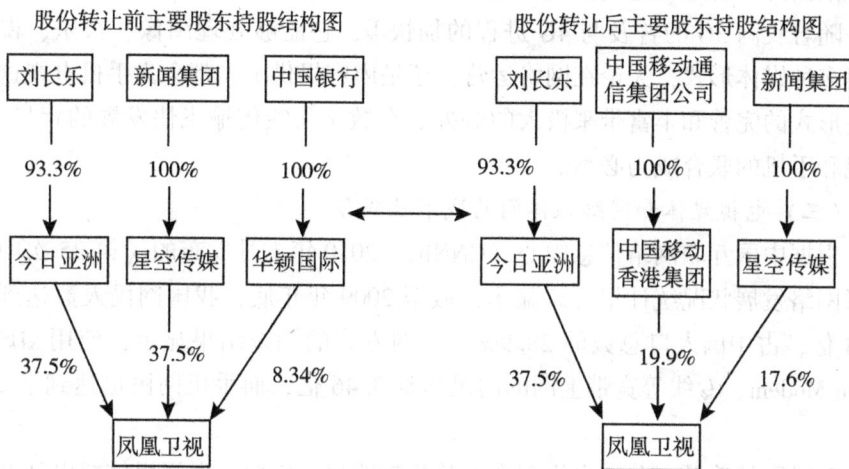

图 1-2　股份转让交易前后凤凰卫视的主要股东股权结构①

有助于交叉促销，驱使报纸的读者去浏览网站，以及网站的用户去阅读报纸），但是联合的实际结果是双方不仅节约了资源，而且还有助于媒介信息共享的实现，做到信息传播和利润的最大化。

从实践运作和未来前景来看，媒体间战术性联合的形式包括如下几种：

（一）广播媒体和网络媒体间的战术性联合

这种联合是指广播台设立自己的网站，利用网络扩大宣传，同时网络广播又具有点播互动的功能，突破了传统广播时间段的限制。据统计，截至 2002 年年初，我国内地就已经拥有广播上网电台共 68 个，以电台栏目单独建立的网站 14 个、跨媒体网站 2 个。② 另外，全国交通广播网 "易路通" 网站（http：//www. eroute. com. cn）也于 2000 年 3 月开通，通过网上平台将全国交通广播联合起来，实现各台的资讯共享。而其他域名的同类网站也纷纷涌现。

（二）电视媒体和手机媒体间的战术性联合

现代手机增加了视听功能（如 MP3、MP4 等），还可以下载收看电视、电影和在线欣赏节目。2005 年，国内首部手机电视短剧《新年星事》和首部用

---

① 资料来源：《2006 年中国广播影视业三大经典并购案例》，http：//www. cnii. com. cn/20070520/ca416983. htm，2007-6-12。

② 潘力、李建刚、于忠广：《嬗变与整合——从交通广播与网络媒体的融合看现代广播变革》，载《中国广播》2002 年第 2 期。

胶片拍摄的手机电视连续剧《约定》都拍摄完成，并通过手机与手机用户见面。随着我国3G的普及与4G进程的加快①，它能够处理图像、音乐、视频流等多种媒体形式，无论在网络运营，还是内容提供上，都会为手机电视这一传播形式的完善和丰富带来极大的好处。在数字无线传输飞快发展的背景下，电视和手机的联合成为必然。

（三）电视媒体和网络媒体间的战术性联合

根据中国互联网络信息中心（CNNIC）2010年1月发布的《第25次中国互联网络发展状况统计报告》显示，截至2009年年底，我国网民人数达到了3.84亿，占中国人口总数的28.9%。上网方式的调查结果显示，使用xDSL、Cable Modem、专线等宽带上网的网民达到3.46亿，而手机网民也达到了2.3亿。

互联网越普及，分流电视观众的趋势越明显。因此，电视媒体要以新的传播技术改变旧的传播形态，与互联网接轨，开辟新的传播渠道，拓展新的经营思路，形成电视与互联网的互动发展，为战术性融合奠定基础。近些年来，中央电视台与吉通公司合作，对一年一度的春节联欢晚会节目进行全球网上直播，观众可对最喜爱的春节晚会节目进行网上投票，就是一种比较简单有效的战术性联合形式。

（四）报纸和网络媒体间的战术性联合

纸质媒体的数字化，最早是从电子化开始的，也就是我们俗称的"报网互动"。其中，"人民日报·网络版"是报纸与网络战术性联合的排头兵。通过这种联合形式，读者可以通过互联网阅读纸质媒体的内容。随着PDF版、专门的网络报纸阅读器EEO等的出现，阅读变得越来越轻松惬意，读者也逐步接受电子版报刊。

---

① 3G，是3^{rd}-Generation的缩写，即第三代移动通信技术。3G是支持高速数据传输的蜂窝移动通信技术。3G服务能够同时传送声音和数据信息，速率一般在几百kb/s以上。4G，指的是第四代移动通信技术，该技术包括TD-LTE和FDD-LTE两种制式。4G是集3G与WLAN于一体，并能够快速传输数据、高质量、音频、视频和图像等。4G能够以100Mbps以上的速度下载，比目前的家用宽带ADSL（4兆）快25倍，并能够满足几乎所有用户对于无线服务的要求。此外，4G可以在DSL和有线电视调制解调器没有覆盖的地方部署，然后再扩展到整个地区。引自百度百科"3G"与"4G"词条，http：//baike.baidu.com/view/11232.htm? fr = ala0_1_1，http：//baike.baidu.com/link? url = OsIxLyx9TjPinvZG2F5D8no56yCI-c9h_hAYOa8dfb_Tm_sc_wmWCvJ9kFxAqz6sCMQ7rvdEF4CPzMH9nyQeBAK，2014-11-21。

与中国报刊电子版不同，美国报刊电子版多实行收费订阅的方式。《华尔街日报》网络版不仅收费，而且已经开始将电子版的订户纳入总发行量的范畴。

（五）电视媒体和广播媒体间的战术性联合

电视与广播台一般都隶属于广电集团，因此，它们二者之间进行战术性联合是比较方便的。"广播的电视版"、"电视的广播版"，是这种战术性联合的基本套路。它们从扩大受众群体的角度出发进行整合，把广播、电视媒体的受众群体交叉在同一个播出点上，在模糊度上增加了电视节目的外在收视率。在电视媒体收视统计没有发生变化的情况下，广播资讯台这一时段的听众对这一栏目的收听往往是正向迁移，增加了听众对这一栏目的认识和认可。

（六）报纸和广播电视间的战术性联合

报纸和广播电视之间的联合，仍然属于传统媒体之间的联合：双方共享新闻资源，实现采编互动，广播和电视纷纷设置读报时间（如凤凰卫视的《有报天天读》），提要性地介绍报业集团当天报纸的主要内容；而报纸则开辟专栏介绍广播、电视的各类节目。

例如，2001年，上海文广新闻传媒集团整合上海人民广播电台、上海东方广播电台、上海电视台、东方电视台和上海有线电视台等新闻单位，成为一家集广播、电视、报刊、网络等于一身的庞大的多媒体传媒集团。又如，2005年4月26日，吉林电视台《早安吉林》节目与吉林人民广播资讯台合作，由后者拿出频率同步转播《早安吉林》节目。再如，2007年9月，青岛日报报业集团、青岛市广播电视局正式签署战略合作协议，建立长期有效的战略合作关系。这种强强联合，有利于实现新闻资源共享、经营联盟、活动联盟、人员交流等多方面的互动合作。

四、媒体组织结构性融合

媒介组织的结构性融合（Structural Convergence）与新闻采集与分配方式有关。媒介组织进行结构性融合后，传统媒体内部各个层次、各个部门之间的隶属和权力关系将出现重大的变化。

（一）媒体组织结构由"垂直型"转变为"水平型"

传统媒体通常是垂直型结构，但随着跨媒体融合，新型的媒体组织必定是水平型的。目前，我国报社内部的组织结构主要有三种：一是社务委员会领导下的社长负责制；二是社长领导下的总编辑、总经理分工合作制；三是董事会领导下的总经理负责制。这些组织结构形式多被报业集团、广电集团、出版集团和发行集团等股份制媒介企业广泛采用。其中，董事长是报业集团的法人代表，总经理由董事会聘任并对董事会负责，管理集团的生产与经营，而集团旗下子报又设总编辑、经理等。

但是，随着媒介融合进程的推进，这样的组织结构面临着挑战。不同集团的媒体在进行组织融合的过程中，不可能仍采用上述三种结构，唯一的办法就是融合化、扁平化、精干化、专业化。一个大型的媒介集团，在内部实际运作时，不可能是完整地或者是僵化地采用一种组织结构形式，往往是将几种组织模式相结合。① 比如，在总公司各部门采用的是垂直型组织结构模式，在总公司与其他子公司之间则采用水平型的组织结构模式，各子公司再按照自己需求的不同采用不同的结构模式。多种媒体之间的结构模式所需要的，不再是组织诞生初期的简单结构，更需要的是各部门之间的协调和合作，不仅仅是业务上的，更重要的是国家与国家之间、区域与区域之间的不断优化和发展。如美国的《奥兰多哨兵报》（Orlando Sentinel）决定雇用一个团队做多媒体的新闻产品，使报纸新闻能够加工打包后出售给电视台。在这种合作模式中，报纸的编辑记者可能作为专家到合作方电视台去做节目，对新闻进行深入报道与解释。②

（二）媒体综合集团和广州日报报业集团的成功实践

1. 媒体综合集团的平行式内部结构

在这方面，真正落实媒体组织结构性融合理念并将它发展到极致的，仍然是佛罗里达州坦帕市的"媒体综合集团"（Media General）：它将旗下的报纸、电视台和互联网站全部集中在同一建筑物中、同一屋檐下、同一新闻室内，各种媒体的采访人员互相配合、协调，合作采访新闻，甚至由同一名记者同时采访报纸和电视新闻以及电子版的即时新闻。这样一来，同样的资讯将通过不同的形式，包装成适合不同的媒体产品加以发布，既扩大了市场，也节省了成本，获取了较大的效益。

2. 广州日报报业集团对内部资源的专业化配置

在国内，广州日报报业集团所采取的组织融合模式也很有值得借鉴的地方。1996 年 1 月，广州日报报业集团成为国家新闻出版署批准的全国第一家

① 徐沁：《泛媒体时代的生存法则——论媒介融合》，浙江大学 2008 年博士学位论文，第 39 页。

② 蔡雯：《从"超级记者"到"超级团队"——西方媒体"融合新闻"的实践和理论》，载《中国记者》2007 年第 1 期。

报业集团。《广州日报》创刊于1952年，直到20世纪90年代初，它还是一家在全国没有多大影响力的报纸。但在20世纪90年代，它却能迅速崛起，这完全归功于它周全的组织管理体制和勇于创新的融合精神。在经历了开头几年的挫折后，该集团决定把发行推广和服务工作提到与办好一份报纸并驾齐驱的地位。

高效率的报纸发行推广和优质的服务工作是建立在一定人力、物力的基础上的，只有经过专业化训练或培养的组织或团体才能达到高效且优质的目的。因此，报社在经营项目的布局上依托报社固有的功能，向外延伸，发展多种经营：将广告处的功能向外延伸，成立了大洋广告公司；将发行处的功能向外拓展，成立了连锁店公司和报刊发行公司；将基建办的功能向外拓展，成立了大洋房地产开发公司和同乐拆迁安置服务公司；将招待所的功能向外开拓，办成了可以接待国内外宾客的新闻服务中心；将供应部门向外延伸，办成了新闻纸张供应公司；将印务厂的功能向外延伸，成立了印务中心，等等。

广州日报报业集团正是通过与这些专门从事单项工作的公司在组织结构上的融合，在更为专业化的基础上实现了更大的经济效益，同时，对人力资源的优化配置也产生了很大的推动作用。

五、新闻报道融合

各种媒体之间的不断融合，使得传统的新闻学科也经历着"细分—整合"的过程。在此过程中，自然而然地出现了新闻学与相关学科间的融合，如与数码技术、动漫技术、广告设计、绘画等相关学科进行融合。这种融合逐步推动新闻报道向纵深方向发展，反过来又促使新闻报道的文体呈现出多样化趋势，从最初单一媒体报道文体演化为几十种复杂多样的媒体报道文体；而在各种文体的运用中，又出现了文体间的相融与重叠。

（一）新闻报道在文体上的融合

新闻报道的常见形式，以我国为例，有消息、通讯、评论、调查报告和新闻照片等。其中，消息是一切新闻报道形式的"老祖宗"，现代一切新闻报道形式都是由它衍生而来的。而融合新闻报道则促使新闻报道形式呈现出立体化、个性化和互动化的特征。

媒体融合后，各类媒体在一个大平台上运作，以实现这些不同媒体之间的内容的相互推销和资源共享。此时，一个类似于"多媒体编辑"的角色负责统筹规划，将不同种类的新闻报道文体融合——文本、图片、图表、音频、视频等，将传统媒体和网络媒体的报道形式全部融合在网页上。

（二）新闻报道在表达上的互动

媒体融合的另一个重要标志，是各个媒体之间的内部互动和外部互动。这样的融合弥补了某个特定媒体的单一性和平面化。比如，所谓的"网络文本"就是互动性新闻表达的代表。"网络文本"以互联网为平台，综合运用声音、图像、文字、特效等手段，实现新闻报道文本形式的多元化、传受者互动的表达方式。尽管"网络文本"尚未完善，但已经具备形式多样、版面活泼、即时更新、充分互动等特点，对传统新闻报道产生了深远影响。

在2008年的"两会"期间，国内许多网站就开设了视频点播节目，如新华网"两会特别报道"中专门设有"视频版"，央视国际网设有"视听两会"、"视频点播"。这些视频专区不但可以在新闻发生时进行"网上直播"，受众还可以在电视音画消失后的任意时间段不限次数地点播和下载使用。

过去新闻内容的载体是传统的新闻媒介，如报纸依靠的是文字和图片，广播依赖的是声音，电视依赖的是声音和图像。随着科技融合，媒体新闻视觉呈现出现多样化的趋势，同时，这种多样化又被数字化整合到一个统一的框架下，既可体现不同媒体的个性，又形成新闻呈现风格的统一性。

六、新闻从业者的技能融合

新闻报道的文体逐渐融合，与之相应，新闻采集过程也要对此进行配合，毫无疑问，这也相应地对新闻从业人员的技能提出新的要求，传统的"一专一能"型人才已渐渐适应不了媒介融合形势下的新闻生产，新闻从业者在职业技能上有所融合，成为"一专多能"甚至是"全能"型人才，已渐渐显示出它的重要意义。

（一）新闻人才结构由"橄榄型"向"哑铃型"转变

我国的新闻人才结构在当前呈现出"橄榄型"的结构，即以采编人员为主体，管理人员、技术人员比重较小，经营人才和特种岗位的人才稀少。[①] 作为传统媒体从业人员，往往是分工明确、各司其职。例如文字记者主要负责采访、写稿，往往只需要完成采访，并把采访内容编写成稿，剩下的就交由编辑完成。而摄影又是摄影记者的职责，编辑又只是编辑部的职责，各部门人员互不干扰、各司其职。在新闻采访过程中，需要文字记者、摄影记者或者摄像记者同时进行，而新闻的编辑、排版、印刷也都是分工明确，很少有同时拥有采

---

① 徐沁：《泛媒体时代的生存法则——论媒介融合》，浙江大学2008年博士学位论文，第47页。

访、摄影、排版等多项技能的全能型新闻从业人员。

在媒介融合的形势下，媒体内部的人才结构将转化为"哑铃型"，即以管理人员和技术人员为主，日常工作人员比例逐渐缩小。随着数字技术的开发和网络技术的应用，对高层次的管理人才和技术人才的需求也越来越大。目前缺少的，正是技术和艺术结合的复合型人才，特别缺乏经营管理人才：一方面是广告的管理人才，即管理和指导广告规模经营的人才；另一方面是媒介节目的推介和经营人员。

（二）复合技能——媒介融合下新闻从业者的技能融合

媒介融合、新闻融合的趋势，对新闻从业人员的复合型要求提升。从宏观上看，复合型新闻人才应具有较高的外语能力、计算机能力和社会交往能力；从微观上看，新闻从业者除了要能胜任采、写、编、评的各项工作，还要能使这些生产过程适合不同的新闻发布（表达）渠道。

美国密苏里大学新闻学院教授戴利·摩恩（Darly Moen）说："很多人都觉得我们应该培养一些'背包记者'（Backpack Journalists），也就是一名文字、摄影、摄像全能的记者。"[①] 他的这个主张，实际上就点出了媒介融合趋势下记者应兼备多项技能。

1. 策划与设计能力

未来传媒业的竞争，是新闻从业人员的综合素质和综合能力的竞争。多媒体之间的融合，对新闻从业人员的新闻策划和媒体设计能力提出了更高的要求。他们应能更娴熟、更有创造性地对新闻事件进行筹划、组织报道，以达到新闻传播效果的最大化。

单一媒体时代，新闻从业人员对同一件新闻事件最多是做连续报道，但形式单一，整体性不强。在多媒体融合过程中，如果新闻从业人员只懂新闻写作却不懂新闻策划、媒体设计、编排及传播技术使用，或只懂媒体技术，而对文字和艺术表现缺乏理解，重形式而轻内容，那么，他们无疑是无法做到娴熟地、创造性地策划和组织新闻报道的。因此，在新闻融合的过程中，新闻从业人员除了专业知识、专业技能之外，同时需要具备策划理念和设计能力，这样才能使新闻既有专业的深度，又有审美的力度。

2. 团队协作能力

在媒介融合的形势下，文字记者与摄影记者、记者与编辑、报纸媒体的从

---

① 转引自蔡雯：《新闻传播的变化融合了什么——从美国新闻传播的变化谈起》，载《中国记者》2005年第9期。

业人员与网络媒体的从业人员等概念将会被淡化，因为新闻从业人员将同时具备多项职能、扮演多种角色。但是，人的能力和经验毕竟是有限的，这就需要各个不同技能背景的人联合起来，共同完成新闻报道。在报纸媒体中的文字记者可以为电视媒体中的新闻播报员提供稿件，网络媒体中的网页制作人员可以为报纸编辑提供三维图像，网站网络制作视频人员可以为电视台提供视频等。毫无疑问，实现这一点，需要新闻从业者对工作任务和人力资源进行协调和配合。

3. 复合型人才

节约人力资源、降低生产成本，既是一般商业组织的竞争策略之一，也是媒体增强自身竞争力的重要法门。在媒介融合的趋势下，媒介组织更需要具有多项技能的复合型新闻从业人员。从情理上说，在派送记者外出采访时，如果有一个既会拍摄又会采访的记者，一般不会选择两个只会单项技能的人员。因此，媒体在考虑自己的资源整合、经费支出等各方面因素时，会更加欢迎兼备多项技能的新闻从业人员。例如，摄像记者在会拍摄的同时，还应掌握视频的制作和新闻编辑的技能，这就可以为媒体省下很多人力物力，同时也免去了在工作交接上存在的繁琐程序和不必要的遗漏。由此，新闻的时效性等都会得到加强。

当然，全能型的新闻人才是可遇而不可求的，但复合型的人才却是可以通过有意识、针对性的训练和培养来形成的。虽然当前的媒体缺少复合型的新闻工作者，但由于媒介融合是大势所趋，所以作为新闻专业大学生的我们有必要为此做好准备，提高自身的综合实力和竞争力。

第三节　媒介融合理念对新闻传播模式的影响

从上一节对媒介融合的种种类型及特征的探讨来看，媒介融合的表面是"合"；但在"汇聚"、"集中"、"整合"等"合"的一面背后，我们还需要辩证地看到"分"的一面，即融合带来的"细分"、"分散"与"分工"等。

具体来说，如果从传播的"5W"来考察，这种"分"与"合"表现为：Who——传播者从"术业专攻"到"通才全能"，同时分工细化；What——信息从重复叠加到整合连贯，同时各具特色；What channel——传播渠道从各自为营到互动整合，同时分组多元；Whom——受众角色从单一线性到多重交叉，同时分众传播；What effect——传播效果从一元效果到复合效果，同时分别影响。① 通过媒介融合的"融合"与"细分"的辩证统一，受众"随时随地只要想得到信息就能如愿"的需求能更好地得到满足。

（一）Who——传播者从"术业专攻"到"通才全能"，同时分工细化

随着媒介融合的程度加深，传播者将从过去只需要具备单一媒体的操作技能、术业有专攻的"专才"发展到要求精通数字传播技术、掌握多种媒体采集、编辑、发布技巧的"通才"。有学者认为在媒介融合的趋势下，需要两类新型人才：一是能在多媒体集团中整合传播策划的高层次管理人才；二是能运用多种技术工具的全能型记者编辑。② 对于第一类传播者来说，必须具备信息内容生产、高新技术应用、发展战略策划等各种素质要求，用高屋建瓴的视角统筹集团内部多媒体在对媒介产品生产、发布、营销过程中所用资源的整合共享和交叉互动。对于全能型记者编辑来说，采、编、摄、制作等业务方面的要求越来越高，这些传播者每天既要进行例行的采访工作，根据采访所得的资料给网站写专栏文章，给电视台发去最新的报道，甚至编制一个相应的电视节目，还要给第二天出版的报纸写篇新闻稿。③ 高强度、高难度的工作负荷，不仅对于记者编辑来说是巨大的挑战和压力，而且对于传媒集团的高级管理人才来说也是如此，他们必须通盘把握人才的激励因素和集团的资金管理，以保障整个集团的完整运作。

传播者从"术业专攻"到"通才全能"的形态变化，是对整个传播过程的拓展和深化。传播者在生产媒介产品的过程中，扮演多岗位、多职能的生产者角色。记者面对媒体融合的现实，熟悉如何"写"已经远远不够。记者在为不同媒体写同一事件时，形式和重点必须不同，他要懂得分别用文字、音频、视频等多种手段制作出适合某一媒体刊登、发布、播出的内容。因此，美国许多新闻院系都在开设"媒介融合"专业，希望给予新闻业未来的从业者更全面的技能训练。

但在另一方面，我们也应该看到，"通才"型新闻人才的培养并不意味着记者总是需要"一个顶三"地身兼数职，而重要的是在媒介融合的背景下，

---

① 许颖：《从5W模式看媒介融合的"融合"与"细分"》，载《国际新闻界》2008年第6期。

② 蔡雯：《新闻传播的变化融合了什么——从美国新闻传播的变化谈起》，载《中国记者》2005年第9期。

③ South, J., J. Nicholson, *Cross-training: In an Age of News Convergence, Schools Move Toward Multimedia Journalism*. Washington D. C.: Quill Press, 2002, p. 10.

记者应该养成一种多媒体的思维方式，当新闻事实发生后，记者能迅速拟出利用多种媒体手段进行报道的方案。而在新闻生产的环节中，媒体融合带来的新闻岗位的分工比单一媒体时代更为细致。如在一些一般性报道中，如对一次社区活动的报道，报纸可能只需要一张照片，而电视台也只需要20余秒的录像，网络只需要300字左右的报道，这时没必要分别派出一名摄影记者、一名摄影师、一名文字记者，只需要一位"通才"型记者去完成照片、录像、文字报道的工作，所采集的信息产品以不同的形式供应给相应媒介；但这位"通才"型记者交给不同媒介的产品可能只是一个"信息半成品"，它拥有基本的信息要素，还需要进一步的加工、呈现才能发布，这个工作也许会通过另外的负责专门媒体的编辑来完成。这样信息的采集与发布有了更细的分工，拥有多媒体技能的记者们主要是扮演好在信息生产中的"采集"者角色，通过提供能进一步加工的信息"预制构件"来完成自己的任务。在一些重大新闻事件的报道中，多媒体联合的报道团队将会有更细致的分工与合作，通过团队作战进行报道。

由此可见，在媒介融合背景下，对于传播者而言并不仅仅是传播技能的多媒体化那么简单，更意味着传播者需要根据新闻信息的多媒体采集、生产、发布的需要，而调整从业人员的定位，对其生产流程进行进一步的细分，以提高传播效率。

(二) What——信息从重复叠加到整合连贯，同时各具特色

在媒介融合提出之前，巨型传媒集团虽然也拥有多个媒体平台，但这些媒体平台往往是各自为政地进行纵向的流水线式经营。在这种媒体运营理念的指导下，提供给受众的绝大部分是传统的信息密集型的媒介产品。这其中，即使存在多种媒体间的交叉，例如报纸纷纷办电子报纸、电视台办网站等，但受众从这些媒体中接收到的信息同质化情况严重，往往是信息的重复叠加。

而媒体融合将打破单一的传统媒体生产流程，从而让多个媒体平台承载多媒体内容的生产。例如，在媒介集团中成立独立的"媒体融合中心"，专门负责对信息资源进行创造性的重组和"研发"，而非简单的信息合并。通过全新的组织和整合，新闻产品不再是单落点、单形态、单平台的单一形式，而是在多平台上形成多落点、多形态的形式。虽然信息资源的来源与基本内容是共享的，但是最终的媒介产品却是不同的，要针对媒体的不同特点，选择不同报道角度、报道方式，体现媒介本身的个性。

根据受众的需要与满足理论，受众会主动地选择自己所偏爱的和所需要的媒介内容和信息，不同的受众可以通过同一媒介集团旗下的不同媒介来满足自

己不同的信息需要。这样一来，一个媒介集团可以通过自己的整个媒介产品链，实现信息资源的最优化利用，以更完备的媒介去获得新的受众。

（三）What channel——渠道从各自为营到互动整合，同时分组多元

传媒公司在渠道建设上的传统做法是将更多的精力放在单一媒体的内容传播上，而媒介融合则将视野投射到各个子媒体，获取渠道资源的交叉共享和效益，实现共赢。例如，我国的烟台日报集团通过一个数字化的复合采编系统，将各类媒体的记者所采集到的信息进行集中处理，并经过统筹安排后经由不同的发布端口提供给受众。又如，美国佛罗里达州坦帕市（Tampa）"媒体综合集团"（Media General）是较早开始开展媒介融合实践的传媒集团，该集团将它旗下的报纸（坦帕论坛报，Tampa Tribune）、电视台（WFLA-TV）和互联网站（坦帕湾网站，Tampa Bay Online）全部集中在同一建筑物中、同一屋檐下，并设立了一个专为多媒体作业的新闻中心。各种媒体的采访人员互相配合、协调，合作采访新闻、共享新闻，甚至由同一名记者同时采访报纸和电视新闻，以及电子版的实时新闻。在它旗下的《坦帕论坛报》的第二页顶部有一个固定的栏目，用以介绍电视8频道、网站和报纸本身当天的主要新闻及（电视）播出时间或（报纸）页码等，目的是引导读者，用最快的时间在3家不同的媒体上找到自己想看的新闻。这种做法可以使人从一家媒体上看到另外几家媒体的影子，每家媒体每天都会为其他各家媒体做"广告"，告诉受众他们还能从哪里了解到更多的信息。

在媒体融合实践中，互动与整合是其主要的特点。各子媒体分享新闻线索、新闻资源，合作进行新闻报道，合作开设新闻栏目；不同媒体介质之间灵活穿插，报纸的报道在网络上延伸扩展，网络中的精彩内容可以进入报纸，电视将报纸与网络的内容进行集纳。各种媒体产品可以灵活组合，各个媒体的内容可以更加方便地实现相互嵌入。可以说，子媒体不仅是自身媒介内容的包装者、发布者与推广者，更成为同一集团下其他子媒体的宣传窗口、内容分销商。

另外，也有研究者认为，媒介融合带来的将是载体的"先合后分"的局面，即各种媒介产品都将汇流到网络中进行传输，而后又分散到各种不同的接收终端中，这样仍然可以保持媒介产品的多样化①。

（四）Whom——受众角色从单一线性到多重交叉，同时分众传播

在"受众"一词中，"受"与"众"两个字精练地刻画了传统媒体的传

---

① 彭兰：《媒介融合时代的"合"与"分"》，载《新闻与写作》2006年第9期。

播范式。"众"与"寡"相对，意味着传统媒体掌控着稀缺的传播资源和渠道，针对某个目标群体进行传播；"受"则表现了传统媒体缺乏与传播对象互动的能力，传播对象往往只能被动地接收信息，媒体很难即时了解其反馈。在这种传播模式下，受众角色是单一的、线性的。

而媒介融合实践的出现，使得受众的角色发生了转变。受众可能会在同一时间一边上网浏览新闻，一边发帖表达自己的意见；也可以在看电视、听广播的时候，通过手机发送短信参与节目。受众同时扮演着 Viewer（观众）、Listener（听众）、Reader（读者）、Attendee（参与者）与 User（用户）等多重角色，与媒介形成多渠道、高频率的接触。

对于任何性质的新闻媒介，受众的接触与选择，都是其一切功能目标实现的首要前提。无论从哪方面讲，受众对于媒介的成败与生存都是至关重要的制约因素之一。要占有市场，要赢得受众，这是媒介的必然选择。而占有市场、赢得受众的第一步就是栏目的受众定位，即确定媒介整体和所设栏目的明确的传播对象，解决向谁传播的问题。也有人认为，由于新传播科技聚焦于多样化的专业信息，大众社会逐渐演变为"区隔社会"，因此受众日渐因意识形态、价值、品位与生活风格的不同而分化。

在媒介融合的背景下，受众地位已从被动向主动转变，已不满足于传统媒介单向的受传关系，更追求双向互动的平等传播，已不满足于信息同质的大众化传播，更喜欢提供适合小众和个性化的信息服务。媒介融合正是实现这一系列转型的手段和路径之一，在受众趋向分化的同时，客观上必然要求现有的各类相互独立的媒体优势互补、走向融合，从而将更全面、更丰富的信息与内容通过各种媒介及时、优质、快速、低成本地传递，以满足不同受众的需要。这样通过多种媒体平台的交叉渠道，整合传播内容，对信息进行分类加工，以不同的渠道传播到特定的人群中，提供给细分的受众优质、高效、独一无二的信息产品；另一方面，特定受众对信息内容质量要求的提高，又促使媒介进一步调动各种传播手段和途径来满足这种要求，从而进一步促进了媒介的融合，并形成更为良好的传受关系。

通过媒介融合的方式，媒介集团利用其规模优势，将可能扮演不同角色的受众最大限度地收归旗下，提高受众对整个媒介集团的美誉度和忠诚度，从而争夺其他传媒集团的受众群体，扩大自己的市场份额。

（五）What effect——传播效果从一元效果到复合效果，同时分别影响

新加坡《联合早报》主编林任君对《联合早报》进行的媒介融合的实践进行了总结，认为传媒公司之间通过收购、合并等手段，进行产权、营运、产

品上的整合，形成了规模庞大的多媒体集团，通过同一集团旗下各媒体之间的互相支持、回馈和促销，达到了互相造势和增值的作用。如在互联网上进行实时电视广播，或为上网手机提供文字、图片和影像信息，同一集团内不同媒体的内容的互动和整合，能够发挥协同效应，使媒体资源用途多样化，同样的信息通过不同的形式，包装成适合不同媒体的产品，一物多用，扩大了市场，以相对节省的成本获取较大的收益。①

　　在媒介融合的背景下，应该注意的是，虽然传播渠道有一个集中的过程，但各种媒体作为接收的终端却又是分散的，传播的最终效果仍然在每一个接收终端独立地实现着。只不过，在最终评价某一新闻信息的传播效果时会将这些相对独立的终端媒体的效果统合起来。

　　这种传播效果与传统媒体的单一效果相比更为优质。因为传播者不再拘泥于单个媒介集团各自的操作经营，而是站在更高、更广的角度审视整个传媒集团的各种优势资源，整合传播过程，获得规模效应，形成人才、产品、渠道、终端等各方面的竞争优势。

　　综上所述，媒介融合的理念对传统的新闻传播模式不可避免地产生了冲击和影响。通过媒介融合的"融合"与"细分"，同一集团的各个媒介平台融合成交错复杂的媒体网，这张网具有极大的联动效应，以合力出击，将读者、观众、听众、网民以及手机用户等全部吸引到某个媒介集团，成为集团的核心受众群体，从而将媒体对受众的作用和影响发挥到极致，更好地满足受众"随时随地只要想得到信息就能如愿"的需求。

第四节　媒介融合的实践价值

　　在当今社会的媒介发展趋势下，媒介融合是必要的、不可避免的，甚至可以说是不可逆转的潮流。一种新生事物，或是一种新兴趋势，如果能够被人们欣然接受，变得像一股大潮一样锐不可当，那么它必然有其存在的潜在或显在的价值，或者具有令人期盼的美好前景。而媒介融合正具有这样的实践价值。如果操作得当，媒介融合将是各类媒体在数码时代规避自身短处、幸存下来或是重组自身优势的重要策略。现在看来，媒介融合的实践价值最起码有以下几点：促成新的媒介形态的出现；实现媒介资源的优化配置，实现利润最大化；

---

　　① 许颖：《从5W模式看媒介融合的"融合"与"细分"》，载《国际新闻界》2008年第6期。

造就传受双方共赢的局面。

（一）媒介融合可促成新的媒介形态的出现

媒介融合不是单纯的形式上的融合，并非各媒体之间进行所谓的简单组合与拼装，而是一种建立在各方较为长期稳固的合作关系上的优势互补，是一种相互促进的协同关系。它不但可以使合作各方充分发挥自身的原有优势，扬长避短，互相补益、相得益彰，从而以一种新的传播形态来进行新闻生产，防止传播形式的模板化。

根据伊契尔·索勒·普尔（Ithiel De Sola Pool）的观点，媒介融合就是各种媒介呈现出"一体化多功能"的发展趋势。从本质上讲，融合是不同技术的结合，是两种或更多种技术融合后形成的某种新传播技术和传播形态，且由融合产生的新传播技术和新传播形态的功能将大于原先各部分的总和，即呈现出"1+1>2"的效果。

比如说，报纸与电视媒体的融合，可以很好地实现优势互补，达到资源共享。作为视觉媒体的报纸，具有保存性、选择性以及适合传达深度信息等特点，同时它的实效性、感染力却比电视差，它所要求的读者必须具备一定的文化，因而限制了其读者范围；电视作为一种视听合一的媒体，具有极强的形象感、现场感和过程感，它因其直观性而变得具有较强的说服力和感染力，但它的保存性与选择性较差，同时，由于它是告知型媒体，不适宜进行详细的分析、解释或说理。很显然，如果将它们的传播方式和传播特征进行融合，就可以使它们各自利用对方的优势来充分发挥自身优势，实现整体传播功能的最大化。

又比如说网络媒体与电视媒体的有机融合。通过融合，电视媒体可以借助互联网覆盖面广、交互性强、不受时空限制等特点，来克服电视传播转瞬即逝、单向传输的缺点，实现点对点交流，给观众提供发表意见、参与讨论、提出建议的平台，实现观众利用互联网进行自我服务的功能；电视媒体还可以利用网络信息的易存储性、易检索性、易复制性进行多层次的传播，借助互联网的信息资源来充实自身的媒体资源，从而使电视节目的信息价值达到最大化。此外，它还可以通过网络提供多种服务功能。反过来，网络媒体的传播也因电视媒体的加入而变得更加丰富充实。

再比如说手机媒体（或称为移动网络媒体），是以手机为视听终端、手机上网为平台的个性化信息传播载体，也是一种以"分众"为传播目标，以"定向"为传播效果，以"互动"为传播应用的大众传播媒介。手机形态与网络形态的这种融合，使它既整合了以往传统媒体的传播优势，既可读、可听，也可看，又打破了以往媒体在传播形态上的局限性，使人们随时随地都可以邀游在信息的海洋中。

而有线数字电视和宽带网 IPTV 之间的融合（即用户机顶盒）则可同时连接有线电视网和宽带互联网，根据内容和服务需求自动选择接入网络，例如交互性强的点播节目可通过宽带互联网获得，实时高质量的电视广播可通过电视网获得。将数字电视和 IPTV 融合，统一规划频率发展融合业务，无疑可以使有限的频率获得更广泛的发展空间。同时，基于数字电视和宽带互联网的结合而产生的宽带交互新媒体，又能够提供多样化、个性化的传播形态，改变广播影视服务的模式并形成新的消费热点。

上文列出的新型媒介形态的特点，仅仅是基于现有发展情况而做出的滞后性描述，仅仅展现了新型媒介形态生成的多种可能性。技术的发展如同新生婴儿一般难以预期，在媒介融合充分实践、媒介形态充分融合之后，一种交互的、高效的、界面友好的全新媒介形态必然是可以希求的。

（二）媒介融合可实现媒介资源效益的最大化

媒体融合的价值和目的之一，是将整个传媒公司或集团所拥有的有限新闻资源实现最大化效益，将报纸、电视、广播、网络、手机的自身优势发挥到极致，同时又弥补了传统媒体与新媒体各自的先天不足，使各媒体之间在统一的目标下最大限度地实现新闻资源的共享、开发与整合，各媒体平台协同运作，使媒体公司或集团的资源效益达到最大化。

继坦帕市（Tampa）"媒体综合集团"成功进行媒介融合尝试之后，不少传媒集团纷纷进行资源的整合。《纽约时报》在报社平面媒体的那一层楼开办了一个电视台，从新闻编辑室向外播放新闻，让整天忙于本行的平面媒体记者尝试跨媒体运作；BBC 的电视台网站、广播电台和电视文字广播等相互交叉工作；甘尼特集团（Gannett）旗下的《今日美国》的主要新闻以新闻片形式供应给该集团在全美拥有的两家电视台；新加坡的"新加坡报业控股"发动《联合早报》并牵头另外两家集团的华文报纸负责制作电视新闻，提供给开设了华语和英语两个语种的新电视频道"优频道"。

如此一来，在融合的背景下，专门的新闻中心（媒介融合中心）出现，负责协调新闻产品的制作、宣传以及在报纸、电视、网站三种不同媒介平台的发布。新闻工作者在同一工作室共享新闻资源，优化设计出最符合这三种媒介介质特性的不同的新闻产品，方便受众通过三种不同的媒介形态，接收到不同风格的信息内容。而这些信息之间又能彼此关联，相互交叉，深入浅出，满足不同层次受众的需求。如对某事件的报道，网站可以先发快讯，接着播出电视新闻，第二天报纸再进行深度报道和挖掘，同时网络将以超文本报道的形式对这一事件展开报道，通过文字、视频、各种链接等方式整合起来。甚至可以实现由同一名记者进行采访，将新闻的内容加工为文字、声音、图像等多种形式，提供给不同的媒体平台。因此，同样的信息就可以通过不同的形式，包装成适合不同媒体的产品，而且还可以为企业节约媒体资源、降低成本，提高资源使用效率，在资源优化配置的前提下获得传播效果的最大化。

尽管目前的媒介融合仍处在一个发展完善的阶段，而且由于技术发展及媒介融合自身的不可预测性，它最终将会是怎样的局面，它的发展速度如何，能够发展到什么样的程度，仍需要实践的进一步证实。但如前文所述，各种类型的媒介融合实践已经证实它是一项极具价值的竞争策略。任何希望在市场中占据一席之地，避免被打败甚至被淘汰的媒体企业必须清醒地意识到这一点：在这个融合化程度越来越高的世界中，不管它们是否想要进行媒介融合，媒介融合时代确实已经来到了，而且已是大势所趋。各家媒体或媒介集团要想在激烈的市场中站稳脚跟，就必须在新的媒体生态环境中，自发自觉地寻求商业同盟，变竞争为合作，发挥优势，克服劣势，实现资源优化配置，不断满足消费者的多元化、个性化需求，以基于资源优化之后的低成本、高产出特性来壮大自身。

（三）媒介融合可造就"传受双赢"的局面

媒介融合所影响的，不仅仅是新闻业本身，对于消费者而言，媒介融合也将带来消费者地位的革命性变化——消费者的地位将从被动向主动转变。

一方面，在选择媒介内容方面，消费者变得更加自由和主动，他们可以自由选择观看节目的时间和地点，比如网络电视可以实现异步传输和非线性传播，手机电视可以实现移动收视等；另一方面，人们越来越不满足于传统的单向传播，而更倾向于传受之间的双向互动，传统媒体与网络和电信业的融合，可以使更多的消费者获得作为传播者或内容提供者的满足。总之，媒介融合可通过崭新的媒体形态开拓并满足受众的新需求，因为多媒体共存可以为消费者提供信息传播的多种渠道，而且还可以实现信息的分众化传播，更加细分化地适应社会的多样化需求，从而为消费者提供更加丰富的内容和渠道选择。

媒介融合已经被普遍接受，在实践中，它所促成的多功能的新型媒介形态也随之大量涌现。在信息技术的发展方面，有一个著名的摩尔定律："集成电路所集成的晶体管数量每隔18个月就翻一番，性能也翻一番，而它们的成本却保持不变。"① 这就意味着,同等价位的微处理器会越变越快,同等速度的微处理器会越变越便宜。那么,受信息技术发展推动的媒介融合必然能够使人们获得信息所需付出的相应成本降低,而他们所能获得的产品或享受到的服务却会由于融合的实现与完善而更加丰富化、多元化,而且越来越能符合各类消费者的品位。②

所以,人们将越来越愿意选择融合后的媒介。而此时,网络流量必然会急剧上升,在未来,由于媒介融合的进一步发展与完善,世界各地的人不但都可以通过计算机上网,而且可以通过他们的电视、电话、电子书籍和电子钱包等上网。吉尔德定律表明,"在未来 25 年,主干网的带宽将每 6 个月增加一倍,其增长速度超过摩尔定律预测的 CPU 增长速度的 3 倍。"③ 当带宽变得足够充裕时,上网的代价就会下降甚至免费,例如在美国,如今就已经有很多网络服务商(ISP)向用户提供免费上网的服务。那么,此时的消费者将是媒介融合的最大受益者。

对于企业而言,自从媒介融合打破产业分立的状态后,企业的竞争更加激烈,通过合并、收购、合作等形式与其他企业进行融合成为企业竞争战略中的上乘选择,甚至成为每个企业在进入其他领域过程中的首选策略。因为企业实施媒介融合战略不仅可以突破旧行业发展极限的约束,减少经营风险,而且还可以通过新资源的获得在融合后的新领域获得一席之地。从迪士尼兼并大都会广播公司并最终形成总资产达 190 亿美元的超级巨人,到时代华纳兼并 CNN 成为美国最大的与 TCI 齐名的有线电视经营公司,再到微软与全国广播公司联合在互联网上开办有线电视新闻频道,多媒体融合、多元化经营成为媒介集团最为明显的战略转向。④ 成功进行了媒介融合的媒介集团都拥有了赢得竞争的潜力,因为,融合使媒体企业能推出更强大、更有竞争力的新闻产品,能够创造出优质新闻和利润,并最终实现竞争优势。此外,媒介融合使不同媒介平台间的交互促销成为可能,使提供迅疾、全面、深入的新闻及非新闻媒介内容成

① [意]玛格赫丽塔·帕加尼:《多媒体与互动数字电视——把握数字融合所创造的机会》,罗晓军,等译,人民邮电出版社 2006 年版,第 8 页。
② 徐沁:《泛媒体时代的生存法则——论媒介融合》,浙江大学 2008 年博士学位论文,第 74 页。
③ 鄂云龙:《数字图书馆——信息时代发展新阶段的国家级挑战》,载《情报资料工作》2001 年第 5 期。
④ 徐沁:《泛媒体时代的生存法则——论媒介融合》,浙江大学 2008 年博士学位论文,第 75 页。

为可能，并能为发行量和收视率的下降趋势及早做好准备。

与此同时，在集中和融合的媒介集团中，不同的媒体可以通过生产流程的设计与控制实现资源重整，利用不同类型的媒介在传播特性上的差异，在新闻信息传播上实现资源共享而又使产品各异，化竞争为合作，再通过合作，利用合作方的固有优势来克服各方的不足，进而提高自身的媒介产品，实现产品多元化、服务个性化，从而不断吸引消费者的眼球。这样做的结果，必然使它能够联手做大区域市场，并且在这一市场上占据垄断地位。如此下去，融合后的媒介集团不仅可以在竞争日益激烈的媒体市场存活下去，而且还可以在激烈的市场竞争中赢得先机，并极大增长媒介集团的经济效益。

由此可见，无论是对于受众还是对于媒介组织本身，成功的媒介融合所带来的，是一种二者皆可获利的双赢局面。

第五节　媒介融合对我国媒介产业的深层次影响

媒介融合这一概念，并不仅仅指媒介产业内部各种不同形态的媒介之间的融合，它还包括媒介行业与其他行业之间的整合。如前文所述，媒介融合会在经济效益和社会效益上带来一些变化，同时，对于媒介的发展，它也会产生一系列深层次的影响。

（一）媒介融合将促进媒介产业结构的升级和演化

媒介产业结构与媒介经济增长之间有着密切的相互关系，而媒介产业结构的优化也能够促进媒介经济的增长。产业结构有着从低级向高级演进的规律，在不断演进中，产业结构逐步得到优化。

产业结构优化的基本含义，一是指产业的附加值越来越高，技术化程度越来越高（即在产业中普遍应用高新技术）；二是产业的集约化程度越来越高，即产业组织结构越来越合理化，具有较高的规模经济效益；三是产业的加工深度高。① 因此，媒介产业结构优化，是指媒介产业结构合理化和高级化的发展过程，是通过产业调整使媒介产业实现协调发展的过程。

媒介融合的深入发展，将促进媒介产业结构的高级化。

1. 技术融合使媒介产业结构呈现出高科技性

媒介融合自始至终都伴随着技术融合，特别是现在的网络技术和多媒体技术增加了媒介产品的附加值。媒介产业与电信产业的融合形成一些新型传播媒

---

① 宋泓明：《中国产业结构高级化分析》，中国社会科学出版社2004年版，第1页。

介，使媒介信息传播模式得以改变。受众的信息接收渠道变多了，接受环境也不再局限于传统的固定环境，及时快速、图文并茂的传播方式体现了传播科技的优势。因此，媒介融合的发展使媒介产业结构越来越呈现出高科技的特性，由媒介融合产生的新兴媒介所具有的科技水平日益提高，产业间的技术转移速度也逐渐加快。由于媒介产品日渐具有科技的烙印，媒介产品的附加值也日渐提高，为赢得受众增添了砝码。

2. 媒介融合促成媒介组织内部的结构创新

媒介融合除了促成企业组织之间产权结构的重大调整之外，还会引发媒介组织内部的结构创新。媒介融合对市场行为的影响，集中体现在媒介的组织调整策略层面上。

在交易成本的共同作用下，媒介组织结构开始由纵向一体化逐渐向横向一体化、混合一体化转变，使媒介组织更趋于合理，这样可以降低媒介集团的运营成本，实现规模经济效益。有研究者对 1988 年至 1992 年中国信息产业的资料进行分析验证，得出的结论是：由于拥有共同的基础设施资源，这些被检验企业的平均成本下降。这说明，技术融合和产业融合对改善信息产业绩效有重要意义。[1]

这对于媒介产业发展有着重要的启示。比如说，默多克麾下的新闻集团下的各个公司不是单一的产业公司，而是多个单元组合的系列化结构公司，在此基础上形成多元化的产业结构。这些多元化的产业结构使各个产业之间形成了上下游的协作关系，构成合理的价值链，资源共享性很强，可以得到多次开发和有效利用。

此外，中国报业集团的组建与壮大，也体现了媒介融合的特点和优点。1996 年，中国第一家报业集团广州日报报业集团成立。此后，随着条件的逐步成熟，从 1996 年到 2005 年的十年间，中国报业集团已经发展到 40 家，平均每年诞生 4 家报业集团。报业集团一般拥有党报、都市报、期刊、网站等媒体，还有广告发行、印刷等业务，有的报业集团还涉足房地产、宾馆酒店等实业经营。

广电集团和出版集团也进行了不同媒介、不同行业的产业融合。集团化经营促进了媒介产业结构调整和优化，使不同媒介的潜能得到最大的程度的发挥。正是由于这种协同效应和资源共享，使这种融合产生规模经济和"1+1>2"的效应。

---

① 马健：《产业融合理论研究评述》，载《经济学动态》2002 年第 5 期。

3. 媒介融合将使媒介产业结构呈现出"软化"趋势

此外，媒介融合的发展，还将带动信息产业的发展，使中国整个产业结构呈现"软化"趋势。产业结构"软化"包括两个层次的含义：第一层次，是指在产业结构的演进过程中，软产业（主要指第三产业）的比重不断上升，出现了所谓"经济服务化"趋势；第二层次，是指在整个产业结构演进过程中，对信息、服务、技术和知识等"软要素"的依赖程度加深①。

综上所述，媒介融合将促进信息产业的快速发展，使信息、技术、服务有机结合，信息产业产值不断增加。目前，发达国家信息产业产值占国内生产总值的比重已达40%～60%，新兴工业国为20%～40%。2006年，中国信息产业增加值完成1.56万亿元，占国内生产总值的7.5%。② 信息产业的迅猛发展及其与媒介产业的不断融合，将使中国产业结构逐渐向合理化与高级化发展。

（二）媒介融合将促使媒介法规和相关管理制度的改革

无论是从静态还是动态的角度看，在特定的时期内，产业具有相对的边界。产业融合使原本独立的产业边界发生变化，不同产业中的企业群处于竞争状态。这样一来，以产业分立为基础的传统管理体制，就可能出现管理职能的重叠，政府媒介政策的制定与实施，都遇到新的困难。如果现有管理体制不进行相应的调整，就很有可能会与现实发生冲突。

计算机业、电信业、有线电视业出现融合趋势以后，政府管理和规范的领域就变得更广泛、更复杂。进入21世纪以来，计算机技术、电信和有线电视技术的快速发展与融合推动了互联网、手机媒体的发展，电信与电视的业务融合让人很难用现有的概念来判定有些业务到底属于电信业务，还是有线电视业务。比如说，手机电视业务是由电信机构来管理，还是由有线电视机构来管理，就会引起争议。

比如说，在韩国，广播法禁止SK③等电信公司利用它的移动广播网络提供地面电视节目。SK集团已经提出了提供DMB（Digital Multimedia Broadcasting，通信和广播相融合的新概念多媒体移动广播服务）业务的申请，但是并没有获得批准。又比如，在中国，手机电视归谁管也成为一个不得不面对的话

---

① 陶喜红：《媒介融合的效应分析》，载《新闻界》2007年第6期。
② 陶喜红：《媒介融合的效应分析》，载《新闻界》2007年第6期。
③ SK集团是韩国第三大跨国企业，主要以能源化工、信息通信为两大支柱产业，旗下有两家公司进入全球500强行列。目前，SK及其附属机构在全球拥有30000多名员工、124个办事处和子公司。世界500强排名第70位，年销售收入808亿美元。引自百度百科，http://baike.baidu.com/view/1089071.htm，2014-12-11。

题。如果把手机电视视为电视的话，国家广电总局当然有权制定相关的技术标准；同样的，如果把手机电视视为通信业的一项技术的话，信息产业部也有权制定有关的技术标准。广电总局在 2006 年公布了手机电视的行业标准，大有进军之势；而信息产业部虽然没有推出自己的手机电视行业标准，但也有几个推荐的标准。因此，到目前为止，手机电视归谁管的问题还是没有明确。媒介融合带来的传媒产业规制问题，由此可见一斑。

媒介融合的运营实践，对于政府规制的改革，也有一定的促进作用。近年来，传媒业所出现的跨媒体、跨地区、跨行业的融合现象，推进了传媒产业的发展，同时也推动了媒介产业规制的改革。

为适应传媒产业的快速发展，政府对传媒业的管理和规范行为出现了一些新的变化。政府适时地制定一些新的产业政策，通过政策的扶持，来促进传媒产业的改革与发展。这表现在，"一是对内进行行业改制，促进新闻机构事业单位和企业单位的改制分离；二是对外加大对业外资本的开放力度，鼓励和支持业外资本投资国家批准的某些传媒业领域。"① 举例来说，2004 年 2 月，国家广播电影电视总局发布《关于促进广播影视产业发展的意见》，明确提出要"逐步加大广播影视市场的开放力度，逐步放宽市场准入，吸引、鼓励国内外各类资本广泛参与广播影视产业发展"。同年 11 月，国家广播电影电视总局又发布了《中外合资、合作广播电视节目制作经营企业管理暂行规定》，允许外资媒体公司入股国内广播电视节目制作，降低了外资进入大型国有媒体集团的门槛。2005 年 8 月，国务院发布了《关于非公有资本进入文化产业的决定》，鼓励和支持非公有资本进入互联网服务、广告、电影电视制作发行等项目在内的文化服务领域，并对国有资本控股比例做出规定。这一系列政策的出台，推动了传媒产业的资本融合、跨行业融合的力度，提高了传媒产业企业化运作过程中的市场化程度，激发了传媒产业的内在活力。反过来，传媒产业内部融合以及传媒产业与其他产业的融合也促进了传媒产业政府规制的变革，降低了传媒市场的进入壁垒，使其步入快速健康的发展轨道。

这些管理方法和规章制度的变革，并不意味着针对传媒业的管理政策的变革的终结。国家"十一五"发展规划明确提出，要加强宽带通信网、数字电视网和下一代互联网等信息基础设施建设，推进三网融合。融合、开放、竞争、合作成为数字化时代广播影视生存发展的主题。媒介融合实践及其带来的

---

① 郑保卫：《十六大以来我国新闻传媒的政策调整与改革创新》，载《现代传播》2005 年第 6 期。

显著社会效益和经济效益，一方面为政府对传媒业的管理体制的改革提供了现实依据，另一方面也施加了源源不断的推动力。

（三）媒介融合将促使媒介产业的盈利模式发生转变

传媒产业的盈利模式通常有四种：一是"卖内容"，二是"卖广告"，三是"卖活动"，四是资本运作。而我国媒介产业的一个基本现实是，过分依赖"卖广告"这种单点支撑的盈利模式，这样无疑会加大传媒的经营风险。

有研究表明，广告收入在传媒整体收入中超过70%，或者某一类别的广告或某一广告公司的广告占传媒收入的30%以上，对于该传媒而言，都具有较大的经营风险。① 在我国，媒介产业过分依赖于广告，这一点在电视、报纸等行业表现得尤为突出。据悉，在中国有41.5%的媒介其广告收入占经营总收入的90%以上；另外37.9%的媒介其广告收入占经营总收入的50%～90%；只有21.6%的媒介其广告收入占总收入的50%以下。②

近年来，随着媒介融合的推进，多元化经营成为很多媒介集团的重要发展策略，广告在媒介集团的收入比重有下降趋势，但幅度不大。我国研究者关于媒体生态的调查表明，"2004年被访媒体广告收入占媒体总收入的平均比重为72.5%，与2003年相比，这一比例下降了3.1%，继续呈现出下降的趋势，但广告收入依然是媒体经营的主要经营收益来源。"③ 中国传媒产业这种过于单一的盈利模式，一旦广告市场遇到风吹草动，传媒集团经营就会受到巨大影响。

相比之下，在传媒产业比较发达的西方国家，广告收入占媒介集团收入的比重一般要比中国的低。国际上成熟的媒体营收结构中，媒介融合使媒介集团不仅仅依靠广告单点支撑来实现创收，广告收入最多占到50%的比重。比如在美国，20世纪80年代时，维亚康姆集团搭乘企业并购风潮的快车，凭借几次出色的并购，实现了有效整合。如今，维亚康姆已经成为全球最大的综合性娱乐传媒集团之一，其业务涉及有线电视、广播、出版、户外广告和互联网等，各种媒介有效融合。2002年，维亚康姆的市值一度超过美国在线时代华纳，达到870亿美元。与已经拥有80多年历史的时代华纳、迪士尼等老牌媒

---

① 喻国明、张小争：《传媒竞争力：产业价值链案例与模式》，华夏出版社2005年版，第2页。

② 杨步国、张金海：《整合：集团化背景下的报业广告经营》，武汉大学出版社2005年版，第272页。

③《〈现代广告〉媒体调查专项综合报告》（第一部分），载《现代广告》2005年第2期。

介娱乐集团相比，维亚康姆属于后起之秀，该集团之所以能够迅速崛起，与集团的媒介融合战略密切相关。

产业融合使集团拓展了盈利渠道，形成合理的产业价值链。维亚康姆集团的盈利类型主要有六大类：广告、零售租赁业务、加盟费、节目授权收益、剧情片拍摄收益、其他收益（包括电影院线、出版、主题公园等业务收益）。从2005年到2007年的数据来看，集团的广告收益比重处于46%~48%之间，零售租赁业务维持在21%~22%之间，其他业务收入也占有一定的比重①。媒介融合使维亚康姆集团的不同企业之间形成一种互相弥补、平衡的结构，媒介集团的盈利模式不断拓宽。而迪士尼集团、新闻集团等大型媒介集团在产业融合中都拓展了自身的盈利渠道，大大增强了集团的抗风险能力。

目前，媒介融合使中国传媒业正在改变依赖广告这种单一的盈利模式，逐步形成多点支撑的盈利格局。以广播影视业为例，广播影视增收主要依靠广告收入和有线电视收视费收入，占了广播影视收入的绝大部分，是影视产业盈利的主要模式，这种盈利模式的上升空间已经很小。以数字技术、网络技术、信息技术为基础的媒介融合，将直接改变整个广电行业的盈利单一问题，为广播影视行业开辟新的经济增长点和增长空间；同时，还会带动以IT产业为主的新兴产业的发展，包括服务器、机顶盒、传媒设备、应用软件等的制造商、运营商所提供的相关产品和服务。总而言之，媒介融合将为我国传媒业多元盈利模式的拓展带来曙光。

（四）媒介融合将催生新的传媒服务理念

随着媒介融合趋势的进一步发展，传统的传媒服务理念将得到一定程度的更新，受众也将在信息消费中受益匪浅，其根本原因就在于融合媒介所倡导的个性化、"一站式"、互动式服务方式非常适合受众的信息消费习惯。

从目前媒介融合的情况来看，媒介融合的趋势之一是"三网合一"——现有的电信网络、计算机网络以及广播电视网络相互融合，逐渐形成一个统一的信息通信网络系统，由一个全数字化的网络设施来支持包括数据、话音和视像在内的所有业务的通信，即电视、电脑以及手机的融合。"三网合一"可以为受众提供信息的个人化服务，新兴媒介倾向于小众化和分众化传播，媒介市场和受众资源逐渐被细分。分众化和小众化传播使受众接触媒介的盲目性减少，受文化因素、职业因素、生活观念、心理因素以及消费观念、价值观念等因素的支配，受众对于传媒传播信息的选择将更加精细与专注，他们的信息消

---

① 陶喜红：《媒介融合的效应分析》，载《新闻界》2007年第6期。

费定位更准确，个性化更强。同时，这种个性化的服务方式里渗透着很强的互动性，改变大众传媒的单向线性传播模式，使受众在信息传播中的主体地位得到体现。

媒介融合还促成了"一站购齐"式的服务方式。所谓的"一站购齐"式服务，就是只要客户有需求，一旦进入某个服务站点，所有的问题都可以解决，没有必要再找第二家。传媒可以采用"一站购齐"式服务，尽可能将多种服务项目打包，方便受众。现代受众在信息消费中逐渐对信息的获取渠道、信息的传播途径以及信息附加值等方面有更高的要求。先进的数字化技术使各种媒介产品有了共同的平台基础，媒介产品的灵活组合成为现实。信息生产者可以将各个媒介的内容方便自如地相互嵌入，生产出多样化的信息产品，满足受众的多种需求。

在中国电信行业，目前正在为国际、国内跨区域客户提供"一站购齐"式的服务，包括业务咨询、业务受理、故障申告、计费结算、技术支持等服务内容。客户无论身处何地，只需与当地中国电信的客户服务部门取得联系，就能在第一时间享受中国电信所有业务的一站式服务。随着传媒产业和电信产业的融合，以及新兴媒介的普及应用，电信产业的一站式信息服务策略很容易复制到媒介产业中来，传媒同样可以为受众提供一站式信息服务和"一揽子"解决方案。特别是手机电视、手机报纸等新兴媒介，可以首先引进这种服务方式，充当这种服务方式的试验场，为这种方便快捷的服务方式在传媒产业中的普及打下基础。

"一站购齐"式服务可以为受众节约大量的时间成本，使受众能够体验服务带来的方便与愉悦，满意度会大大增加。新的传媒服务方式会带来良好的效应，能够帮助媒介吸引受众，留住受众，提高受众的媒介忠诚度。具有竞争力的服务理念，不仅能够赢得客户，还能够保住现有客户。由此可见，更新传媒服务方式对于传媒来说尤为重要。

除此之外，通过融合，媒介集团可以不断做大做强。这样可以应对国外媒介的冲击，增强媒介集团抵御风险的能力。随着经济全球化趋势的加快，发达国家的媒介集团正在准备涉足中国媒介产业，如果不增强中国单个媒介集团的实力，应对冲击的抵抗力不强，就会在竞争中处于不利地位。

综上所述，媒介融合的发展，将促进我国媒介产业结构的升级和演化，促进媒介法规和相关管理制度的改革，促使媒介产业的盈利模式发生转变，并将催生新的传媒服务理念。一言以蔽之，它将对我国传媒业的发展产生持续的、深刻的、全方位的影响。

思考题

1. 什么叫媒介融合?

2. 相对于现存的各类传播媒体而言,媒介融合在传播形态上具有什么优势?

3. 媒介融合具有什么实践意义?它给新闻传播实践带来了什么样的影响?

4. 媒介融合对于新闻传播理论的革新具有哪些影响?

5. 媒介融合的基本类型有哪些?

6. 媒介融合的基本特征是什么?

7. 在媒介融合趋势下,你怎样看待自己应该具有的知识结构和能力结构?

8. 媒介融合趋势会给我国传媒业带来什么样的深层次影响?

第二章　媒介融合发展简史

在第一章中，我们探讨了媒介融合的含义，梳理了媒介融合的基本类型和基本特征，剖析了媒介融合的实践价值及对我国传媒业发展的深层次影响。在对媒介融合的本体有了一个较为清晰的认识之后，本章接下来将回顾一下在世界范围内媒介融合经历了一个什么样的发展历程。

对于媒介融合的发展简史做到心中有数，其意义一方面在于追根溯源，使我们做到知其然也知其所以然，对事物的理解更为全面和透彻；另一方面在于使我们能够对后面各章的探讨有一个更深的领悟，在"鉴史"、"知今"、"展望明天"的基础上，承继性地审视媒介融合这一趋势和实践。

第一节　媒介融合的产生背景

新生事物和新兴潮流的出现并非空穴来风，总会有它的孕育环境和生长土壤。20世纪90年代以来，新闻业在技术因素、消费者因素、产业因素等方面发生的变革，共同构成了媒介融合的产生背景和内在动力，使之成为一股喷薄而出的潮流；而反过来，这股潮流所形成的世界趋势，又将更多的国家、地区和媒介组织裹挟其中，成为它们接受、实践和推进媒介融合的外在动力。

因此，技术因素、消费者因素、产业因素和国际趋势一起构成了媒介融合的产生背景，并共同促进或制约着媒介融合的广度和深度。

（一）媒介融合的技术背景

技术进步是推进媒介形态变革的原动力。无论是数字摄像机、非线性编辑、数字压缩、数字分配矩阵、节目复用、数字微波、数字调制解调技术，还是数字机顶盒、数字视频存储器、数字视频/音频接收器，都广泛地运用于媒介内容制作、播出分配、传输及接收等各个核心环节。① 技术力量改变着媒介的现有特征。以广播为例，在数字技术的推动下，广播正由模拟转为数字，由

---

① 百度百科，http：//baike.baidu.com/view/1107247.htm？fr=ala0_1_1，2014-12-11。

单向传输转为交互传播，由区域业务转为全国乃至全球业务。

当今电脑技术、数字技术将三大传统媒体和网络、手机两种新兴媒体融为一体；与此同时，先进的传播科技——如光纤光缆、人造卫星、电脑的组合使用，生成"超级信息高速公路"，它将大众传媒、家居生活、投资买卖、私人通信、学习、娱乐集成一体。由于数字化科技、宽频传输及压缩技术在短时间内的同时进展，不同形式的传媒之间出现了互换、互联现象，电信、广播电视、网络之间的藩篱已逐渐被打破。比如，有线电视与缆线电话、网络电话与传统电信电话，宽频互动多媒体平台服务（MOD）、影音网站服务与有线电视，Cable modem 及 ADSL 宽频上网与传统的电话拨号上网，它们之间的界限已不知不觉地消失，广播电视、电信、网络之间逐渐开始汇流。

在此情况下，传统的单一属性（如平面媒体、音频媒体、视频媒体等）的媒介终端向视听多媒体终端进化；以往只有单一服务的网络（如电话网和有线电视网）可以不同程度地承担其他网络的职责；一直局限于特定业务的媒介组织也开始在政策的允许范围内尝试着拓展自己的业务范围。"能不能"的问题被技术一个个肃清，在这种状态下，消费者的想象力可以无限延伸，媒介产业组织的发展空间及市场机会也相应增长。

技术的进步使得信息技术对于信息处理和传输的能力增强，进而实现其质量与规模的提升；加上能够使不同业务同时运行、交互运作的网络体系结构的演进：从"终端——网络——应用"的"点到点"形式的传统传播结构，转变为"多种终端——多种接入——统一控制核心网——多种应用"的新型网络传播结构①，无疑将会是媒介融合成为人们生活中再平常不过的媒介现象的一大技术支持力量。

在现阶段，通俗地说，这种技术支持指不同的媒体，例如报纸、电台、电视台和网站及手机等，可以集中在一个统一的信息操作平台上进行运作，统一策划，相互协调，取长补短，根据媒体和受众的特点对信息进行分类加工，发挥各自的传播优势，有针对性地传播给特定受众。

我们正在深切地感受到，日新月异的网络信息技术极大地影响和改变了我们的工作、学习和生活方式，同时也为传统传媒的生存与发展提供了一个更为广阔的空间。网络技术改变了人类的信息传播方式，进而改变了整个世界的生存方式。数字时代高新技术的推广应用，也为传统媒体的发展带来新的增长

---

① 徐沁：《泛媒体时代的生存法则——论媒介融合》，浙江大学 2008 年博士学位论文，第 54 页。

点，使新旧媒体在相互竞争中互相吸取有利于自身发展的因素，在互补中形成媒体竞争性共融环境。正是媒介技术的这种进步，既激发了人们潜在的集合式信息需求，也彻底改变了受众地位，加速了传统媒介的媒介融合步伐。

（二）媒介融合的消费者背景

无论是文本、音频还是视频，无论是新闻还是综艺，无论是游戏还是商务，无论是广播还是点播，媒介消费者的需求一直在变化，并且由单一转化为多元，由迎合转化为选择。这是因为，随着社会不断发展，技术不断进步，人们的社会生活不断丰富，媒介消费者的消费方式也不断多样化，消费需求必然会发生相应的变化。而这必然会加剧市场竞争的激烈程度，因为在媒介发展的进程中，消费者的需求一直是支撑每一个创新和进步的最重要的内驱力量。

1. 媒介消费者出现集合式信息需求

媒介消费者的集合式信息需求（Integrated and Convergent Needs Clusters）是随着社会不断发展、技术不断进步而被逐步激发的，尤其是媒介技术的进步使人类的信息传播方式产生了革命性的变化，也带来了人类信息消费方式的改变。

在过去，媒介消费者一般通过不同类型的传统媒介对信息进行"分割式"消费，如果想做到文字、声音、图画、视频兼收兼得，唯有既看报纸，又听广播，再看电视，这个过程可以说是繁琐、费神费力且又不经济的。但是，在步入信息时代之后，人们显然已经不再满足于仅仅对报纸、广播、电视、书刊等的分割式消费，他们更希望能够一举多得，比如希望能够通过某种便捷的渠道和方式，实现看报纸、听广播、看电视、读书刊等信息消费形式的同时进行。这种需求，无疑与媒介融合的功能和目的相互契合。

2. 受众逐步成为信息消费市场的主导

一直以来，媒介组织作为媒介市场的核心力量，通常决定着市场的运转。但如今，市场局势已经被逆转，媒介组织在媒介消费市场中的主体地位已经逐步被媒介的消费者——受众所取代，受众成为市场的决定者，引导着媒介组织的发展方向。因为对整个媒介市场而言，市场中同时存在着不同的媒体，而作为媒介消费者的受众总量却是不变的；虽然各个传统媒体组织以前有各自独立且固定的消费群，但是由于市场运作机制的不断发展变化，消费者群体很容易被吸引到其他领域从而被分散，因为他们基本上再也不会单纯通过一种媒体形式来获取信息或进行其他消费。因此，媒介组织必须采取相应的策略来应对这种变化和挑战，以满足消费者的多元化需求。

3. 媒介消费者对个性化服务的需求逐渐凸显

需求个性化、多样化是现代社会的特征之一。① 对于媒介消费者而言，昔日定义受众的主要参数，例如性别、年龄和收入等，已经被受众需求、生活方式以及个人特征等要素取代了。如今的受众已不再满足于信息同质化的大众传播，而倾向于适合小众口味的内容和个性化的信息服务。一方面，在选择媒介内容方面，消费者希望变得更加自由和主动，这样他们可以自由选择其所要观看的节目及时间、地点和观看节目的方式；另一方面，消费者已经越来越不满足于传统的单向传播，而更倾向于传受之间的双向互动，比起仅仅获得他们想要的信息，他们更希望可以掌握控制权、行使支配权，在获得信息的同时可以获得与其他消费者交流的机会，这样他们不但可以相互沟通交流，而且还可以共享信息资源，获得最大程度的满足。

媒介融合趋势正是力图通过崭新的媒体形态开拓并满足受众的新需求，更加细分化地适应社会的多样化需求，从而提供更加丰富的内容和渠道选择。正是从这个意义上说，受众的媒介消费方式由单一分离式消费向集体综合式消费变化，受众在媒介市场的核心主体地位的确立，受众多元化、个性化需求的张扬，都在一定程度上推动了媒介融合的进程。

（三）媒介融合的产业背景

媒介融合涉及广播、电视、电影、信息通信、电子制造、出版等多个产业，各个产业的规模、组织、市场结构及组织的市场行为都在不同的层面促进或制约着媒介融合的范围和程度。

从最初的融合发展来看，对媒介融合影响最大的分别是广播电视产业和电信产业。这两个产业控制着庞大的信息内容、传输网络及受众和用户，媒介融合"无处不在"、"无所不能"的特性需要在业务、网络等领域冲破上述产业间的壁垒。

针对媒介融合的趋势，各国为了市场的有效竞争及产业的更加繁荣，纷纷制定、出台或修改广播及电信法规和政策。

比如说，美国首先于1996年颁布《电信法》，放宽了对广播电台、电视台所有制的限定，并打破了对媒介种类的限制和隔绝，允许电话公司参与有线电视市场的节目竞争。接着，欧盟于1997年发布《迈向信息社会之路》，规定不同的网络平台都能一同传送电话信息、电视信息和电脑信息和数据，认为网络融合不仅是不同技术的融合，而且是不同业务（包括各种电信、电视、

---

① 陈崇山、孙五三：《媒介·人·现代化》，中国社会科学出版社1997年版，第22页。

广播和电脑图像及文本数据业务，以及交互型多媒体业务）的融合，这种融合可以让用户通过地面广播网、卫星网、电缆网和宽带电话线（如 ADSL）享用各种宽带数字业务。其后，英国议会于 2003 年通过了《英国通信法》，设立了由先前的电信管制局、独立电视委员会、广播管制局、BSC 广播标准委员会和无线通信管制局五家合并而成的通信管制局 OFCOM，管制方式从分裂变为统一，改变了广播电视行业单向进入电信行业的传统格局。2004 年 4 月，韩国国会也通过了新修订的《广播法》，允许进行卫星数字多媒体广播，韩国 SK 电讯公司通过开展卫星 DMB 业务进入广播领域。

由此，各国纷纷出台的有利于媒体之间相互融合的法律和法规，在实践上保证了媒介融合的顺利推行，使媒介融合在技术上顺畅过渡，为下一步革新创造了机会和空间，也在设定正确的协作标准、引导市场走向以及通过影响市场结构使资源合理配置等方面，对媒介融合的推进起到了关键性的作用。

（四）媒介融合成为不可逆转的国际趋势

媒介融合实践所形成的国际趋势和潮流，使得越来越多的国家和地区裹挟其间，越来越多的媒介组织也逐渐发现，它们已难置身潮流之外，必须尽早地对此进行调整和适应。这种不可逆转的国际趋势，从而也构成了媒介融合的大环境和外在推动力。

根据创新国际媒体顾问小组（the Innovation International Media Consulting Group）高级顾问马萨·斯通（Martha Stone）的一项调查，几乎所有大洲上的每个国家，媒体企业都在向多媒体融合化运作转变，国际报纸协会（the World Association of Newspapers，WAN）73% 的成员已经开始探寻媒介融合的各种形式。①

我们再来看 2005 年 IBM 公司所做的一项调查：在被调查的电信业主管中，有 80% 的人认为，十分有必要在未来的三年之内接受媒介融合，并且将它作为一项长期收入增长的来源。相同的调查也涉及已经实行媒介融合的企业，他们普遍认为媒介融合最可能被证明是最重要的一项举措。②

同时，由于传媒与信息并网，信息产业全面进入传媒行业，电视、电话、计算机等开启了多媒体网络新时代，传媒的集团化也达到了前所未有的新境界。可见，媒介融合是传媒产业发展的大势所趋，是传媒产业的国际化潮流。

---

① Stone, M. Multimedia Integration is Here to Stay, *Online Newspapers and Multimedia Newsrooms*, 2002（4）.

② Survey：Your television is ringing, *The Economist*, 2006, 381/8499.

此外，在媒体高度融合的时代，东西方不同质的文化也在不断地沟通和融合。随着市场不断的国际化、全球化，新闻业的竞争范围在不断拓展，跨国媒体开始跨入国内市场。由于一些跨国媒体集团多年来已经积累了丰富的媒介融合运作经验，它们一方面会给国内企业带来先进的媒体经营理念，同时也会在很大程度上抑制本土文化的延伸发展。为此，国内企业在面临更多竞争对手及更多严峻挑战等外在压力的情况下，必须加速国内多媒体间的融合进程，顺应国际化潮流的发展，以便在国际市场中占据一席之地。

如图 2-1 所示，总的来看，媒介融合的产生背景是由多种因素共同构成的：媒介融合既是媒介技术发展过程中的进步表现，也是消费者需求推动下的媒介创新之举，同时还是产业发展环境发生变化以及国际化潮流驱动的综合结果。这些内外因素相互关联，不可或缺，其中，消费者的需求决定着媒介融合的现实价值，媒介技术进步使媒介融合的实现成为可能，构成媒介产业环境的相关政策法规是媒介融合进程中需要遵守的行为规范，融合的国际化趋势则是所有媒介组织不可忽视的外在压力和推动力。

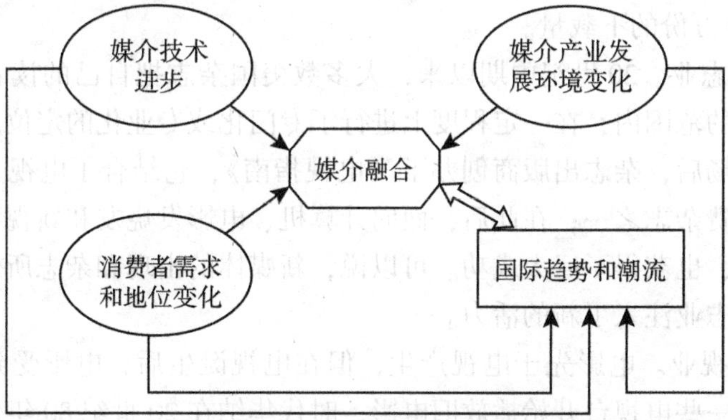

图 2-1　媒介融合的产生背景

第二节　媒介融合在欧美国家的发展

在媒介融合的概念被学界提出之前，其实践早已在不同国家、不同媒介之间悄悄地进行着。从欧美等国的大型传媒公司的发展历史来看，大多数的融合实践体现为从报纸到电台、从电台到电视、从电视到网络、从网络到手机的发展进程中不断产生新的媒体。下面我们就回顾一下美国、英国等典型欧美国家的媒介融合发展简史。

（一）媒介融合在美国的发展简史

1. 美国几大媒体领域的融合式发展历程

（1）报业。美国报业在总体上一直保持着健康盈利的状态，但自 1987 年以来，报纸的发行量一直在逐步下降，其主要原因在于新兴媒体的竞争，主要是广播、电视以及网络给报业所带来的冲击，而面对这一问题，报业也提出了相应的对策，调整思路，与一些新兴媒体联合。如与广播电视融合形成一些电台电视台的"读报时间"，与网络联合形成报纸的网络版，完成从纸质到电子形式的业务转换，吸引了一批新的和非传统的消费者。比如，1992 年，美国的《圣何塞信使新闻报》就创办了全球第一份电子网络版报纸。①

（2）图书出版业。在电视、电影出现后，出版商开始了捆绑式销售，将图书和电影以及电视节目联系在一起，将畅销书改编成具有轰动效应的电影电视剧，比如《阿甘正传》、《大白鲨》等。同时，图书出版业也效仿好莱坞的"名人"造星运动，如斯蒂芬·金等。此外，电子图书近些年来在美国成为时尚，第一本网络小说是斯蒂芬·金的《骑在子弹头上》，在网上发行的前两天，就有 50 万份的下载量。

（3）杂志业。20 世纪中期以来，大多数美国杂志把自己的读者群缩小到一个可定义的范围内，在一定程度上进行了专门化或专业化的定位。例如，当电视进入市场后，杂志出版商创办了《电视指南》，它结合了电视文化，成为最成功的消费杂志之一；在此后，面向计算机、电影发烧友和新视听设备的使用者的杂志，也获得了巨大成功。可以说，新媒体的出现和杂志所做的针对性调整，为杂志业注入了新的活力。

（4）影视业。电影先于电视产生，但在电视诞生后，电影受到了巨大的冲击，比如一些电视台开始播放旧电影，时代华纳在 20 世纪 80 年代初还创办了家庭剧场频道，人们可以以每个月 10 美元的费用，收看没有剪辑过的或未经审查的电影。20 世纪 90 年代，家庭录像的出现又让人们通过电视随心所欲地观看电影。几乎在同一时期，电影业开始改革并聚焦于互联网，如 reel. com 变身成为世界最大的音像出售中心，而一些大的电影公司开始通过互联网来控制销售。

（5）音乐产业。在美国各类传统媒体的融合发展进程中，音乐产业与网络的融合最为明显。1999 年，美国的门户网站雅虎率先开始提供名为雅虎电

---

① 关梅：《媒介融合的现状及其应对》，载《新闻爱好者》2008 年第 3 期。

台的 10 声道的网络电台服务项目，而其他的搜索引擎也纷纷效仿。从 1999 年开始，电台也开始将在线音乐零售作为其收入的一部分。这些电台在对应的网络页面上设置"购买按钮"，这样可以有效地向顾客进行直销，甚至发行绝版唱片。

（6）在线信息产业。尽管互联网的发展可以追溯到 1968 年，但在美国，互联网作为传播新闻、娱乐、信息的流行媒体，则是从 1994 年开始的。当时，出现了网络浏览器 Netscape，随后，美国涌现的门户网站有美国在线（AOL）、雅虎和微软网等。这一产业的发展颇为迅速，它已经同各大媒体产业快速融合，成为媒介融合进程中的重要参与因素。

2. 美国典型媒体组织的媒介融合历程

自 20 世纪 90 年代初以来，美国的媒体组织纷纷进行各种形态的融合，媒介融合的进程如火如荼。

当然，这些媒介组织能够得以实现合并、融合，也与美国的媒体政策的放松分不开。自 20 世纪 90 年代以来，美国政府与联邦通信委员会先后制定了许多解除电信媒体管制的政策和法规。如 1996 年颁布的《电信法》放宽了对广播电台、电视台所有制的限定，并打破对媒介种类的限制和隔绝，允许电话公司参与有线电视市场的节目竞争；1998 年，新的电信传播法案获得通过后，引发了一场电信、电子、媒体和文化企业的跨国、跨行业交叉兼并和产业重组的浪潮，电信拍电影、芯片放卫星、微机打电话、软件播新闻等业务的不断交叉，使美国的电信、电视、微机、软件、互联网、卫星服务和媒体企业厮杀混战成一团；2003 年 9 月，美国又制定了新的有关放宽广播电台经营的法令，如一个企业经营的电台户数规模从占全国户数的 35% 放宽到 45%，等等。

在技术障碍及上述的法律障碍消除之后，传统媒体充分利用了新的媒介形态——互联网，从报网互动开始，一步步将媒介融合的进程推向深入。

（1）报网（台）融合阶段的实践。1992 年，美国的《圣何塞信使新闻报》创办了全球第一份电子网络版报纸；而在它的示范和带动之下，到 2005 年 12 月底的时候，北美的 1500 多家报纸、全世界的 5000 多家日报都推出了自己的网站。① 除此之外，到 1999 年，美国全国广播公司协会（National Association of Broadcasters）进行的一项调查显示，美国大量的电台和绝大多数的

---

① Newspaper Association of America, The Source：Newspapers by Numbers, http：//www.naa.org/thesource/23.asp, 2014-11-11。

电视台（70%）都拥有了自己的网站并掌握其运行①。这些报纸与电台、电视台及其对应的网站之间，往往在内容和形式上展开互动，相互补充，相得益彰。这也可被看作媒介融合实践的初级阶段。

（2）坦帕新闻中心的业务流程融合实践。美国媒介综合集团在佛罗里达州坦帕市建立的"坦帕新闻中心"（Tampa's News Center），是美国新闻界公认的进行媒介融合试验比较成功的典范。②

2000年，该集团投资4000万美元在坦帕市建造了一座传媒大厦，将《坦帕论坛报》、网站 Tampa Bay Online、电视台 WFLA-TV 一起搬入办公，虽然这几家媒体有各自独立的人员、办公区域和运作机制，但实行资源共享。大楼内部设有统一的突发新闻指挥台，能在第一时间将突发新闻传递给分布在其四周的三家媒体，并有专人指挥、协调对新闻的采访。

①该中心对日常信息的处理流程。在融合的公司中最为常见的就是信息的交流和共享，每个平台每天都会有几次编辑会议，其中至少有一个会议是专为媒介的融合操作而准备的。下面是坦帕新闻中心一天的工作图景：

> 上午9点，WFLA-TV 的编前会揭开了工作序幕。《坦帕论坛报》的多媒体助理编辑肯·莱特（Ken Knight）每天也会准时参加，事实上每一个工作平台的每一次会议他都会参加。

> 10点15分，《坦帕论坛报》召开编前会，前15分钟是对当天融合报道交换意见和想法。与肯·莱特一样，WFLA-TV 的执行人员苏珊·德·弗拉迪（Susan De Fraties）每天也会出席这一平台的会议。

> 此后，莱特会继续出席其他的编辑会议，协调不同媒介平台的兴趣点，而这就是他整天的工作。与他一起做这项工作的就是前面提到的苏珊和论坛报的多媒体高级编辑帕特·米纳辛（Pat Minarcin）。他们持续不断地寻找和探寻媒介之间融合报道的机会和融合报道的方式，实际上就是"新闻内容协调官"……③

---

① Nitschke, A. Station Internet Activities Report（for the National Association of Broadcasters），http：//www. nab. org/Research/topic. asp，2014-12-11。

② 引自重庆大学文新学院"实践教学工作坊"：《理解媒介融合》，http：//www. docin. com/p-20660374. html，2014-11-11。

③ 《美国坦帕新闻中心媒介融合的策略和方法》，http：//www. media. people. com. cn/GB/40628/6233234. html，2014-12-11。

实践工作中常常会出现这样那样的问题，其中一个基本问题就是：并不是所有新闻或事件都适用不同的媒体，有时一件非常适合在报纸上报道的事件放在电视上就显得不伦不类，反之亦然。这就需要找到报道的交汇点。报道的共同兴趣包括调查新闻、对消费者提供帮助的新闻、焦点或爆炸性新闻、医疗报告等。每一平台都把如下问题和信息作为报道的基础，如问尖锐的问题、为弱势群体呼吁、关注社区差异、通过公共服务让报道到达最偏僻的地方等。

在该新闻中心，三个媒体拥有各自独立的决策机制，虽然新闻的采集是合作完成的，但他们对于新闻的选择是独立的。在新闻的选择标准上，各个平台也会稍有不同。如发生了一个爆炸性事件，电视必须在事件发生之际立即报道，而《坦帕论坛报》在一般情况下会坚持关注和提供给受众更多背景资料。

对位于同一屋檐下的这三家不同形态的媒体，新闻中心制定了如下规定来协调彼此之间的利益和关系：不能对不同平台的媒体新闻发布的标准评头论足、指手画脚；不允许说伤害感情的话；不允许因为报道方针的不同而迁怒他人。

②各平台间的彼此合作。三个平台的合作形式多种多样。小规模的合作体现在一个平台的新闻在一定情况下要优先供给另外的媒体使用。在 WFLA-TV 晚 11 点的新闻栏目里，人们经常会看到主持人在播报带有《坦帕论坛报》标志的新闻，开场白是这样的："《坦帕论坛报》在今天早上报道……"而比较大规模的媒介融合形式包括仔细准备和研究对重大新闻的多媒体展示以及多方位报道。

③ 该中心对现场新闻的融合报道。现场新闻是让融合新闻报道熠熠发光的一个领域。新闻中心设有专门的编辑部门，负责为多种媒体的采访和报道分派任务。她们从前方记者手中收集第一手新闻信息，传送给每个新闻发布媒体。在对现场新闻的联合报道中，电视通常是第一发布媒体。但电视台的实时报道并不仅仅由自己的员工提供，提供者还包括报纸的记者和摄影师。

在坦帕市发生过一架小型飞机在一家银行上空坠毁的事件，供职于 TBO. com 网站的工作人员吉姆·科林斯（Jim Collins）目睹了飞机坠毁的经过，他几乎在事件发生的同一时间立即在网站新闻中心进行了报道。《坦帕论坛报》报道商业信息的记者戴弗·希曼奥夫（Dave Simanoff）掌握了受损建筑承租人的文件档案，他把信息首先传送给的不是《坦帕论坛报》，也不是 TBO. com，而是电视台。《坦帕论坛报》档案和研究办公室立即通过目击到的飞机尾部数字追踪到这架飞机的主人。《坦帕论坛报》记者和编辑们也积极为电视台寻找和联系这起事故的目击者，请他们到电视台参与事故经过的介绍和讨论。在融合的大背景之下，团体的利益高于各自的利益。

融合在新闻尤其是现场新闻的报道中发挥着越来越重要的作用，各个平台都在期待彼此之间的合作和协作，这些是自愿的，不是由新闻中心强制执行的。负责分配任务的办公室编辑除了传送新闻信息之外，还会对新闻信息的采访和报道提出建议，如把记者派到什么地方去比较合适，以及首先在哪一平台上发布信息，等等。从对现场新闻的报道流程我们可以看出，这三家媒体平台经常彼此分享新闻资源，从而达到报道力度和报道效果的最优化。

（3）甘奈特报业集团对多功能"新闻中心"的构想和实践。2006 年 11月，美国最大的报业集团甘奈特集团首席执行官克莱格·杜鲍（Craig Dubow）在一份备忘录中宣布，集团旗下的所有报纸都将设立"信息中心"，全面取代已有的新闻编辑室，让原先的报纸读者能在任何时候、任何地方，通过他们喜欢的任何平台，接收新闻和信息。[1]

根据这一构想，甘奈特信息中心不再采用新闻编辑室原有的部门设置，而是将其分为 7 个功能部：数字部（以数据库为基础快速搜集新闻和信息）、公共服务部（媒介监督）、社区对话部（原评论专栏的延伸，帮助实现传受交流和受受交流）、本地新闻部、内容定制部（为小众市场定制专门信息）、数据部（发布生活类"有用"信息）以及多媒体内容制作部。

据分析，甘奈特集团的这一改革主要有四个目的：一是进一步突出本地新闻和信息优先于全国和国际新闻信息的地位；二是发布更多由受众贡献的内容；三是每周 7 天、每天 24 小时不间断地跨平台更新和发布新闻和信息（报纸的作用从而下降、网站的作用因此上升）；四是在与受众的互动中进一步发挥它们的舆论监督作用。[2]

3. 媒介融合的发展对美国新闻教育界形成深刻影响

早在 2001 年，美国新闻和大众传播教育者协会（AEJMC）就建议新闻传播教育界紧跟业界的媒介融合实践，跨越单一媒介平台推出相应的课程。2001—2003 年，AEJMC 的三次年会就媒介融合议题共举行了 14 个讨论会[3]。

---

① 邓建国：《"信息中心"：未来报纸的新闻编辑室——美国甘奈特集团的"激进"报业改革》，载《新闻记者》2007 年第 2 期。

② 蔡雯：《"融合新闻"：应用新闻学研究的新视野》，载《淮海工学院学报》2007年第 3 期。

③ John Pavlik，Gary Morgan，Bruce Henderson，Information Technology：Implications for the Future of Journalism and Mass Education，*Journalism and Mass Communication Education：2001 and Beyond*，2001.

此后，对于媒介融合，美国很多新闻传播院校都已从单纯的研讨阶段进入了实验阶段。据2003年对美国300所新闻传播院校的调查，约有50%的院校已经根据媒介融合对课程作了不同程度的改革；同一年，对美国46所第一梯队的大学新闻院系的调查发现，多达85%的大学院系已经开始推出媒介融合的相关课程。[①]

具体来看，为了应对媒介融合趋势的挑战，美国有一半左右的大学新闻传播院系都在不同程度上采取了某些措施，其中在美国学界讨论较多的包括南加州大学、哥伦比亚大学、密苏里大学、西北大学、堪萨斯大学和佛罗里达大学等的新闻传播院系等，它们的模式既有共性也有各院系因地制宜的个性。[②]

以南加州大学新闻系的教育改革为例，它在媒介融合课程的具体教学中，经过一番摸索和尝试之后，逐渐开始在教学中注重以下几个侧重点：一是更加注意对学生的基本功训练，二是加强了与网络新闻更兼容的科目的教学，三是加强了包括博客在内的各种新媒体在媒介融合教学中的辅助作用[③]。

总的来看，针对媒介融合趋势而进行的新闻教育改革，如同媒介融合趋势本身的未成形性和可塑性一样，仍然处于摸索、尝试但却蓬勃发展的阶段。

（二）媒介融合在英国的发展简史

在英国，自20世纪90年代以来，传统的和新型的传播方式之间的区分标准也日益模糊，不同媒介之间的关联性和兼容性日益加强。其间的融合演进过程，虽在阶段上与美国大同小异，但无论是电讯传媒集团（Telegraph Media Group）、BBC、天空新闻台（Sky News），还是《卫报》（The Guardian），其融合过程都体现出了对融合式新闻编辑室（Integrated Newsroom）和一体化工作流程这种工作硬件和软件的追求[④]。

比如，BBC将其电台、电视台及网站的编辑部整合成一个统一的新闻编辑部，开始探索全平台的360度采编；《金融时报》、《卫报》、BBC、天空新闻电视（Sky News），均开始探索媒介融合之路，力图利用现有办公场所寻求

① Criado, C. A., Kraeplin, C. The State of Convergence of Journalism: United States Media and University Study, *Journalism & Mass Communication Convention*, 2005.

② 邓建国：《管窥美国新闻传播院校媒介融合课程改革中的经验与教训——以南加州大学新闻系的试错为例》，载《新闻大学》2009年第1期，第52页。

③ 邓建国：《管窥美国新闻传播院校媒介融合课程改革中的经验与教训——以南加州大学新闻系的试错为例》，载《新闻大学》2009年第1期。

④ Konstantinos Saltzis, Roger Dickinson. Inside the Changing Newsroom: Journalists' Responses to Media Convergence, *ASLIB Proceedings New Information Perspectives*, 2008 (60), 3.

将编辑部的功能合并的方法。

为了避免重复，我们选取英国电讯传媒集团（TMG）的融合发展进程，来管中窥豹地展示英国特色的媒介融合发展之路。

1. 融合前的情况

《每日电讯》（*The Daily Telegraph*）是英国发行量最大的全国性报纸，发行量最高时达到 150 万份。1994 年，《每日电讯》在英国报纸中率先建立网站"Electronic Telegraph"，2001 年重新发布为"Telegraph.co.uk"。当时，各编辑部分隔在 4 个楼层，网站和编辑部分开运作。

但是，受报业大环境的影响，该报的销量呈逐年下降的趋势。到 2006 年，其发行量跌至 90 万份左右，而且读者严重老龄化，55 岁以上的读者超过一半，报纸广告收入逐年下降 4%，而网络广告量却逐年上升 9%。在这种情况下，2005 年加入每日电讯集团的威廉·刘易斯开始负责多媒体融合项目，从此"把数字化的未来放在事业的中心"[①]。

2. 将"数字化"定位为新的制播流程

2006 年 9 月，集团更名为"电讯传媒集团"（Telegraph Media Group），成为提供多媒体新闻产品的传媒企业，把电讯的品牌延伸到各种传播平台。这一融合进程实施如下：

2006 年年初，成立核心项目团队，制定整体方案；重组采编流程，简化岗位设置。

2006 年 6 月，集团在小范围内测试新的采编流程，并重新设计编辑部布局（见图 2-2）；该编辑部部署在同一楼层之内，为开放式空间；布局上采取轴辐式设计，并采用了数字墙（见图 2-3）、多媒体演播室（见图 2-4）等设施。

2006 年 9 月，编辑部搬迁至新的融合式场所后，全体采编人员开始参加轮训；2007 年的培训课程冷场，2009 年采取了新的培训计划，所有采编人员必须参加。

从 2008 年下半年开始，集团的多媒体编辑部运作如下（每日采编例会）：8：00，采编高层会议，商议当天的主要新闻，重点讨论网站和数字内容；9：30，各部门会议；10：00，上午最主要的会议，由主编和副主编主持，各部门报告当天在各种媒介平台的工作计划；14：30，金融板块主编召集高级财经记者开会；17：00，最后一次主编会议，商议明天的报纸以及当晚和次日网

① 张纯：《英国电讯传媒集团多媒体融合之路》，http://www.tonieclub.com/show.aspx? page=1&id=1138&cid=5，2010-1-13。

图 2-2　电讯传媒集团重新设计布局后的编辑部

图 2-3　每日电讯集团多媒体编辑部的数字墙

站的内容。

3. 进行更为开放的战略合作

每日电讯集团（TMG）还于 2006 年与英国独立电视新闻公司（ITN）建立战略合作伙伴关系，TMG 的名记者在新闻视频中亮相，而 ITN 则为 TMG 网站制作、提供、传送视频。双方合作生产新闻视频产品，大家均可使用。业界

图 2-4　每日电讯集团的多媒体演播室

认为这项合作具有开创性和突破性①。

融合的项目实施一年后，由于电讯传媒集团还未拥有一个多媒体融合的内容管理技术系统，编辑部仍在以过去的方式工作，所以在 2007 年，集团引进挪威 E-scenic 内容管理技术系统，用一个技术系统将网络、手机、报纸出版等统一起来进行管理。

此后，集团设立了专门的电讯实验室，成为集团的研发部门，复杂跟踪最新技术，将新科技和媒体平台结合起来进行实验，开发数字传媒产品。

第三节　媒介融合在新加坡、日本、韩国的发展

如前文所述，媒介融合是大势所趋，已形成不可逆转的国际潮流，在其他的国家和地区，如我们的近邻新加坡、日本等，媒介融合也以具有该国自身特征的方式推进和发展起来。

（一）新加坡的媒介融合历程

新加坡报纸和广电媒体的融合过程，是华文媒体中率先实现多媒体融合的典型。当然，新加坡的媒介融合体现出较为浓重的"政府推动下的融合"的色彩。

---

①　张纯：《英国电讯传媒集团多媒体融合之路》，http：//www.tonieclub.com/show.aspx？page＝1&id＝1138&cid＝5，2010-1-13。

作为只有 330 万定居人口的岛国，新加坡主要媒体集团有两个：一是新加坡出版控股有限公司（SPH），掌握着 4 家日报和以此为基础的商业网站；二是新加坡媒体社团（MCS），经营着电视台和网站。2000 年 6 月，新加坡政府决定让这两家公司进入对方的业务领域，彼此加强竞争。

之前，新加坡出版控股经营所有平面媒体的业务，新加坡媒体社团经营所有的广播业务。其中，SPH 出版八种刊物：英语三种、汉语三种、马来语一种、泰米尔语一种；MCS 经营 5 个电视频道和 10 个广播频道。2000 年 6 月，新加坡政府出台法律，允许一个公司可以同时拥有出版业和广播业，此后，两大传媒巨头开始走向复合式的发展道路：MCS 随即发行了一份小型日报《今日》，SPH 宣布计划开发两个电视频道，称为 TV Works 英文频道和它的中文版——优频道（Channel U）。SPH 还雇佣路透社和 BBC 的职员作为顾问，帮助它的平面媒体工作者为这两个频道的新闻和时事报道提供内容①。

媒体社团进军电视事业后，经过不到半年的运作，其"优频道"的收视率就达到了全国第二位，报业优势得到了最大程度的整合②。

（二）日本的媒介融合历程

在日本，随着 2006 年 1 月日本政府的 IT 战略本部发布"IT 新改革"战略，明确提出将建设"遍在网络社会"③ 的目标后，其媒介融合的进程就如火如荼地开展起来。在这一进程中，日本传统媒体的边界逐渐模糊，而新的媒介伙伴不断出现。

1. 传统媒体的边界逐渐模糊

（1）广播电视。2006 年 4 月 1 日，在东京、大阪、名古屋三个都市圈，电视台开始向全国 8500 万手机和汽车导航仪等移动终端推出基于地面数字电视技术 one segment（单波）服务。它同时接收图像、声音和数据广播，真正实现了"广播与通信的结合"。

（2）报纸。目前，日本新闻界人士常常提到"脱离报纸"现象。在手机、网络等影响下，日本人特别是年轻人的读报率一直在下降。为此，传统报业一

---

① ［澳］Stephen Quinn、［美］Vincent F. Filak：《媒介融合——跨媒体的写作和制作》，任锦鸾，译，人民邮电出版社 2009 年版，第 7 页。

② 张成良：《"多媒体融合"泛媒体时代的生存法则》，载《传媒》2006 年第 7 期。

③ 原本预定于 2010 年实现的日本"遍在网络社会"，将方便人们在任何时间和地点，通过多种介质向任何人或终端，便捷地实现信息交换。这是一个旨在实现网络融合、技术互通和普遍应用的媒介发展趋势。引自瞿娜娜：《日本："遍在网络社会"带动媒体融合》，载《中国记者》2006 年第 6 期。

方面开展各种活动培养受众读报，如日本新闻协会每年开展的"Read Me"活动，在学校开展新闻教育等；另一方面，传统媒体纷纷探索与新媒体结合，吸引人们接触报业。如《读卖新闻》在手机上的"大众媒体学堂"，用户每月交纳315日元，就可以得到媒体知识。

（3）通讯社。日本最大的通讯社共同社也在探索新的媒体运作方式。国际局中国语编辑室编辑长河野彻介绍说："共同社认识到了新媒体对于传统媒体的影响，现在除了面向传统媒体提供新闻，还拓展了新的服务对象，如互联网站、手机、户外滚动屏、专线服务等，并进入专业经济服务领域。但是向共同网提供的信息很少，因为这与主业有冲突。内部有一种意见认为这在某种程度上损害了共同社的利益。"[1]

2. 新的"媒体伙伴"纷纷出现

日本的媒体内容产业在2000年到2003年发展到了一个顶峰，之后出现的最明显趋势是：媒体内容的第一次发行市场在萎缩，通过其他媒体和形式进行第二次发行的市场在扩张。[2]

近年来，通过互联网向电脑和手机发送内容的市场，包括音乐、游戏、报纸文章正在增长。与此同时，收费的数字产品中，音乐、动画和游戏有望保持在网络媒体中核心内容的地位。正是在这一进程中，为媒体发行提供解决方案的服务型公司兴起了。《读卖新闻》的新媒体业务都是由外部公司制作的。负责手机业务的永原香代子说："读卖刚刚进入新媒体的时候，还没有几家公司可以提供数字化发行的服务，6年后的现在，这样的服务商已经很多了。"[3]

总部位于东京的INDEX（JASDAQ4835）就是这个行业中的佼佼者。这家于1997年进入移动终端内容产业的公司，股东中包括不少传统媒体：朝日电视、TBS、日本电视网、富士电视网，合作伙伴更不乏NTT DoCoMo、松下移动、三菱银行等重量级角色。日本三大移动运营商之一的NTT DoCoMo公司是INDEX的长期合作伙伴。

2000年9月，INDEX支持的FMODE作为NTT DoCoMo第一个时尚信息官方网站发布，促进了印刷媒体和手机的融合。通过手机向年轻女性提供时尚信

---

① 转引自瞿娜娜：《日本："遍在网络社会"带动媒体融合》，载《中国记者》2006年第6期。

② 瞿娜娜：《日本："遍在网络社会"带动媒体融合》，载《中国记者》2006年第6期。

③ 转引自瞿娜娜：《日本："遍在网络社会"带动媒体融合》，载《中国记者》2006年第6期。

息、在线购物。配合发行的时尚免费杂志 *FMODE*，杂志中介绍的商品可以用手机购买。2007 年，这种收入有望超过杂志的广告和发行收入。

与此同时，INDEX 与上游内容生产者的合作纽带也在加强。它不仅为多家媒体的供应链、客户服务、财务、人事等内部信息化提供解决方案，还与日本 10 家电视台合作开发信息内容，与 5 家广播机构联合成立 TEMO 公司，为手机电视的数据广播服务，连接数字电视及手机网。

为了支持自己接近 1000 万的移动内容用户，INDEX 还开发了综合内容产品设计、生产、传送、收费和会员管理系统。日前，拥有 2006 年 FIFA 世界杯日本互联网及移动设备发送影像权的 INDEX 发布了商业开发计划。它将根据专业人士、球迷和感兴趣的人推出不同的用户特性产品，选择合适的合作伙伴，进行最优化的个人信息发送服务，实现信息的多次使用和开发。

在政府产业政策指导下，"内容生产者—技术服务商—移动运营商—终端生产者—消费者"这一产业链条，正在固定电话与移动通信的融合、通信与广电的融合趋势中，通过入股、合资等资本运作，相互促进与激活，有序共进，实现日本"遍在网络社会"的理想。

（三）韩国的媒介融合历程

韩国的媒介融合历程，与该国的媒体所有制结构的变化之间有着直接而明显的联系。

韩国媒体从 20 世纪 60 年代开始具有产业的属性，但其后的几十年间政治权力一直对媒介的发展施加着重要的影响。随着市场化、自由化浪潮的推动，资本逐渐赢得了对媒介的控制力。2004 年 4 月，韩国国会通过了新修订的《广播法》，允许进行卫星数字多媒体广播，自此以后，媒介融合的潮流变得相当明朗，韩国也被很多人看作媒介融合的先导国家。

1. 韩国媒介产业在 20 世纪末期发生的巨大转变

20 世纪 80 年代后期以来，韩国政府控制媒介的方式由直接转变为间接。随着垄断资本的权力进一步扩大和国家权力的进一步缩减，商业实体控制和影响媒介的力量也进一步强化了。与此同时，垄断资本开始快速地渗入到媒介产业。

从 1994 年开始，韩国的媒介公司将业务拓展到新兴的电子媒介。三家主要的报纸——《朝鲜日报》（Chosun）、《中央日报》（Joongang）以及《东亚日报》（Dong-A）于 1994 年设立了新媒介部，为展开全面竞争做准备。为了兼容新的传播技术并克服纸媒的局限性，它们开办了电子公告牌和电子报之类的新业务。它们也试图打入有线电视和卫视电视市场，但成效不大，原因主要是韩国当时的相关规定禁止对纸媒和广播电视媒介的混合拥有权的出现。

广播电视行业也发生了变化。政府长久以来只允许两套公共频道的存在，但后来也开始给一些商业电视公司颁发执照。1991年，一家当时名为汉城放送公社（SBS）的商业电视台开始运营，信号覆盖了整个汉城（今首尔）地区。1995年至1997年，全国各地又有8家商业电视公司成立。有线电视服务开始于1995年，通过有线网络提供29套节目。

1995年，政府宣布了一个关于广播电视的五年发展计划，首次强调了在广播电视行业展开竞争的重要性；2004年4月，韩国国会通过了新修订的《广播法》，允许进行卫星数字多媒体广播。

随着相关管理政策的调整，韩国的媒介融合进程在2004年后快速地发展了起来。虽然经历的时间不长，但其势方兴未艾。

2. 韩国SK电讯的融合之路

韩国SK电讯的信息业成长之路，较为典型地反映了韩国的媒介融合历程。

SK集团是韩国第三大跨国企业，主要以能源化工、信息通信为两大支柱产业，旗下有两家公司进入全球500强行列。目前，SK及其附属机构在全球拥有30000多名员工、124个办事处和子公司。世界500强排名第70位，年销售收入808亿美元①。

2004年年底，SK电讯推出了音乐门户"MelOn"，并进入网络音乐市场。它使用DRM最新技术，经由无线高速网络，可以通过PC、MP3或手机下载音乐。用户无论在何时何地都能获取音乐。到2005年年底，MelOn用户已经超过1350万，其中固定的付费用户达到32万。这是SK电讯所增加的一个服务提供商的角色。

SK电讯又于2005年5月推出了DMB业务。DMB融合了卫星广播、有线电视及互联网等多种传输手段。这一新型移动广播业务被称为"Take Out TV"。同一时期，SK电讯还收购了拥有韩国唱片市场17%份额的YBM首尔唱片公司，并成立了音乐和影视基金。通过此举，SK电讯一方面拥有了大量歌曲的知识产权，为旗下的音乐门户以及DMB服务提供更加稳定的音乐来源，另一方面还具有了数字音乐的制作能力。

此后，SK电讯又涉足影视制作业，把电影公司收归旗下。SK电讯与3家创业投资公司联合成立了750亿韩元（约合7500万美元）规模的电影基金，

---

① 百度百科，http://baike.baidu.com/view/1089071.htm，2014-11-11。

在随后的几年内还将通过经营 DMB 业务的子公司向其注资 7000 亿韩元。

此外，SK 电讯还在游戏行业与韩国游戏巨头 NCSODFT 积极商谈，有意在移动游戏服务等方面进行合作。这代表了 SK 电讯传统的电信营运与内容生产的融合。①

第四节 媒介融合在我国的兴起与发展

虽然"媒介融合"的概念仅仅是从 2005 年才开始引入中国的，但是，媒体之间以各种形态进行融合的尝试和实践却也开始得比较早。

（一）报纸、广播、电视等传统媒体之间的联动阶段

早在 1950 年的时候，中央人民广播电台就以摘要的形式播发各家报纸的重要新闻。当时，节目的原型开办于 1950 年 4 月 10 日，名称为《首都报纸摘要》，此后几易其名，1967 年以后固定为《新闻和报纸摘要》，一直延续至今。60 年来，《新闻和报纸摘要》的收听率始终名列各类广播节目榜首。从 2008 年 11 月 1 日起，节目以直播方式播出。从录播改为直播后，在保证安全播出的前提下，积极采取多种报道方式，努力提升新闻时效。

1997 年，《大众生活报》开设了"新文联动"栏目，采用全天候开放式的监控方式，从中央电视台到地方电视台，从早间新闻到晚间新闻，从"时空报道"到"焦点访谈"、"新闻调查"，从广播到各级报刊，全都成为信息捕捉的对象，力争使读者通过这一窗口，全方位地掌握各种媒体的信息。

此外，《北京青年报》与中央电视台等也经常就某一重大新闻事件联合采访，同期播出；或互相供稿，增强对某一事件的报道力度，实现媒体互补的效果，反响颇佳②。

从这一阶段的情形来看，报纸与广播、电视的媒介融合，使各自所拥有的有限新闻资源实现了最大化效益，将报纸与电视的自身优势发挥到了极致，同时又弥补了各自媒体的先天不足。

（二）传统媒体与网络的"报网互动"阶段

网络对传统媒体的冲击不言而喻，对于国内的媒体来说，网络和传统媒体

---

① 王菲：《媒介大融合：数字新媒体时代下的媒介融合论》，南方日报出版社 2007 年版，第 100 页。

② 赵大力：《报纸与电视台的媒体融合与联动初探》，载《新闻与写作》2002 年第 8 期。

的融合也成为一种必然的趋势。自 20 世纪 90 年代后半期以来，国内传统媒体与网络媒体融合的跨媒体集团纷纷登台，如北京 9 家传统媒体和上海 14 家传统媒体与网络媒体共同组建的北京"千龙网"和上海"东方网"便是极好的例子。与此同时，不少的传统媒体相继创办新闻网站，实现媒介功能的融合和品牌的延伸。

从国内目前的媒介融合实践情况来看，网络和传统媒体这两个新旧媒体的整合和交融最主要体现在报网互动这一形式上。各报业集团几乎都对报网互动进行了尝试。例如，河南报业集团下的《河南日报》与河南报业网共同主办"焦点网谈"栏目，每周二、四在报纸上刊登两个整版；报社的总编和记者们协助网站开设"总编在线"、"记者连线"栏目，网站则为报纸提供征稿园地。该集团报网合办的"焦点网谈"栏目成为获得中国新闻奖的第一个网络名专栏。浙江日报报业集团与浙江移动、浙江在线合作开通"浙江手机报"，推出全国首家数字报纸，并与北大方正合作开发了"数字报刊与跨媒体出版系统"，实现传统报纸、数字报纸、光盘出版以及全文数据库产品一体化生产和多元化出版。此外，上海解放日报报业集团的四个"I"（电子报纸、电子杂志、数字新闻视频、手机报）工程、上海文广新闻传媒集团打通 3 家电视台的新闻采编平台组建统一的新闻中心，等等，这些都是近年来引人瞩目的融合举措。

（三）"第五媒体"与其他媒体的融合阶段

就在互联网被称为"第四媒体"不久后，由手机报纸、手机视频、手机广播、手机电视等组成的手机媒体作为继报纸、广播、电视、互联网后出现的"第五媒体"，悄然兴起一场新的传播革命。

所谓"第五媒体"，一般指"以手机为视听终端、手机上网为平台的个性化即时信息传播载体，以分众为传播目标，以定向为传播目的，以即时为传播效果，以互动为传播应用的大众传播媒介，也叫手机媒体或移动网络媒体"①。随着科技的发展，手机的功能性越来越强大。SMS（短信服务）和 MMS（彩信）等技术的发展使手机的附加功能更加丰富，人们可以通过手机看电视、听广播，还可以通过手机报浏览最新的新闻信息。

在国内，手机成为媒体最早的例子就是 2003 年新浪通过手机短信的方式

---

① 朱海松：《第五媒体：无线营销下的分众传媒与定向传播》，广东经济出版社 2005 年版，第 2 页。

把对"哥伦比亚"号事件的报道呈现给广大手机用户的举动。① 2003 年，美国"哥伦比亚"号航天飞机失事，国内动作最快的是手机短信："快讯：美国'哥伦比亚'号航天飞机从北京时间今晚 10 点起突然与地面失去联系，按计划飞机即将降落。目前可见几道尾气轨迹从空中划过。"这是 2003 年 2 月 1 日 22 时 32 分，也就是空难发生 16 分钟后手机用户收到的消息，来源是新浪网。这使人们意识到原来手机也可以这么用。

手机媒体与其他媒体融合后，出现了如下几种传播形态：

1. 手机报

手机报是传统的报刊、杂志以手机作为载体，运用电子化传播手段传播新闻信息的新媒介。手机报的最大特点，就是阅读不受时空限制，随时随地获得最新信息，同时具有内容精要、形式新颖、更新迅速、阅读便捷、互动性强等传播优势。②

2004 年 7 月 18 日，全国第一家手机报——"中国妇女报彩信版"宣告正式开通。该业务将纸质媒体的新闻内容通过无线技术平台发送到用户的彩信手机上，使用户在每天的第一时间通过手机阅读到当天报纸的全部内容。此项业务适用于所有彩信机型的手机用户，资费为每月 20 元。中国妇女报社的子报"家庭周末报彩信版"同时开通，这是全国第一家都市类手机报。

2004 年 7 月，中国移动和中国联通与北京奥组委签约，成为 2008 年北京奥运会指定的移动通信与固定通信服务合作伙伴，正式加盟"数字奥运"战略。

2004 年 11 月 15 日，号称"中国第一部真正意义上的手机小说"的《距离》，在上海和北京同时首发。

2005 年，报业经营出现疲软状态，为增大与新媒体抗衡的竞争砝码，弥补报纸的不足，各报业集团纷纷抢滩，创办手机报出现一个高峰，到了 2006 年，几乎所有有影响的报业集团和主要报社都开通了手机报业务。

2007 年 2 月 28 日起，中国最大的综合性平面媒体、中共中央机关报《人民日报》面向全国正式发行手机报，它的推出受到各界高度关注。业内人士认为，中共中央机关报与"第五媒体"的结合，对全国主流媒体有一定的示

---

① 徐沁：《泛媒体时代的生存法则——论媒介融合》，浙江大学 2008 年博士学位论文，第 19 页。

② 罗建华：《报业的两个新增长点：手机报纸和免费报纸》，载《中国报业》2006 年第 6 期。

范作用，也将进一步促进手机媒体化的进程。

2007 年 3 月，《人民日报》手机报在本届全国"两会"上首次露面，推出"两会"特刊，面向全国手机用户正式发行。

2007 年 9 月，中共十七大期间，人民网在无线网上推出十七大专题页面，使手机报（彩信版、WAP 版）、手机短信、手机网站上关于十七大的报道、策划内容同时呈现在专题页面里，方便手机网民多途径地获知关于十七大最全面的信息，这成为十七大报道的一大亮点。

2007 年 9 月，由北京三代动力软件技术有限公司（3GVS）倾力打造的中国第一款真正意义的手机电子杂志"V8 电子杂志"正式发布。

2. "第五媒体"与电视联动

电视媒体作为最强势的传播媒体仍存在许多不利于其竞争的缺点，其中最重要的一点就是传播的单向性，缺少与受众的互动。但是通过与手机媒体的联合，观众可以通过手机投票、留言等方式参与到电视媒体中去。

在中国，许多娱乐选秀节目、体育比赛直播节目、广播音乐节目等都采取手机短信方式与观众进行互动。比如，2005 年湖南卫视举办的《超级女声》选拔赛，利用手机短信的方式为选手进行投票，为主办方带来了接近 3000 万元人民币的收入，并且极大地增强了节目的传播效果。①

3. 手机新闻、影视平台

2005 年 1 月 1 日，上海文广新闻传媒集团和上海移动合作，开通国内第一个面向全国用户的手机电视平台——"梦视界"。自 2005 年 10 月 1 日起，全国的移动用户在移动梦网的平台上点击"梦视界"，就可以看到由东方龙公司提供的手机电视内容，有点播、直播、下载三种形式。其中，点播、下载的节目内容包括新闻、财经、体育、娱乐、影视、动漫六个类别。"梦视界"的开通标志着中国手机电视业务从"测试级"升级到了"运营级"。

2005 年 3 月，国家广电总局给上海文广颁发全国首张 IPTV 执照，准许其开办以电视机、手机为接收终端的视听节目传播业务。截至 2006 年年底，全国已经颁发了 6 张手机电视业务的经营执照。

2005 年 7 月 11 日，由上海文广新闻传媒集团（SMG）所属的"SMG 手机电台"正式在沪开播，这是国内首家"手机电台"。当地用户用手机就能收听到原来在 11 个频道中的新闻、音乐、体育、戏曲和专题联播等众多广播节目。

---

① 《超级女声短信投票狂圈钱 收入达 3 千万》，http：//it. 21cn. com/mobile/yjsj/2005/08/24/2261526_2. shtml，2005-8-22。

这标志着国内首个由传媒机构全程提供语音内容支持并通过通信无线网络实现语音资讯实时或延时互动传播样式的诞生。

2005年9月，中国移动开通全网手机电视业务；截至11月底，其用户已经突破15万。

2007年7月，上海推出全球首个专为手机电视打造的个性频道——"第五媒体"频道。

2007年10月，中共十七大期间，央视国际推出中国首个视频手机杂志《手边——"十七大"特刊》，每日早、午、晚第一时间向用户提供十七大会议热点焦点、重大议程的视频新闻服务。

2007年12月18日，中央电视台移动传媒正式开播，同时，央视国际移动传媒有限公司宣告成立。

从以上"第五媒体"与其他媒体的融合发展来看，不难发现这两者之间的融合已经越来越紧密，范围越来越宽广。但是，从目前媒介融合的情况来看，媒介融合的趋势之一是"三网合一"——现有的电信网络、计算机网络以及广播电视网络相互融合，逐渐形成一个统一的信息通信网络系统，由一个全数字化的网络设施来支持包括数据、话音和视像在内的所有业务的通信，即电视、电脑以及手机的融合。①

2010年6月30日，国务院办公厅正式下发通知，公布第一批三网融合试点地区/城市名单，包括12个城市和地区：北京、大连、哈尔滨、上海、南京、杭州、厦门、青岛、武汉、湖南长株潭地区、深圳、绵阳。

（四）传媒集团尝试融合式工作流程和组织结构的实践阶段

1.《广州日报》报业集团的工作流程融合尝试

"滚动新闻部"是《广州日报》报业集团在媒介融合方面的一大尝试。作为报纸、网站和手机报之间的纽带和桥梁，它协调着三者之间的关系：在进行新闻报道时，首先由报社采编部、滚动部和大洋网提前策划，确定专题和关注点；采访部、滚动部的前方记者传回采访内容（通过手机、手提电脑等设备把文字、音频、视频传回），大洋网新闻中心对内容进行编辑和审核，发布到大洋网及手机平台；最后滚动部做好网络调查并收集网友关注焦点，将这些提供给前方记者作为写稿素材②，如图2-5所示。

---

① 陶喜红：《论媒介融合在中国的发展趋势》，载《中国广告》2007年第6期。
② 申凡、谢亮辉：《我国媒介融合发展的问题与对策——以〈广州日报〉滚动新闻部为例》，载《新闻前哨》2009年第4期。

滚动新闻的首要特点是快，它打破了报纸的出版时限，将刚发生或正在发生的新闻通过大洋网、手机平台发布给读者，抢得了新闻的第一发布权。"有了滚动新闻部，《广州日报》就不再有固定截稿时间，不再是一家受版面限制、以 24 小时为出版周期的平面报纸媒体。"①

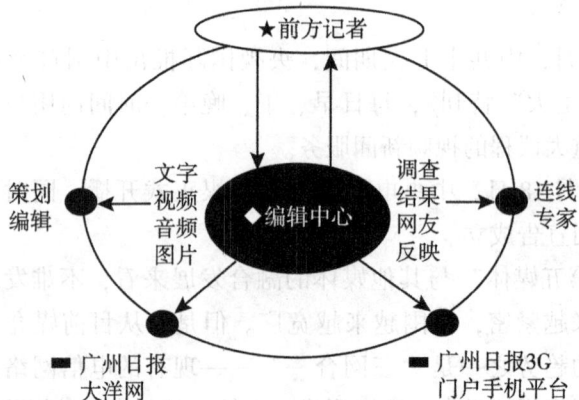

图 2-5 《广州日报》滚动新闻部工作流程②

滚动新闻部以新媒体的姿态出现，逐步实现新闻生产流程的多样化，其中包括文字、图片、音频和视频等。滚动部的记者出去采访，几乎都是全副武装——纸笔、录音设备、录像设备一应俱全。大型报道活动，更是兵团作战，前方和后方共同协作。滚动部成立之后，报社有了充足的多媒体资源，在数字报纸中也嵌入了音频、视频等多媒体功能，集文字、声音、图像、视频等符号系统于一体，最大程度地发挥融合式工作流程的传播优势。

2. 烟台日报传媒集团的工作流程融合尝试

烟台日报传媒集团的全媒体战略与实践，主要是通过建立崭新的"全媒体框架"，再造内容生产流程，按照新闻传播的内在规律制作和发布新闻产品，实现从"报纸社"到"报道社"的转变。

烟台日报传媒集团的全媒体战略，从 2007 年 11 月研发"全媒体数字复合出版系统"开始，经过实验、整合、融合三个阶段，逐步形成了具有自身特

---

① 申凡、谢亮辉：《我国媒介融合发展的问题与对策——以〈广州日报〉滚动新闻部为例》，载《新闻前哨》2009 年第 4 期。

② 资料来源于申凡、谢亮辉：《我国媒介融合发展的问题与对策——以〈广州日报〉滚动新闻部为例》，载《新闻前哨》2009 年第 4 期。

色的"全媒体框架",重塑了包括数字媒体在内的全媒体发展的集团化业务流程和运营体系①。

(1) 在集团总体框架内搭建一个统一的数字信息发布平台。烟台日报传媒集团实施全媒体战略的一个重要标志,就是在集团总体框架内搭建一个统一的数字信息发布平台。这个自主开发的平台就是"全媒体数字复合出版系统",支持文字、图片、音频、视频、文件、联系人等多种信息录入渠道,支持本地写稿、远程写稿,支持多终端出口。2008 年 8 月,这一系统已通过国家新闻出版总署验收。

(2) 在集团层面构筑一个统一的全媒体方阵。以全媒体数字复合出版系统为载体,烟台日报传媒集团组建了全媒体新闻中心。这个中心相当于集团内部的"通讯社",集团所有记者都集中在这里。集团还组建了"特别工场",这是一个虚拟组织,有重大选题或者是重大的新闻事件发生时,由全媒体新闻中心牵头,临时抽调人员组成。

(3) 整合新旧媒体形成一个统一的全媒体内容生产链。在打造统一的数字信息发布平台和全媒体方阵的基础上,烟台日报传媒集团将多种新旧媒体形态整合在一起,形成了一个纵向的内容生产链,力争在集团层面实现从"第一时间采写"向"第一时间发布、即时滚动播报"转变。在这一链条上,新闻内容传播大致分为四个层级,即第一层级的新媒体,第二层级的纸媒,第三层级的内参以及第四层级的电子出版物。该链条是按照传播速度的快慢,通过多种媒介逐级发布、传播,满足不同受众的多元信息诉求。

(4) 聚合集团之力打造一个统一的 YMG(Yantai Daily Media Group)品牌。在实施全媒体战略的过程中,原有烟台日报记者、晚报记者、晨报记者等都合并到一起,不再称为某个报纸的记者而统称为 YMG 记者。烟台日报传媒集团顺势打造出一个原创新闻产品的统一品牌,标识就是烟台日报传媒集团的英文缩写"YMG"。YMG 记者由此开始活跃于新闻采访一线。"YMG"还有更深层次的含义:作为集团原创新闻产品品牌,应用于全媒体方阵,便于受众识别,便于跨地区、跨媒体发展。

烟台日报传媒集团通过构建新的"全媒体框架",在拓展传统媒体的资源优势、发挥新媒体的独特优势、形成集团舆论宣传合力等方面已初见成效。

3. 上海文广的产业结构融合尝试

---

① 滕岳、赵先超:《再造流程推动报业战略转型——烟台日报传媒集团的全媒体实践与探索》,载《新闻与写作》2009 年第 7 期。

上海文广（SMG）开发和融合的新型媒体形态包括数字付费电视、宽频电视、IPTV、手机电视、数字广播、移动电视等（见图2-6）。同时，集团以"产业链"的管理方式将这些不同媒体形态的运作统一为一个有机的整体。

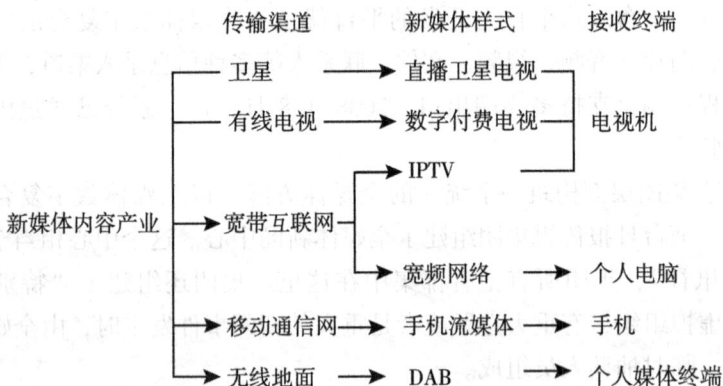

图 2-6　上海文广的新媒体产业链①

除了上海文广之外，国内其他一些传媒集团也纷纷开设了新媒体并构成自身的产业链。例如，中央电视台开设了央视网（后改为中国网络电视台CNTV）、手机电视、IPTV 业务，同时开设了车载电视业务、数字电视业务等；凤凰卫视开设了凤凰都市传媒和凤凰新媒体等业务。

4. 成都传媒集团和佛山传媒集团的深度融合尝试

在国内传媒组织进行的媒介融合尝试中，最值得一说的可能是佛山传媒集团和成都传媒集团的融合。尽管两家集团的规模在国内不算大，但无论是从它们所尝试的媒介融合的深度还是从广度上来看，都具有较强的示范性意义。

2003 年，佛山地区的报纸、广播、电视合并组成一个媒体集团，并打算建造一座大楼（后来命名为"佛山新闻中心"），将不同媒体放在一起。佛山新闻中心总部大楼已然落成，当地报纸、广播、电视三大媒体也将搬进这同一座楼里。不过后来的事实是，三大媒体（包括若干子报子刊）搬进去后，仍是"分区独立办公"。

尽管如此，该集团对媒介融合的探索并未停止。该集团 2008 年 10 月曾派6 名记者赴美采访美国总统大选。这些记者分别来自旗下佛山广播电台、佛山

---

① 资料来源于梁智勇：《媒介融合背景下传媒集团新媒体战略比较》，载《新闻大学》2009 年第 1 期。

电视台、《佛山日报》、《珠江时报》和一家期刊。不同的是，这次联合采访并不像以往那样各打各的，而是互相合作，将"采购"的稿件、视频、音频内容放在一个平台上，供后方媒体各取所需。

该集团将驻广州记者站改造成一个多媒体新闻中心，用以采集符合集团各类媒体需要的广东重要新闻。至于佛山大楼里的各媒体能否组成一个统一的编辑部，集团高层认为将各媒体现有成熟模式打破重建，会有很大风险，因此暂不敢"妄动"。现有体制下，虽然"集团"化了，但下属媒体间的人员流动、干部调整乃至下岗减员等都涉及复杂的人事问题。彻底的融合的确令人举棋难定。

成都传媒集团是成都日报报业集团与成都广播电视台于 2006 年 11 月合并组建的媒体集团。成立之初，该集团就计划建立一个新的媒体融合平台，将《成都商报》、CDTV-2 电视频道、FM96.5 电台频道、"成都全搜索"网站、《明日快一周》杂志、《汽车时尚报》、出租车流媒体等七种媒体形式融合。这种"七合一"的构想非常前卫，集团在体制创新上也进行了大胆尝试，但目前进展效果如何，尚不得知。

第五节　媒介融合发展历程中的问题和教训

从全球范围来看，媒介融合实践已取得较大成绩，但其间存在的问题也较为明显，比如将报网互动简单地视为创立报纸的电子版，媒体联动中职责权利的分配不清晰，融合还面临行业壁垒和规范、制度的壁垒等，同时，像制度壁垒、管理提升、文化地域差异、部分从业人员和消费者的抵触情绪等影响融合的因素也有待进一步的调整和克服，但是，媒介融合这种大势所趋的实践，必定在日后推进得更深、更广并将取得更大的成效。

（一）国内外的相关媒介政策中尚有诸多因素与媒介融合发展相抵触

1. 美国

一般认为，美国私有制的媒介所有制及相对自由化的管理体制较为有利于媒介融合的发展。同时，随着市场的发展变化，美国政府对媒介产业的监管政策也随时代而变迁，并已经实现了从"管制"到"放松管制"的转变，可以说这顺应了媒介产业发展的规律及要求，而且放松管制可以在产业发展达到一定规模的时候，开放市场竞争，实现融合协同效力，提高资源利用效率，并提高传媒产业在全球的竞争力。

但是，就目前的立法来看，媒介融合受到的阻力仍不可小觑，尤其是地方媒体的跨媒体融合尚在争议之中。

（1）对同一市场内跨媒介融合的限制。美国联邦通信委员会（FCC）为了确保在一个市场内存在不同的声音，避免在同一市场出现媒介霸权，分别于1970年和1975年颁布了《广播/电视跨媒体所有权限制令》和《报纸/广播电视跨媒体所有权禁令》。其中规定：报业主不能在同一市场地区购买电视台，电台业主不能购买电视台，电视台业主也不能拥有电台。虽然法律已经允许媒介集团在不同市场同时拥有多种媒介，但媒介集团在同一市场的跨媒介融合仍然受到严格限制。因而，在美国，成功的媒介融合往往是全国性的媒介集团，而地方性的媒介融合仍不在法律允许范围。

（2）对市场竞争的相关限制。在市场竞争方面，美国政府主要通过许可证制度对传媒产业进行管理。在反托拉斯法的支持下，美国政府可通过许可证制度限制一个公司所能拥有的台站数目，限制一个公司在特定市场上的台站数目等，限制对电视台、电台、报纸、有线系统等媒介的交叉所有权。如根据《1996年电信法》，在全国性市场上，个人、公司、社团允许在50个最大的市场同时拥有广播电视，其累计收视率不得超过全美电视用户的35%。同时，根据这部电信法，有线电视系统无需申请特许就可以运营电话业务，但电话公司和有线电视系统，在其各自的营业区内，相互之间的投资额不得超过一家公司的10%。《1992年有线电视法》及FCC依此法制定的实施细则，都规定有线电视系统持频道股份不得超过40%。

同时，为了减少价格固定的可能性，1996年《电信法》中对报纸/广播交叉所有权进行了规定，相关规定仍限制电视台的所有者在同一市场拥有报纸。很显然，这并不利于电视台与报纸之间的相互融合协作，无疑也会遏制由这两者融合所能够带来的效益。

（3）美国联邦通信委员会对电视网的控制。美国联邦通信委员会（FCC）对电视网的控制也较为严格，在1941年的连锁广播规则中，FCC禁止台/网合约强迫附属台站传送任何指定节目，这一条至今仍然有效。

2002年，FCC重新规定将《广播/电视跨媒体所有权限制令》和《报纸/广播电视跨媒体所有权禁令》合二为一。这一举措原本可使具备融合条件的地方媒体一展拳脚，顺势扩大地方影响力和竞争力，但却被批评者认为是有损新闻本土化和多元化的错误决策。有人甚至认为政府行为是在偏袒大型媒介集团，侵犯公众知情权。2003年9月，美国参议院不得不驳回FCC放松传媒所有权管制的方案。虽然事后媒介集团接二连三地诉诸司法程序，向联邦法院提出上诉，但法院都否定了 FCC 提出的市场限制等级的合理性，要求其重新修改等级设定。最终，两法合并遭到了最高法院的拒绝，媒介集团的努力也以失败告终。[①]

此后，FCC 于 2006 年提出新提案，将跨媒介所有权限制的市场下限降低到 6 家电视台。在草案撰写者看来，超级媒介集团的形成有利于整合资源、提高整体竞争力，同一市场中 6 家或以上商业电视台的竞争足以打破垄断，同时保证新闻的本土化和多样化。但仍有意见相左者为此表示担心，例如华盛顿消费者协会副会长盖尔·基梅说："最使我担忧的是，通过批评、监督来促进竞争已不再需要，因为大多数实力雄厚的竞争者已联合起来了。"[②] 国际舆论对这一法案的何去何从仍处于观望状态。

（4）其他的管理顾虑。除了主管通信、传媒业务的美国联邦通信委员会对媒介融合仍有顾虑外，其他的反垄断执法机构，如联邦贸易委员会、消费者保护局等对媒介融合也持否定态度。

2001 年，美国在线（AOL）与时代华纳（Times Warner）两大传媒巨头的世纪联姻可谓举世瞩目，人们不仅关注新旧媒介联合的前景，同时也关注立法层面的态度举措。虽然美国在线和时代华纳最终通过了合并审查，但其在坎特谈判中背负了许多附加条件。美国联邦贸易委员会（FTC）主要从鼓励用户介入互联网服务领域、防止过分垄断现象产生的准则出发，在其批准合并的命令草案中，施加的限制条件要求美国在线时代华纳必须向它的互联网服务和数字式交互电视业务这两方面的竞争对手开放它的有线电视传输覆盖网。主管电信、传媒产业的美国联邦通信委员会的批准命令着重于从经营许可角度，更细致地要求二者不得歧视不与它联营的 ISP 进入其有线电视网。同时，由于需要通过欧盟的审查，美国在线时代华纳不得不放弃与贝塔斯曼、欧洲百代等公司的业务合并计划，等等。

2. 英国

在欧洲公共媒介体系中，媒介市场的分割是由政府垄断和控制的。各国对无线电信号的管制限制了商业广播电台发展的数量，法律体系中也存在大量对垄断、对传媒企业兼并的限制。例如，西班牙的媒体主管机构不批准两家非营

---

① 董静、李本乾：《欧美传媒业规制及模式》，载《当代传播》2006 年第 5 期。

② Lynn, M. Z., K. Smith, The Challenges of Media Convergence, *Public Relations Society of America*, 2002 (6).

利有线机构间的合并①，同时，私营媒介体系存在较为充分的竞争，通过收购兼并形成大型传媒集团；在英国，没有一家媒介经营企业获准拥有15%以上的读者或观众，拥有报纸发行量超过20%的经营者不允许经营广播电视业。

依据2003年《通信法》的规定，由媒介融合的管制机构——英国通信办公室（OFCOM）对广电和电信业务进行统一管理。相比1990年《广播法》和1996年《广播法》，2003年《通信法》在跨媒介所有权限制方面，特别是对商业媒体而言有所放宽。在2003年以前，国家禁止全国性报纸审批第三频道和第五频道的执照，而在2003年之后，第五频道和全国报纸的跨媒介所有权限制完全被取消了。但与美国极为相似的是，英国的管制放宽政策只限于全国市场，地方市场仍无缘享受跨媒介融合的宽松政策。这些限制主要体现在地方报纸、地方电台和第三频道之间的跨媒介所有权。

具体有以下几点：① 如果地方报纸占该地市场份额20%以上，那么该报不得直接或间接地取得覆盖这个市场的第三频道的执照；② 如果地方报业的市场份额达到50%以上，那么该报不得拥有当地模拟广播执照；③ 如果媒介集团所拥有的地方报纸和第三频道的市场份额总共超过45%，那么该集团不得审批当地电台执照；④ 如果媒介集团所占有的地方第三频道和地方报纸均占当地50%以上，则不得拥有地方模拟广播的执照②。

在英国，除公营媒体BBC之外，第三频道是英国最大的商业频道，其次是第五频道。因此，受管制较多的也是报纸和商业广播电视第三频道、第五频道。虽然政府放宽了对第五频道的管制，但由于其规模小，对推进媒介融合的作用有限。事实上，真正阻碍大型媒介集团形成的仍是对最大商业频道第三频道的管制，而在这方面政府一直未放松政策。

近年来，英国的媒介所有权法规也因受美国1996年《电信法》的刺激而有所变革。但它对报纸、广播电视等商业媒体的所有权限制仍然十分严格，媒介融合的推进也较为困难。英国通信办公室始终认为有影响力的媒介形态不能被单一的媒介集团控制，但为了防止形成媒介霸权破坏民主，对进一步修改法案尚未做出任何行动。

3. 冰岛

冰岛政府在2004年提出了一项反垄断的法律，其核心内容是加强对广播

---

① Cavallin J., European Polices and Regulations on Media Concentration, *International Journal of Communication, Law and Policy*, 1998 (1).

② Review of Media Ownership Rules, http：//www. ofcom. org. uk, 2006-11-14.

电视许可证的门槛限制。它规定如果有下列四种情形之一，均不能得到许可证：主业不是媒介产业；拥有其他商业公司超过5%的股权（公司年收入有2亿冰岛克朗的除外）；一个公司被其他公司拥有超过35%的股权；本身是报业主或拥有报业股权。①

此案一出，虽在利益相关者之间引起了争议，但政府提高门槛、限制融合的态度是显而易见的。

另外，北欧地区的一些国家虽没提出明确的法令禁止媒介融合，但当出现媒介所有权过度集中时，会成立相应的委员会加以评估。比如瑞典，当媒介的所有权过分集中，以至于由此造成的媒介垄断成为政治议程时，一个特别的委员会——"媒介多元化委员会"就专门为此成立了。这个委员会由独立的学者组成，其主要目的是评估媒体集中带来的有害影响，并提出修正建议。但是这个委员会的工作被认为对媒介集中事件反应迟钝，因而随后被一个政治性的委员会取代。1999年，该委员会发布了一个报告，提出要修正宪法中有关新闻法的内容以防止媒介垄断。

另一个争论的焦点是"必须携带"规则，它要求有线运营商在它们的网络中必须携带特定的当地或者公共利益的频道，而电信公司不需要这样做。有线电视公司对此有所抱怨，认为"必须携带"这些频道占用了它们网络中本来可以用于上网或新的高清频道的容量。解决这些问题最有效的一个方法是，建立一个"融合式"的监管机构，如2003年英国合并其通信和广播媒介成立的Ofcom。

三年过去了，冰岛为其他国家的监管者提供了三个经验。第一，融合的服务与现有服务将并存相当长的时间，所以不能直接寻找出解决办法，管理者应当具有足够的灵活性去解决新问题。第二，根据旧规则，有很多隐性交易，如电信运营商通过提供通用的服务获得垄断利润，广播公司若能迎合公共服务的要求，它就会获得频率作为回报。在一个融合的世界，这些交易需要变得更为公开。第三，不同平台上的内容可能需要不同的规则。广播电视在认购有线频道和流动的互联网视频方面的规则并不相同。广播电视的转变，的确需要监管者采取更加自由开放的态度，但并不是要对所有人完全免费。

但是，此举也带来了另一个监管上的挑战：不同的规则适用于不同的国家。例如，欧盟委员会的"电视无边界"——将录像发送至网络或手机的指令引发了一场巨大的争论。它的目的在于对录像的新形式实行强加的标准，但

---

① 任琦：《北欧五国媒介管理制度》，载《中国记者》2005年第12期。

批评者认为这项举措"出手太重"。

媒介融合将更迫切地需要一系列国际通用的法规。例如，法国电信的无线部在几个欧洲国家提供固定线路宽带和语音服务，以实现一种捆绑服务。同样，其他的欧洲无线运营商，在几个欧洲国家也扩展了固定线路的服务。意大利电信在法国和德国推出了固定电话三重服务，而德国电信在法国和西班牙也如此运作。

4. 中国

在我国大陆传媒产业的发展过程中，政府管制并没有真正放开。如我国传媒产业仍然处于条块分割的局面，其市场主体地位尚未完全确立；全国性的统一、开放、竞争的市场也尚未完全形成；管理机构不统一，多头管理导致管理的混乱局面；媒介融资管理仍然受到国家的严格控制；虽然市场机制日益健全，但市场和政府的边界还不是十分明确，地方保护主义仍然很明显，如我国政府在大多数情况下仅仅将政策优惠赋予少数传媒集团，或者地方政府只给予本地媒体企业相关的优惠政策，等等。①

一方面，在传媒产业的区块划分上，中国传媒业多年来按照行政级次、行政区划分配资源，使得传媒市场形成了特有的"井"字结构（"四纵"、"四横"，即依照四种传媒形态形成的管理格局和依照四级行政级别形成的管理格局）、平行式结构（即传媒之间融合度极低，跨媒体经营举步维艰）和倾斜式结构（即传媒空间布局的不平衡：东、中、西不平衡，城市与农村不平衡，中心大城市与大中小城市不平衡）。这样的格局严重阻碍了统一、开放、竞争、有序的现代传媒市场体系的形成②。而媒介融合却刚好十分需要这样一个集统一、开放、竞争、有序于一体的现代传媒市场体系。

我国媒介条块分割，形成了森严的行政壁垒和区域市场封锁，媒介资源无法通过市场实现优化配置。在纵向上，由国家的行政系统组织进行管理；在横向上，由各级地方党委和政府进行属地管理。这种条块限制，使得地方市场几乎是被当地媒介集团所垄断，而跨媒体经营很难进行，也使一些实力雄厚的媒介无法向外扩张。如目前一般都遵循一省一报业集团一广电集团的模式，地方市场几乎是被当地媒介集团所垄断。行业垄断又进一步加剧了资本市场的封闭，造成媒介资源的浪费和流失。

2001年，《辽宁日报》和《河北日报》都曾想到异地创办新报纸，但遭

---

① 刘洁：《我国媒介产业布局与产业区域联合》，载《现代传播》2006年第3期。
② 刘洁：《我国媒介产业布局与产业区域联合》，载《现代传播》2006年第3期。

到了当地领导的抵制，而且这还是在各省的范围内。可以想象，如果是跨省，恐怕障碍会更多。《中国青年报》也想通过兼并报纸做大规模，但连续在四省寻找合作伙伴时均因当地领导不同意而碰壁。

另外，在传媒产业与政府关系上，地方保护主义在传媒规制中起到了重要作用，在传媒产业主要表现为报纸发行、广播电视覆盖地方分割等方面。基于政府利益及地方媒体的自身利益而产生的地方保护主义也会严重阻碍不同媒体之间或不同地区同种媒体之间的相互合作与融合。

综合来看，我国对传媒产业的政府规制存在下列问题：一是正式制度供应不足，"潜规则泛滥"；二是寻租现象存在，销蚀传媒产业的整体利益；三是地区壁垒、媒体壁垒和行业壁垒严重阻碍传媒产业个体和总量的扩张。① 传媒产业公共政策体系缺失，有效制度安排不足，是当前和今后一个时期内制约中国传媒产业变迁的最重要问题，也是关系到国家传播业和文化发展的战略问题。② 传媒产业的生存和发展不仅仅是靠市场选择的，也要由完善的政策法规来予以保证，使其不至于偏离公共服务的轨道。而在媒介融合这一大环境下，政府规制中存在的这些问题无疑会阻碍我国媒介融合的进程。

另一方面，采访报道权并没有向所有媒体放开，同时，跨地区、跨媒体的运作仍然有很多政策的限制。如网络媒体没有采访报道权，同时也不允许兴办电视台、报纸杂志；报纸虽然有采访报道权，但也不允许办电视台和广播台。这样媒介融合所需要的多媒体平台往往搭建不起来，至多形成报纸加网络或电视加网络的模式。

在媒介融资管理方面，虽然近年来在中国媒介产业发展过程中，资本运作形式逐渐趋于多元化，资本融合渠道也在慢慢变宽。民营资本、外资可以以各种形式进入媒介产业，媒介产业的部分领域已经允许民营资本和国外资本进入，媒介可以通过"借壳上市"、"买壳上市"来融资，也可以通过媒介和企业合资的方式经营相关产业，还可以通过银行信贷和媒介企业债券的方式来运作资本，解决媒介发展资金短缺的问题。但是由于中国的特殊国情和媒介产业的中国特性，目前中国媒介产业在融资渠道上还存在一些政策上的限制。

例如，2001年8月，中宣部、国家广电总局、新闻出版总署《关于深化新闻出版广播影视业改革的若干意见》的通知规定："根据事业发展需要，报

---

① 戴元初：《中国传媒业规制的解构与重构》，载《青年记者》2006年第2期。
② 戴元光、张海燕：《新世纪中国传媒经济研究综述》（上、下），载《当代传播》2006年第1~2期。

业集团、出版集团、广电集团的新闻宣传部门经批准可在新闻出版部门融资，其经营部门经批准可以以有限公司或股份有限公司的形式，由集团控股，吸收国有大型企业事业单位的资金，但投资方不得参与宣传业务和经营管理。报业发行集团经批准可以吸收国有资本、非国有资本和境外资本，由本集团控股。"

可见，国家对媒介融资管理还是非常严格的，而资本的自由流通需要宽松的政策环境予以保障，这在媒介融合将更加注重资本的纽带作用这一局势下，也会对媒介融合进程产生一定的阻碍作用。

此外，在产业结构方面，我国政府过去对传媒产业的产业结构一直是分散投资政策，这难免会造成资源浪费，并难以形成规模效益。因为如果不进行重组，势必导致新一轮的分散投资和重复建设，因此只有大力进行产业结构调整，进行资产重组，才能推动传媒产业的媒介融合进程，推动资源优化配置，实现利益最大化，提高其对国民经济增长的贡献率。所以，分散投资政策对媒介融合的发展也会产生十分不利的影响。

从以上媒介管理的现状看来，媒介规制的变革乃是媒介融合的必要前提，只有国家相关的政策法规对媒介融合这一举措放松管制，媒介融合战略才能够在媒介产业中很好地被推行，进而带来相应的效益。虽然国内有不少媒介集团都已经意识到媒介融合能提高传播效率，实现资源的优化配置，在提高资源利用效率的同时实现利益最大化，采取媒介融合策略更能使其抢占市场先机，在激烈的市场竞争中保持实力并分享丰硕成果，但它们大多苦于政策瓶颈，难以在政策法规有严格限制的情况下推行媒介融合的改革举措。如此看来，中国要真正做大做强媒介产业，为本国经济发展作出更多的贡献，同时扭转与外国媒介集团竞争时的不利地位，政府对媒介产业的规制尤其是对媒介融合的规制的改革势在必行，因为走向开放市场的中国传媒产业急需一套完整而清晰的规则系统。

（二）传统媒体的部分从业人员尚有抵触的情绪和行动

媒介融合的出现并非赞同声一片。在一些学术专家看来，媒介融合无论是对新闻从业者造成的工作压力，还是对新闻质量的负面影响，都有待解决。可以说，上层决策者扩大经营范畴获取丰厚报酬的雄心壮志，直接施压于底层的实践者，对他们而言意味着同样的工作时间却要生产出成倍的新闻作品。另外，信息化时代传媒技术的日新月异也使传统媒体新闻从业人员的危机感日益深重，他们迫于生存压力不但需要日夜奔波于社会各个角落而且还要更新自己的知识储备，做到与时俱进。因而，媒介融合对于从业者而言挑战大于机遇，从业者在思想及行为上的抵制也在情理之中。

1. 部分媒体工作者质疑媒介融合

媒体工作者对媒介融合的质疑，主要体现在媒介所有权的集中和垄断带来的危害、从业者知识和技能的欠缺以及融合给从业者带来的失业恐慌等方面。

2002 年 7 月，在伊利诺斯大学召开的一个关于新闻媒体未来的会议上，《西雅图时报》的发行人弗兰克·布莱森指出，媒介垄断形成的同时也加剧了对于媒体市场的限制，意味着政府想缩减在新闻和公共服务项目方面的预算支出；新闻的监督者已经变成阿谀奉承者。布莱森还说，媒体的声音正处于一种危险的收缩状态，"目前拯救媒体多样性的战斗正在联邦通讯委员会里进行"。布莱森指责道，"他们就是想要把新闻和电视的混合所有制废除掉。如果民众输掉了这场战斗，那么这个制度就会被废止，这对独立新闻业的存留将是一个重大的打击"①。

对媒介融合的反对之声，也绝非仅限于媒介垄断破坏了新闻的多样性和民主化。也有人质疑，虽然媒介融合在一定程度上会催生出更多的销售渠道，但它对新闻采集质量却有着负面的作用。他们假想，某位记者 A 原本只要花费一定的时间来采访和编辑某件事件，并将其发表到报纸上即可，但是现在他又被要求把这则消息发布到广播、电视和网络上。那么每种新的媒体模式都将花费他多少的时间呢？即使是每种半小时，那么他至少要多花费一个半小时在每件事情上。也有人宣称："当今的媒体界的大多数的新闻投资和大多数的信息革命都被花费在消息的发布上而不是收集上。"② 这也是对新闻素材多元化运用最严厉的抨击。

同时，美国学者唐·科里根（Don Corrigan）在一篇名为《融合——过度工作的记者，更少的新闻报道》的文章中，也将矛头对准了融合后记者角色的转变和新闻质量的受损。③

此外，一些著名报纸的传统派记者也有着自身的考虑并表示反对媒介融合。比如，《波士顿环球》的专栏作家艾伦·古德曼坚持认为，一份好的报纸需要时间来考虑该登些什么东西，而新的所谓的"内容提供者"则是跳跃式

---

① 引自徐沁：《泛媒体时代的生存法则——论媒介融合》，浙江大学 2008 年博士学位论文，第 91~92 页。

② The State of the News Media，转引自徐沁：《泛媒体时代的生存法则——论媒介融合》，浙江大学 2008 年博士学位论文，第 92 页。

③ Corrigan D. Convergence: Over-worked Reporters with Less News, *Louis Journalism Review*, 2002 (10).

地、盲目地想要满足各种媒体形式的需求。古德曼还打了个有趣的比喻，他说比较起来，记者之于内容提供者就好比农民之于服务员。他们都受雇于食品行业领域，但是最终依赖的是农民而不是服务员。显然，在他看来，记者踏实勤恳的采访工作是新闻业的基石，而任何企图降低采访重要性的举措都是与新闻业相违背的。

2. 媒介融合造成了部分新闻从业者的失业恐慌

融合后的媒介对原先各司其职的传统从业者提出了严峻的挑战，因为融合媒介更需要能够融会贯通多种媒介的多面手。同时，媒介集团为提高效率，往往追求更少的人做更多的事，这就直接导致集团的裁员。另外，融合媒介间人员的频繁流动，打破了行政界限。媒介公司更乐意增加临时工或是调用其他部门的人员，从而使原先的正式员工逐步向非正式员工转变。因此，媒介从业者对失业的恐慌并非空穴来风。

例如，在2005年竞选期间，加拿大国家广播公司CBC就曾通过融合公司间人员的转换，来增加非正式员工或是临时工的数量，吸收那些对新闻业和传媒技术都精通的人来加强对无线电和电视新闻的操作。这些举措都是适合合并公司模式的，因为公司融合提供了更大的弹性空间，公司能够自由地调整员工到不同的部门做不同的工作，但预算的减少和对商业化要求的压力无疑造成了对劳动力的冲击。2004年5月，一项新的劳动合同谈判开始了，但尽管政客们频繁地见面，CBC对劳动者提出的提案并没有太多的关注。①

3. 媒体工作者在素质和技能上尚难以适应媒介融合

跨媒体不仅指媒体本身的融合，也包括媒体功能的融合。这就意味着未来的新闻编辑部很可能成为一个各种媒体融合的大本营，媒体人既要做报纸的版面，又要制作电视新闻和广播新闻，同时还要做网站新闻。而且在媒介融合的进程中，往往也存在无目的性的问题。人们经常可以听到新闻编辑部经理抱怨自己被强行派去采访某件事，而不能问采访的缘由、出稿的形式以及事件对社会的益处所在。原本各有所长的记者编辑认为，这是对专业化的消解，只会导致泛而不精，降低新闻节目的质量；同时，职责的多而杂会使各种媒体的工作效率低下且高度重复。但事实上不容忽视的是，他们在强调对新闻质量影响的同时，也影射了对媒介融合后自身素质、技能缺乏的恐惧。

媒介融合后，对从业者提出了巨大的挑战，因为媒介需要能够运用多种技

① Mosco V., Convergence Bites Back: Labor Struggles in the Canadian Communication Industry, *Canadian Journal of Communication*, 2006 (31).

术工具的全能型记者编辑。在美国，媒介综合集团所融合的媒介都是同处一地的地方媒体，派往异地采访的记者都是多面手，他们能够同时为报纸写文字稿件、为电视拍摄新闻节目、为网站写稿。这种全能型的新闻人才的培养并非一朝一夕，而是与时俱进的，及时掌握各种先进技术。国外一些地方已试图在新闻院系、新闻媒体和媒介组织进行此类长期培训，让很多文字记者学习摄像技术，报纸编辑学习音频视频编辑和图表制作等。一些著名新闻学院已经开设"融合新闻"专业。而在我国，这方面人才的培养还没有进入日程安排。如果媒介从业者不能更新自己的技能，就很可能在新一轮的角逐中被淘汰出局。

（三）管理层对媒介融合的不适应

媒介融合是新闻传播业全方位、深层次的变革，它自然也涉及媒介管理层与时俱进的调整和变革。从过往的媒介融合历程来看，媒介管理层在融合的运营模式、从业者的公会组织模式等方面显示出了一些不适应的地方。

1. 成功的运营模式的缺失

在媒介融合的进程中，管理层尚未就融合媒体的运营找到一个成功的模式。

拿手机媒体来说，手机功能的开发为跨媒体经营提供了新的支撑平台，手机报使报纸的形态走向多元化，但其运营模式还有不少欠缺之处。手机报的盈利模式目前基本上是三种：①对订制彩信的用户收取包月订阅费，初期大多采取"免费体验"进行推销，后期再收费；②对 WAP 网站浏览用户按时间计费；③沿用传统媒体的盈利方式，通过吸引用户来获取广告投放。

但是，这三种盈利模式存在着一些不利的因素。比如，订阅价格偏高（手机报包月价大多在 5~25 元，年付费在 60~300 元），而提供的信息量远远低于报纸，两相比较显得不实惠。有数据显示，《杭州手机报》在"免费体验"时，拥有 10 余万名用户，实行 5 元包月收费后，用户大幅度下降到 1 万名。另外，"收费模式"要与电信商、网络营运商分成，利润所得有限。再者，广告模式受制于手机私密性、个性化的特点，硬性穿插广告容易引起反感。

与此同时，传统媒体的网站和百度、Google 等搜索引擎网站间一直存在着知识产权保护的问题，因而两者的合作还处于谈判磨合阶段。比如，法新社曾向美国华盛顿地方法院提起诉讼，状告 Google 未经许可擅自在其新闻网站上引用法新社的新闻标题、摘要以及照片，从而侵犯了法新社的版权，要求 Google 赔偿至少 1750 万美元，该公司指控 Google 的搜索引擎爬行程序一直依赖免费抓取并在 Google News 上显示这些媒体内容而生存。这项指控迫使

Google 把数以千计的照片和新闻报道从 Google News 新闻服务中撤除。而 Google 原来雄心勃勃计划的数字图书馆搜索业务也因出版商和作家团体的诉讼而暂停。

为缓解传统新闻网站与搜索引擎间的矛盾，新旧媒体间的努力有一定的进展，但两者的合作模式还是有一定的偏向性。如传统媒体的网站与百度签署"互联网新闻开放协议"，从而使传统媒体网站上的新闻加入到百度新闻搜索制定的搜索引擎新闻源收录标准中。但传统媒体的人士则认为这个协议是不公平的，"泛媒体联盟"强调的是百度的品牌而不是传统媒体网站的品牌，它们更希望百度只提供技术，用技术来提升自身的品牌，或者百度为它们的每一条资讯进行付费。这当然又是百度难以承受的。整个互联网经济是一个产业链，任何一个企业也不可能独占这个产业链，而必须由产业链上的每一个环节相互配合，发挥各自的优势，才能共同把这个产业做大。然而从目前来看，传统媒体在这个产业链上的利益并没有很好地体现出来。①

2. 管理层的价值观有待调整

媒介融合既是文化冲突的过程，也是文化认同的过程，其中文化认同对媒介融合意义重大。媒体间文化的借鉴和吸收，往往是从自身文化结构出发，并按照自身文化的价值观念对外来文化做出选择，使之与自身文化相融合并成为自身文化的一部分。同时，外来文化要融入新的文化体系中，也必须寻求共同点，并适当地进行自我改造和适应，才能赢得原始文化的承认和接纳。

目前，媒介公司由原来的竞争者转变成合作者，再加上原有的文化价值观的差异，使文化融合困难重重。从实践情况来看，很多编辑对当今的媒介情况很迷茫，甚至不知所措，因为这些编辑一向视其他媒体为竞争者。当然，也有编辑表示要鼓励报刊和电视工作者的双方和解，这样才能相互了解并解除戒心。而且也有学者建议，通过管理技巧来消弭这种文化冲突，比如雇佣具有较强的适应新政策能力的员工以及在企业内建立培训机制。但具体情况还得具体分析，首先还是要认清各种媒介的物理属性，把握其文化价值取向。

诸如网络、手机等新媒体参与信息传播之后，传统媒体居高临下"一对多"的传播格局被打破了，传者与受者的传播地位也被颠覆了。随着传播通信的进步，受众不再是被动的靶子，他们通过终端接收器可实时地反映、反馈信息，也可以进行"一对一"、"多对多"的针对性传播。新媒体更为关注的

---

① 庞春燕：《百度泛媒体联盟："馅饼"还是"陷阱"?》，载《传媒》2006 年第 7 期。

是与受众的互通、互动，反映在文化价值观上更多的是对时效的追求、对多元化意见的呈现。

　　因此，当媒体的管理层没能认清新旧媒体间巨大的文化差异并适时地做出调整时，媒介融合就进行得较为艰难。例如，美国在线与时代华纳的"世纪联姻"的惨痛教训便是最好的例子。2001年，网络巨头美国在线宣布以价值1840亿美元的股票和债务为代价收购传媒公司时代华纳。这是网络媒体作为新生的媒体力量首次大规模介入传统媒体领域。并购后新成立的美国在线时代华纳集团也成为世界上最大的集网络服务、出版、电视和娱乐于一体的跨媒体王国，其前景在当时被华尔街和媒体界广泛看好。然而，自合并以来，美国在线和时代华纳之间的"新旧"媒体的融合、协作远没有想象中的那么顺利。美国在线的管理层希望利用时代华纳丰富的内容资源来充实自己广阔的渠道，而时代华纳的管理层则想借用美国在线四通八达的网络干线扩散自己的品牌影响力。在合并初期，互联网仍然很受追捧的时候，美国在线自认为是主媒体，而轻视作为传统媒体的时代华纳。而随着网络泡沫的破灭，时代华纳的地位显著增强，美国在线又开始被认为是主要的拖累，并造成公司员工间的相互不信任和敌视。如此一来，合并公司内部文化与经营观念的差异，导致新的公司文化难以产生，原有文化在碰撞中的排斥性作用被不断放大。

　　3. 内容管理有待改进

　　跨媒体经营的当今趋势使得媒介企业必须加强它们对品牌资产的管理。随着科技的进步，用户不仅仅可以得到简单的文字报道，而且可以得到更加形象丰富的信息如图片、图形、视频以及音频，也使得信息报道更加具有吸引力。甚至，网络为重新定义媒介内容开辟了一条新的道路，也使得信息的受众更加广泛。所有这些因素正促使组织重新审视管理内容理论上的进展，也在更广阔的策略层面上运用这些管理内容。

　　内容必须被管理并最终被制作成各种形式：广播、报纸、无线信息以及网络信息等。现在的公司必须把它们所有的内容当做数字资产，而不仅仅局限于网络内容管理。那些可以在最大程度上利用自己所拥有的内容资产进行高效运营的企业，往往利用最佳行为以及最初最好的前线决策。那些还没有适应这种模式的企业在竞争中则处于相对劣势的地位。

　　内容管理是一个很复杂的过程。媒介管理层需要把内容当做可以以多重方式再度利用的分散因素，比如标识、标签、图片或者样板文件等。直到网络的兴起，公司销售的主要媒体渠道仍是报纸，当然如果公司规模足够大的话，有可能考虑使用电子媒体，比如广播和电视。即使在原先单调的媒体交流背景下，市场经销商都面对多重挑战，包括信息连贯性、品牌和市场定位。举个例子来说，如果某个公司的标识发生了变化，样板被修改或者新的图片被制作，每个因素都需要被间接整合到现存的体系中以维持品牌或信息的一致连贯性。而升级或编辑任意这些附属内容因素，都是以时间和金钱为代价的。网络技术在 20 世纪的迅猛发展促进了新型的企业拥有者，也增加了综合内容管理的挑战。现在的市场部门不仅仅要应付多种报纸形式，还要管理大量的网页内容和以推广公司品牌、产品和服务为目的的企业联合网站。这些新型的媒体需要更多个性化的动态内容，而管理层的负担也与日俱增。

（四）地域文化差异影响着媒介融合

文化反映了一个国家或地区独特的生活方式和思维方式，不同的文化背景势必会使人产生不同的价值取向、文化观念和语言习惯。因而，在跨文化传播过程中，由于文化的差异造成传播受阻的事常有发生。在媒介融合中，尤其是跨越国界的媒介融合，就不得不把文化地域差异考虑在内。也正因为如此，像星空集团这样的跨国公司在与他国合作时纷纷采取了本土化的策略，尽量雇用本地职员来播报本地新闻。

文化差异对媒介融合的影响主要表现在编码和解码两个过程中。就传播者的编码而言，文化观念的差异必然首先表现在新闻机构和新闻从业人员对新闻事件的取舍乃至在报道中采取的态度、立场和方法上。这看似记者个人的偏好，实际上却是不同社会文化观念导致的。就以战争报道为例，美国媒体多半只报道战争的进程，对无辜平民的伤亡仅简要介绍几句。而我国的媒体不仅对战争的进程进行报道，还对无辜平民的伤亡给予大量的关注。这主要是由于文化中的意识形态在起作用。佛罗里达州的《巴拿马城市新闻先驱报》针对阿富汗战争报道给编辑记者发了一个报道须知，"不得在报纸头版使用由于美国发动阿富汗战争造成平民伤亡的照片。我们的姐妹报《佛特沃尔顿海滩报》由于在头版刊登了这样一张照片，受到了数以百计的威胁性电子邮件。不得使用以美国发动阿富汗战争造成平民伤亡为导语的通讯社消息。这种伤亡的内容可以在稿件的最后提一下。如果这篇通讯社消息需要改写，要设法淡化平民伤亡的内容"①。由此可见，中西方价值取向的不同直接影响报道的效果，而这在融合媒介中就会引起内部人员的冲突。

再从受众解码的角度来看，不同文化群体的成员有不同的认知习惯，因此

---

① 引自董广安：《跨文化传播的障碍及突破》，载《新闻爱好者》2005 年 12 月（下）。

不同国家的受众对同一新闻报道有不同的解读。比如，龙是华夏儿女的氏族图腾，作为龙的子孙的我们视龙为吉祥兴旺的象征，而在西方世界却被认为是一种充满霸气和攻击性的庞然大物。我们都知道语言是人类社会中最重要的符号，它也是人们交流、沟通最重要的工具。然而，不同的民族语言有时候却成为不可逾越的天然屏障，在很大程度上影响了不同文化背景的受众对同一新闻报道的解码，也对融合媒介的报道设置了不小的障碍。

另外，值得我们注意的是，一些强国的融合媒介在进行跨文化传播的过程中，以其雄厚的财力、物力、人力入侵他国弱势媒体，将自己的思想文化价值体系强加于他国，造成文化上的霸权。

信息技术革命加速了各种国际主流和非主流思想文化的传播和渗透，但它带来正面的影响同时也出现了负面的后果。特别是对于信息技术落后的国家来说，负面的后果可能会大一些。有可能会出现信息时代的帝国主义，出现信息殖民地的现象。弱小国家的信息资源、信息产业、信息传播、信息安全将被控制在信息帝国主义手中，失去它们自己在世界上应有的话语权，甚至它们原有的传统文化、生活方式都被颠覆。

（五）部分媒介消费者中存在的局限性

媒介融合需要公民具备更高的媒介素养。因为媒介融合不仅是各类型专业媒介新闻传播业务的融合，也是普通公民借助网络媒介参与新闻传播的一种共享式的新闻实践活动。当媒介组织之外的个人能够成为新闻传播者的时候，新闻媒体不仅将更加分众化，而且将越来越多地扮演公共交流平台的角色。在这个平台上，职业新闻从业人员与社会公众是平等的，新闻与观点的交流与交锋在所难免，信息良莠不齐、鱼龙混杂也在所难免。

同时，部分媒介消费者自身使用媒介能力的欠缺，也势必导致他们对新兴媒体的恐惧。如何更好地使用媒介，提高对新闻信息的辨别力，成为每一个参与新闻传播的公民都面临的新问题。

不仅如此，媒介消费者还担心媒介融合对新闻质量的损坏、对社会民主的破坏。比如说在美国，尽管绝大多数大众媒体的拥有者都把媒介合并和媒介融合看做是经济发展的必然产物，尽管许多的学者也把媒介融合看做是技术上的势在必行，相信这种趋势是历史的选择，尽管报纸杂志已经着手组建"多维媒体新闻编辑部"，尽管许多的新闻业专家也在抓紧时间寻找可以适应21世纪新兴媒体融合的方案，尽管美国的联邦通信委员会试图取消媒体垄断法规，但这些举措却遭到了相当一部分美国民众的抵制。当美国联邦通信委员会准备取消仅存的几条限制媒体垄断的法规时，民众的反应很强烈，甚至有人公然表示了自己的愤怒。他们对减少媒体独立拥有者、增加交叉媒介拥有者以及媒介融合的趋势持反对态度。他们同时提出了一系列的质疑，比如：关于一个重要事件，当记者们用各种媒体的全方位信息替代一个深刻全面的报道时，受众的利益是不是受到了损害；是不是仅仅为了媒介融合的需求而去增加新闻周转率；新闻从业者在面对媒介融合转型时，是不是都会更多地面对和迎接新闻外在形式多样化的挑战而在内涵上变得更加肤浅；是不是所有关于要求提高记者职业水平的言论，都将成为媒介融合压榨劳动力的幌子，等等。①

另外，不同年龄段的人都会有不同的媒介选择倾向。比如老年人，在他们看来，没有什么东西能取代每日手中的报纸；但在成天与电视、网络打交道的年轻人看来，报纸是浪费的、脏的而且不方便的。因而，对于媒体业主来说，在媒介融合后如何保持自身的传播特色是问题的关键。报纸杂志的读者担心文章会流于肤浅，缺乏深刻的穿透力；而网络视频的消费者则为图文比例的配置而忧虑重重。正是美国联邦通信委员会的授权使得媒介拥有者的媒体越来越远离当地公众的关注和需求，也让媒体间的问题越来越严重。

美国当地一位忠实的报刊读者在一次反对媒介融合大会上，表述了自己抵制的理由。他认为报纸的重要性并没有像宣扬的那么严重衰弱，他之所以坚决反对媒体融合，是因为他觉得报纸的受众群体庞大，对于任何周日超级板球比赛，更多的美国人从报纸上了解比赛消息而不是去看比赛。另外他还列举了一个消费者协会对当今美国人媒介接触的调查，其结论表明美国人如今更多地依赖报纸而不是其他媒体来获取当地新闻，而且报纸也在影响着其他的媒体成为他们的消息来源。②

人们也不免担心报业因为要保证高额收益而面临巨大压力。读者们认为这导致了低价值新闻的存在，也使得一些公司不愿意在没有广告利益的报纸上为消费者提供服务，而美国联邦通信委员会是造成这种态势加剧的罪魁祸首。报纸所属的公司（其他类型的媒体也是如此）在减少新闻编辑部和新闻记者的数量的同时，却不需要受众的参与来保证收益的增加。而这正是媒介进一步融合的表现。

总的来看，一方面，无论是美国、英国等欧美国家的媒介融合历程，还是

---

① Corrigan, D., Convergence Works for Media Owner but Not News Consumer, *Louise Journalism Review*, 2004（11）.

② Corrigan, D., Convergence Works for Media Owner but Not News Consumer, *Louise Journalism Review*, 2004（11）.

中国、新加坡、日本等亚洲国家的媒介融合实践，截至目前，可以被视为融合的过程大体上经历了"传统媒体联动—传统媒体与新媒体互动—新的工作流程和媒介组织机构出现"三个大的阶段，只是在不同的国家和地区，这三个大的阶段所体现的具体内容和形式有所差别而已。另一方面，媒介融合虽然是一个几乎会将全球裹挟其中的国际化趋势，但它的具体操作手法、所面临的问题和障碍在各国、各地区也有所不同。到目前为止，尽管媒介融合在各国的实践依然存在着这样或那样的障碍和问题，有着很多亟待进一步解决或调整的地方，同时，对于媒介融合，各国也尚未形成一个统一性的操作标准和评价标准，但这一发展大潮却依然在全球范围内方兴未艾，各国、各地区对它的尝试和实践仍在不断进行。那么，媒介融合的明天到底会怎样呢？这仍是一个需要我们拭目以待的问题。

思考题

　　1. 媒介融合趋势是在什么背景下产生的？

　　2. 我国的媒介融合实践到目前为止已经历过哪些形式？

　　3. 国外的媒介融合实践到目前为止已经历过哪些形式？

　　4. 在已知的媒介融合实例中，你最看好哪家媒介（集团）的融合路径？为什么？

　　5. 在媒介融合发展过程中存在哪些问题和教训？你是如何看待这些问题和教训的？

　　6. 描述一下你心目中理想的媒介融合图景。

第三章　媒介融合的新闻生产流程再造

　　媒介融合已经是国际传媒业发展的大势所趋。那么，在新闻传播的具体操作上，其本质特征应当如何把握？它对媒体的生产流程又会产生什么影响？

　　媒介融合的本质是生产形态的融合，其核心是开发和共享内容资源，及生产和发展融合新闻。因此，它必然要改变新闻传播流程，形成有别于传统媒体的新闻生产方式和市场营销方法。

　　融媒体时代彻底改变了新闻的生产与消费。在这个大趋势下，媒介机构要想在竞争中胜出，也需要对以前的新闻生产流程进行全新再造，以期焕发出新的生命力。

　　流程再造是 20 世纪 90 年代初在美国媒体中兴起的一次管理变革浪潮。其核心命题是"对组织的作业流程进行根本的再思考和彻底的再设计"，其目标是"以期取得在成本、质量、服务、速度等关键绩效上重大的改进"。从这个意义上说，推进媒介融合势必要对新闻生产流程进行变革与再造。

第一节　打通与共融是流程再造的关键

　　什么是融合？戈尔丁（Golding）和默多克（Murdock）认为："一切形式的传播——文本、数据、图像、音乐和言语，现在都可以使用最基本的计算机语言'0'和'1'来对它进行编码、储存和转发。结果是目前区分各传播领域的边界正要消解。我们正步入融合的时代。"[1] 该定义既界定了融合的科技含义，也阐释了融合给传播带来的影响，那就是正在消解的媒体边界。融媒体带来的最重要的一个后果，即"媒介之间的边界由清晰变得模糊"。因此，"打通"各个单一介质媒体之间的联系渠道，是融媒体时代新闻生产流程再造的关键。

---

　　[1]　Golding Peter, Graham Murdock, Culture, Communication and Political Economy, in James Curran, Michael Gurevitoh, *Mass Media and Society*, London：Araold, 2000.

融媒体时代的新闻生产流程再造，目的是要以多媒体集中采集新闻，根据所属媒体的介质和受众特点分类加工，生产多样化的多媒体新闻产品，提供给所属媒体选择和传播。因此，必须打通各种单一介质媒体独自为战、自我循环的生产流程，使各种介质的媒体在生产流程中形成一个有机整体。既要"打通"单一介质的边界，还要使各种介质的媒体在"打通"中形成"共融"。"打通"与"共融"，是再造新闻生产流程的核心，也是融媒体实施新闻传播的关键。

一、打通与共融的前提是认识上的突破

自20世纪90年代"媒介融合"的概念提出后，媒介融合已经逐步发展成为信息传输通道多元化下的新兴作业模式。

它把报纸、电视台、电台等传统媒体与互联网、手机、手持智能终端等新兴媒体的传播通道有效结合起来，资源共享、集中处理，衍生出不同形式的信息产品，然后通过不同的平台传播给受众。这种新型整合作业模式已成为国际传媒业的新潮流。

2001年前后美国媒体综合公司组建了"坦帕新闻中心"，开始了"媒介融合"的实践。2002年，美国又开始设立工作站，培养"多媒体记者"；2005年，密苏里大学设立了世界上第一所媒介融合专业，进行媒介融合新闻人才的培养。目前，美国、英国、新加坡等多个国家和地区的百余家传媒机构都在进行媒介融合工作。除了理念上的创新之外，还有一系列的模式创新。"打通"是媒介融合时代模式创新的关键。

目前，我国大规模的媒介融合还处于起步阶段，媒介之间的融合主要是在报纸与网络之间，广播、电视与网络之间，或报纸、广播、电视与手机媒体之间的单向融合。新华社、人民日报报业集团、杭州日报报业集团、广州日报报业集团、烟台日报报业集团、佛山珠海传媒集团等相当一批先行者，则已开始进行多媒体融合的探索和实践。

业界和学界的探索与实践，拓展了媒体的视野。显而易见的事实是，虽然每个新闻组织内融合的程度和具体情况各不相同，但是组织内的新闻生产流程确实发生了显著的变革。这些变革，对我们新闻业所持有的传统观念提出了挑战，敦促我们站在一个全新的视角上，重新认识新闻生产流程的各个环节及其新特质。

1. 多介质运作：融媒体时代新闻生产的新特质

在媒介融合之前，我们已经习惯媒体机构单一介质的运行，即每一个媒体

机构都以单一介质的面貌出现，各种媒体的传播介质单一，传播元素相对固定、独立。如报社以纸质为基本介质，运用文字和照片、图表等进行新闻信息的传播；广播以电台为基本介质，运用声音传播新闻信息；电视台则以电视为基本介质，通过声、画和文字共同完成新闻信息的传播。

媒介融合彻底打破了以前的介质割裂。借助于新媒体的力量，任何一家传统媒体机构都可以进行多介质的运作，即都可以生产视频、音频、文字、图片等多样的新闻产品。纸质媒体可以借助本媒体的网站，传播纸质媒体的文字、图片等新闻信息，还可以生产视频、音频、动画等多种新闻产品在网站上传播；如《人民日报》与人民网在报网融合的过程中，已经逐渐形成你中有我、我中有你的格局。现在读者阅读《人民日报》时经常可以看到一个标注："更多的内容请见人民网某频道或者某专题"。人民网的报道内容，则有相当一部分也是源自《人民日报》。这种立体报道的方式，不仅增加了受众了解新闻的形式，也使原先受报纸版面或者文字所限而不能充分展示的内容，有了充分展示的空间。除了报网融合，广播、电视媒体也可以借助网络生产和传播音频、视频和文字、图片等新闻产品。目前，中国网络电视台（央视）和各省、市网络电视台的出现，即是广播、电视媒体与网络媒体融合的产物，它有效地拓展了广播、电视媒体的传播和表现空间。

新媒体与传统媒体在生产过程中的合作，近年来更是如火如荼，表现不凡。如获得中国新闻奖首届网络新闻名专栏的"焦点网谈"栏目，就是河南日报报业集团整合《河南日报》、河南报业网与手机短信平台三方面的资源与渠道创办的，这个栏目围绕公共生活中的各类新闻事件或焦点话题展开讨论，发动广大网民畅所欲言，网站编辑同时组织一些专家名人重点发表意见，稿件在网站上首发，报纸在每周二、周四刊登两个整版的同名专版。"焦点网谈"还设立了子栏目"短信民声"，报社24小时开通手机短信平台，接收群众的建议与投诉、收集新闻线索。对于群众反映的问题，党报编辑都要事无巨细地向有关部门调查核实，促使问题得到解决，并将结果及时在网站与报纸上对社会公开。2013年8月22—24日，山东省济南市中级人民法院通过微博直播备受海内外关注的薄熙来案一审开庭审理情况，这一做法让整个庭审过程公开、透明，被舆论认为是"史无前例"。2013年8月22日8时9分，济南市中级人民法院在新浪官方微博发出了关于庭审的第一条微博，对庭审进行预告。截至8月23日18:30，济南中院官方微博一共播发80多条微博，包括庭审记录，证据音视频、图片和庭审进展等，这些微博均被大量转发。其中8月22日11:22发布的一张薄熙来庭审现场的照片，转发量近7万次。各大媒体包括新华网、人民网等，在对此进行集中报道和深入解读的同时，都在网站上转载或链接了济南中院关于庭审的微博，形成了传统媒体和新媒体联动互补的态势。微博的出现为庭审直播提供了更加大众化和更具互动性的新载体。武汉大学教授沈阳在微博上表示，微博直播是在信息公开和庭审秩序之间的均衡，满足了社会的知情欲望，是近年庭审使用新媒体的标志性事件。这些案例都在一定程度上展现了媒体生产流程融合中新的新闻传播思路。

生产过程的融合反映的是媒体生产技术的变革，它允许新闻作品被一次性地完成和发表，并通过多形态的数字化发布机制发送出去。借助于网络等新媒体，曾经独立运行、各自为战的传统媒体单一介质开始交融，其传播元素也在交融中重新组合，构成多媒体的新闻产品。多介质运作，成为融媒体时代新闻生产的特质。

2. 用户贡献内容：融媒体时代新闻消费的新特点

信息来源的多元化也是融媒体时代的重要特征。媒介融合前，新闻生产都是由传统媒体的编辑、记者等专业人员完成的，受众只是单纯的甚至是被动的信息内容的接收者。网络等新媒体出现后，借助手机和网络论坛、博客、微博、微信等新载体，人人皆可成为信息的生产者和传播者。

随着信息技术的进步，中国社会舆论的形成机制、传播机制发生了深刻变化。不再是"我听你说"，而是我们都在说，是"所有人对所有人的传播"。有人曾用KTV做了一个形象的比喻：很多人都喜欢去KTV唱歌，大家一起唱歌时，有一种人叫"麦霸"，拿着话筒，不管唱得好不好，什么歌都唱。实际上，我们现在的"媒体场"，就好像是一个KTV包房，没有"麦霸"，而是"人人都有麦克风"，人人都可以发出自己的声音。据中国互联网络信息中心发布的《第31次中国互联网络发展状况统计报告》显示，截至2012年12月底，我国的网民规模达到5.64亿，手机网民规模为4.2亿。在"人人都有麦克风"的时代，受众不再只是单纯的信息接收者，而是具备了信息接收者和信息生产、传播者的双重身份。

从新闻生成上看，融媒体时代的受众正在显露出由"被动消费"向"协同生产"转向的明显迹象。越来越多的媒体受众已不再满足于充当被动角色。博客、微博、微视频、飞信以及QQ、MSN等社会性交流工具（SNS）逐渐盛行，为其改变"信息消费者"的单一身份、主动表达阅读期待、积极参与新闻建构开辟了新的途径。特别是微博出现后，每一个"小我"都有了展示自己的舞台，引领了大量用户原创内容的爆发式增长。正如Twitter拥趸所认为的，Twitter给世界带来了一个"人人都能发声，人人都可能被关注的时代"，

"即使是再庞大的新闻媒体，也不会像 Twitter 一样在世界各地拥有众多新闻记者"。在微博上，每个人都形成了一个"自媒体"，每个人都是信息的生产者和消费者。特别是在接二连三的突发和热点事件中，微博的表现让人眼前一亮。2008 年 5 月 12 日 14：28，中国四川汶川发生大地震，Twitter 在约14：35：33 披露了这一震撼性的消息，其快速的信息传播方式甚至超越了传统的新闻媒体；2009 年 6 月 13 日，德黑兰在大选后的骚乱消息在 Twitter 上大范围传播，Twitter 成为伊朗人满足信息渴望和对外发声的替代网络。曾经高高在上的 CNN、BBC 也不得不先后在 Twitter 上注册了账号。

这是新媒体传播技术给新闻生成机制带来的变化。由于新媒体传播技术使受众信息表达便利，受众意见无需刻意经由新闻机构"转述"，而可以随时随地经由网络媒体"自述"。他们不再被大众传媒所设置的议题牵着鼻子走，对重要的新闻信息可以有自己的判断。最突出的证据是，受众的网络表达不仅成为新闻报道的对象，而且成为"网络问政"的理由。① 在"躲猫猫"死亡、喝开水死亡、做梦死亡等"恶狱"现象以及富士康事件、本田事件等社会热点事件之中，网络表达的自发性、草根性、群生性，形成了一种不可遏止的舆论压力。在 2008 年华南虎事件以及"3·14 西藏打砸抢烧事件"的发展过程及其传播活动中，来自民众的信息和观点所激发的舆论威力及产生的社会影响，也充分证明了这一点。有统计分析认为，几乎所有社会性突发事件都与网络有关，其中 20% 直接由网络报道而引爆，其余 80% 一般由传统媒体先报道，后经网络媒体转发引起社会关注。② 在开胸验肺事件、钓鱼执法事件等热点之中，网络新媒体与传统媒体形成掎角之势，共同对公权的麻木和民权的无奈以及利益链条下的执法公正进行追问。受众的网络表达开始直接嵌入新闻生产流程之中，专业新闻机构同网络草根表达相互对话、印证、诘问、争执，共同形成"新闻信息流"，反映并影响着事件进程。

这一趋势的出现，使得传统意义上的新闻"把关人"角色逐渐虚化。传统媒体如果没能追赶上网络舆论的节拍，就有可能被边缘化：当人们期待你讲话的时候你听而不闻，人们也就有理由对你视而不见。

因此，在融媒体时代，具备了信息接收者和信息生产、传播者双重身份的

---

① 邓的荣：《新传播时代受众新闻期待的转向》，http：//media. people. com. cn/GB/22114/136645/201956/12631128. html，2015-3-2。

② 时国珍，袁碧霞：《突发事件网上演变规律与舆论引导》，载《中国记者》2010 年第 5 期。

受众，开始成为各种不同介质媒体的"用户"。用户管理，成为传统媒体在融媒体时代实现华丽转身的核心所在。"以用户理念取代先前的受众理念，变受众为用户"，是融媒体时代媒体获得并扩大目标人群的关键。①

特别值得关注的是，2007 年 5 月，饭否网率先将微博引入国内大陆地区，培育了早期微博用户。2009 年 8 月以来，新浪、搜狐、网易、腾讯等纷纷开通微博，使微博成为如今各大传统门户网站的标配产品，掀起了一股强劲的中国微博热潮。微博凭借其草根性、自主性、快捷性和互动性等诸多特点，既构建了庞大的微博用户群，也引入了一种可称为"微新闻"的开放式新闻理念和传播模式。

所谓微新闻，是指以微博为主要工具和平台，从组织、生产到发布、扩散的人人可参与的新闻活动。从目前看，微新闻的技术优势在于，一是信源广泛，所有微博用户都是消息源。二是时效性强，所有用户都可能是第一或前端信源，随时随地、全天候同步直播新闻，成为不折不扣的"草根记者"。例如 2010 年 7 月 28 日南京爆炸案事发时，恰巧在现场附近的某市民即用手机拍下了大火场面并上传到新浪微博，距事发时间仅 3 分钟，随后的一刻钟里，该市民又连续发布 5 张图片，很快便引起了众多用户的关注和转发。半个多小时以后，央视才以采用这些微博图文的方式作了首次报道。三是扩散快而广，通过"粉丝"机制和用户转发可以形成几何级、病毒式的高速传播。此外，它还具有个性化、互动性强等优势。微博承接传统论坛、博客等产品设计思想，开启了主导互联网个人传播的"微新闻时代"。微博似乎天然是民间新闻传播的最佳工具，从 2008 年第一时间报道汶川地震到 2009 年伊朗政治动荡，再到迈克尔·杰克逊之死的率先爆料，微博都走在传统媒体之前。社会公共议题、各类突发事件、新闻资讯成为用户广泛传播的主要内容。例如"两会"、"李开复退出谷歌"、"犀利哥"、"菲律宾劫持人质"、"唐骏造假案"、"江西宜黄拆迁自焚案"、"李刚门"等一系列事件，都在微博上被广泛传播、评议，这对事件进程及问题解决有着不可忽视的推动作用②。

2011 年 7 月 23 日 20 点 30 分，甬温铁路线浙江温州境内，由北京南站开往福州站的 D301 次列车与杭州开往福州南站的 D3115 次列车发生动车组追尾重大事故，造成 40 人死亡，172 人受伤，中断列车行车 32 小时 35 分。几乎在

---

① 栾轶玫：《融媒体时代新闻生产的流程再造》，载《视听界》2010 年第 3 期。
② 郑智斌：《微新闻时代传统媒体的问题与应对》，载《南昌大学学报》（人文社会科学版）2011 年第 4 期。

事故发生的同时，新浪网友"袁小芫"发出了第一条微博，令数万网民在第一时间得知了这一信息。"D301在温州出事了，突然紧急停车了，有很强烈的撞击。还撞了两次！全部停电了！我在最后一节车厢。"此后不久，第一条求助信息由网友"羊圈圈羊"在出事车厢内发出："求救！动车D301现在脱轨在距离温州南站不远处！现在车厢里孩子的哭声一片！没有一个工作人员出来！快点救我们！"这条信息在短时间内被转发了十万次。紧接着，网络上不断出现被困旅客以及第一批赶赴现场的救援人员所发出的消息，事故现场情况也如拼图般渐渐清晰起来。这些发自事故现场亲历者的微博动态地展现了事故现场的情况，言简意赅地传递着信息，同时勾勒出极强的现场感。一部分网友通过微博对事件进程进行即时的追踪报道，随后大量的网友对这些报道内容进行点评并转发，使得事件进程的跟踪评价呈现出一种同步递进的态势，甚至有网友专程赶赴救援现场对救援情况进行微博直播，使得微博传播在一定程度上甚至取代了传统媒体的部分功能。

"7·23"动车追尾事故发生后的第7天，微博上的网友自发组织，在网上缅怀事故中的遇难者，这些网友发布的祭奠微博转发超过2000余万条。微博上对于此次事故的广泛关注，在一定程度上为该事件设置了议程，使得事件不仅进入到了传统媒体的视线，并且提升了事件的重要性判断，甚至在一定程度上影响了政府的相关决策。

从以上案例可以看出，个人信息获取和发布能力的提高，推动了信息的自由流通，进一步消弭了传统媒体主导下的社会话语权和信息传播权的中心化状态。带有鲜明自发性特征的微博进一步改写了传统新闻业的新闻采制标准。使用微博发布信息的低成本和易得性，以及微博节点传播的特性，则进一步推进了新闻信息发布和扩散速度，尤其是在突发性事件的报道方面，微博蕴藏着巨大的能量。基于微博的强大力量，传统媒体已经显示出与微博进行媒介融合的革新趋势，而且这种趋势不可阻挡。首先，传统媒体逐渐将微博作为自身推广和沟通的平台，微博成为传统媒体进行新闻传播的一条通路。其次，传统媒体从微博上挖掘资源，对有价值的新闻进行后续深度报道。最后，突破传统，利用微博进行采访，美国很多记者的采访方式就是微博对话式的"Twitter view"，实现信息共享。在"7·23"动车追尾事件中，更有大量记者通过微博寻找各种信息来源以及采访对象；同时，记者在现场观察到的信息又成为微博下一轮转载的热点。

截至2012年12月底，我国微博用户规模为3.09亿，占网民总数的54.7%。手机微博用户规模2.02亿，占所有微博用户的65.6%，接近总人数的 2/3。微博已经成为中国网民的主流应用，庞大的用户规模又进一步巩固了其网络舆论传播中心的地位，它正在重塑社会舆论生产和传播机制，无论是普通用户还是意见领袖和传统媒体，其获取新闻、传播新闻、发表意见、制造舆论的途径都不同程度地转向微博平台。除了微博，微信的加入也为个人用户获取和发布信息提供了新平台。2012 年 12 月是短信的 20 岁生日，这一天微信才 2 岁，这个 2 岁的产品却拥有接近 4 亿的用户，它集文字通讯、图片分享、语音对讲、LBS、"摇一摇"、漂流瓶、视频会话等诸多社交手段于一身，延展了沟通的宽度与广度。此外，微信还不断增加新闻、观点等媒体功能，媒体内容通过微信这一强大平台迅速地实现着"微链"传播。

在媒介融合时代，用户生成信息已经成为媒体内容的一部分。用户生成的信息，一方面成为记者等媒体专业人员生产新闻信息的信息源之一；另一方面，也可以直接构成媒体的信息内容。"民间话语力量、民间话题设置等，也可以借助新技术手段浮现出来，并被传播出去；用户还能多路径地反馈信息，评价并影响媒体机构的新闻生产"①。用户有选择地接收信息内容并贡献内容，形成了融媒体时代新闻消费的新特点。

3. 跨媒体的信息终端：融媒体时代新闻发布的新特点

在媒介融合时代，新闻最重要的变化是生产过程和发布渠道的变化。

发布渠道的融合指信息渠道的消费端的融合。它的理念是，最终实现只需要一种途径即可访问不同类型的数字化媒体的目标，即通过单一设备就可以兼容所有类型的媒介特点。

在单一介质条件下，各种媒体的信息产品发布都是以单一介质为渠道的，如报纸的信息传播以报纸为载体，广播、电视的信息传播也拘泥于广播、电视载体本身。

在媒介融合时代，当新闻生产过程融合后，新闻信息产品的发布渠道也必然产生变化。新闻产品的投放，将打破原有的单介质媒体单一的传播渠道，将不同的载体如报纸、广播、电视、网站、手机等视为一体化的"组合信息终端"，以新闻信息发布时间的多重设置和新闻内容在不同平台的相互嵌入，实现全天候不间断传播，以扩展新闻传播的社会效果，满足受众多元化、个性化的新闻信息消费需求。以微博用户为例，截至 2012 年 12 月，我国微博用户规模为 3.09 亿，相当一部分用户访问和发送微博的行为发生在手机终端上，高达 65.6% 即 2.02 亿的微博用户使用手机终端访问微博。在微博上，可以承载

---

① 栾轶玫：《融媒体时代新闻生产的流程再造》，载《视听界》2010 年第 3 期。

文字、视频、图片、音频等不同载体的信息内容。智能手机作为移动终端，跨越了报纸、广播、电视等单一媒体的传播界线，已经成为一体化的组合信息终端之一。智能手机的用户，也已经可以以手机为终端，各取所需，任意浏览报纸、广播电视、网络等媒体传播的各种信息内容。

在媒介融合时代的新环境下，媒体的新闻诉求必定要以新的视角、新的态度、新的话语体系，去呈现这个新媒体环境下时代的每一次脉动。要实现融媒体传播，我们就必须突破既有思维定势，正确认识并准确把握融媒体时代新闻生产和新闻消费的新特质，并在此基础上再造新闻生产流程。

二、在打通与共融中再造新闻生产流程

在媒介融合时代，媒介的定义外延更为宽泛。"媒介就是渠道"，所有能将传受双方互联互通，并承载信息、意义与文化的介质都可以看做是媒介。就媒体结构这个层面而言，传统的和新型的传播方式之间的区分标准正日益模糊，不同媒介之间的关联性和兼容性正日益加强。融媒体带来的最重要的一个后果，即"媒介之间的边界由清晰变得模糊"。因此，专业媒体必须在"打通"与"共融"中再造新闻生产流程。

在"打通"与"共融"中再造新闻生产流程，前提是要建立依托网络技术打造的数据库，进行多媒体信息的储存、处理与加工，核心是要建立新闻生产的指挥调度中心。它如同人的大脑，在对多介质、多媒体进行"打通"和"共融"的过程中，实施对整个新闻生产流程的指挥调度和控制管理。

在此基础上，要集中解决好以下几方面的问题：

首先，要解决新闻内容的多媒体生产。可以采用目前在媒体融合过程中较为成功的做法，成立由新闻信息指挥调度中心直接管理的新闻信息采集平台，将过去分割的、各自为战的多介质新闻信息采集，集中到新闻信息采集平台，由能够承担多介质操作的记者们共同完成。信息内容的采集和生产将是多媒体化的，既有图片、文字，也有视频、音频等；信息采集的过程，也将是多介质汇流的。

对于记者采集的新闻内容，可以将其放到信息采集平台的信息交流中心，进行双向选择，最终确定信息产品的发布渠道。一方面，可以在信息指挥调度中心或信息采集平台设立权威的"信息评估"部门，对新闻产品作出一流的价值判断，并最终决定以一种（比如是在广播、电视上还是在报纸上发布）还是几种媒体形式（比如同时在广播、电视、网络、报纸、手机上发布）呈现的方式进行传播，确定信息产品的发布去向。另一方面，信息

产品的编辑平台也可以根据发布渠道的不同特点，自主选择不同的新闻信息产品，并依据发布的需求对新闻产品中相关素材的再加工（如需进行连续报道、系列报道等重点报道或者改文字报道为其他传播形式的报道等）提出意见和要求。

在此基础上，将新闻信息产品依据其新闻价值的高低和不同媒体的传播特点，分送到在线（如广播、电视、网络、手机等）编辑平台和线下（纸质媒体）编辑平台，进行二次开发和编辑加工，生产出可供多介质、多媒体传播的新闻产品。

其次，要解决新闻发布问题。多介质、多媒体的新闻产品，要借助多通道的信息终端进行传播。因此，要在新闻信息指挥调度中心下设多介质、跨媒体的信息发布平台，使编辑部加工的同一内容不同形式的新闻产品，沿着各自既定的渠道运行，通过多媒体的信息终端进行传播，实现一件新闻产品的复次、多介质、全方位传播，以满足不同受众对于新闻信息产品的不同需求。

再次，要解决新闻信息产品抵达用户后的反馈以及来自用户生产的信息内容如何上浮的问题。可以尝试建立用户平台，将受众看成用户来管理经营。用户平台可以采用新闻推送模式，及时收集新闻产品传播后用户的反馈，促成用户生产信息内容的上浮。

新闻生产的流程再造是媒体机构以一种首尾相接、完整的整合性过程，改变过去被不同介质割裂、由不同部门管理造成的支离破碎的局面。在"打通"与"共融"的基础上，新闻生产流程的再造如图 3-1 所示。

第二节　再造融媒体时代新闻生产流程指挥中心

由单介质新闻生产向多介质新闻生产转变，再造融媒体时代新闻生产流程，核心是要建立新闻信息指挥调度中心，使其成为多媒体新闻生产流程的"大脑"，对整个新闻生产流程实施有效的指挥调度和有序的调控管理。

一、新闻信息指挥调度中心的管理模式

传统媒体在新闻生产流程的运转中，最高指挥调度中心是总编辑（或台长、社长、频道总监）领导下的编委会。编委会作为最高决策层，负责媒体编辑方针的制定和新闻生产流程的日常管理。

要打破单一介质的新闻生产流程，再造融媒体时代的新闻生产流程，同样

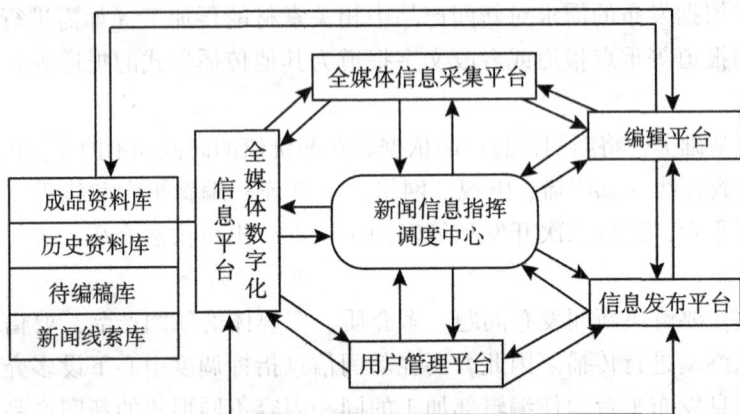

图 3-1　新闻生产流程图

需要构建最高决策层，形成对融媒体新闻生产流程实施日常管理的"大脑"核心。

但是，这种构建绝不仅仅是对单一介质媒体管理机制的简单照搬，而必须适应融媒体时代新闻产品多媒体化生产、消费的特点，形成有的放矢、独具特色的管理机制，以保证新闻生产流程再造能高效运转并得以制度化。

按照融媒体时代新闻生产流程再造的需求，比较理想的新闻信息指挥调度中心的管理模式是：在巨大的新闻生产操作空间中，"脑"指挥中心位于这个平台的中央位置，其他广播、电视、网络、手机、纸媒等业务部门环绕周围，多媒体记者采写的图、文、音频、视频等新闻素材集中到新闻信息采集平台，由各种介质的编辑部各取所需，进行二次加工。重要新闻和突发事件，则要由指挥中心确定其稿件的新闻价值，并最终决定以一种还是几种媒体形式呈现的方式，转而分发给各自下线的业务部门，并分别在下线部门的广播、网络、电视、手机、纸媒等介质平台上对外发布[①]。

在融媒体时代的新闻生产流程中，作为"脑"指挥中心的新闻信息指挥调度中心，应该全权统领用户管理、内容管理、线索管理、选题管理、任务管理和数据库管理，并使之一体化运行。具体到日常管理，则必须打破传统的媒体管理体制，将纸媒、广播电视和网络、手机等多介质媒体融为一体，按照新闻生产流程重新整合，由新闻信息指挥调度中心统领信息管理平台、新闻信息

---

① 栾轶玫：《融媒体时代新闻生产的流程再造》，载《视听界》2010 年第 3 期。

采集平台、多媒体编辑平台和信息发布平台、用户管理平台，构建以新闻信息指挥调度中心为核心的新闻生产运行管理机制。

因此，单一介质的媒体首先要实现内部融合。媒体实现内部融合的第一步，是空间融合，纸媒、广播、电视等传统媒体和网络、手机等新媒体要消弭媒体形态的边界，形成既有各自介质特色又能打通共融的一体化融媒体媒介形态。在此基础上，"才能实现单介质新闻生产向多介质新闻生产的转变，也才能实现单信源向复合信源的集纳。当发展到一定阶段，这种空间融合将会进一步超越空间，通过互联互通的网络超时空特性，继续推动融媒体的发展"①。

在媒体实现内部"空间融合"的基础上，新闻生产流程中的各运行机构才可能形成生产多媒体新闻产品的能力，并通过多介质的信息终端发布新闻信息，让用户（受众）各取所需；新闻信息指挥调度中心才可能有效地实施对融媒体时代新闻生产流程的管理。

二、新闻信息指挥调度中心的管理架构

新闻信息指挥调度中心，作为新闻生产流程的核心环节，必须打破传统的层级管理方式，运用网状管理架构，对新闻生产流程中的信息管理平台、新闻信息采集平台、多媒体编辑平台、信息发布平台和用户管理平台等，行使新闻决策、信息评估和新闻调度等多项职能，实施双向可控式管理，促成新闻生产流程的有效运转。

传统的新闻生产流程，一般在编委会下设立总编室和总编办或出版（播出）部，对编采部门实施层级管理。新闻信息调度指挥中心对新闻生产流程的管理，则需要运用网状管理，实施中心对各平台、平台与平台间的双向甚至多向交流，着力构建开放式的网状管理运行机制。新闻信息指挥调度中心的管理架构和运行机制，重点围绕新闻产品的生产与发布进行。

1. 构建信息平台，强化新闻生产过程的网状管理

新闻产品作为一种信息产品，其生产流程实质上是围绕着信息的收集、筛选和整合重构来进行的。因此，在新闻信息生产流程中，必须构建以数据库为中心的强大的信息平台，强化生产过程中对信息的网状管理。

新闻产品的生产首先需要信息源。融媒体时代的信息源处在更为开放的状态中，除了政府机构、社会团体和企业组织等传统信源外，网络、手机等多个平台将浮现出众多的民间信源。有了大量的信源之后，还要具有从中发现有价

---

① 栾轶玫：《融媒体时代新闻生产的流程再造》，载《视听界》2010 年第 3 期。

值的信息的能力，新闻信息指挥调度中心就是信息价值的主要发现者。在人人都能成为传者的自媒体时代，专业媒体机构的新闻信息指挥调度中心必须建立强大的信息管理平台，运用数据库对这些开放状态中的信息进行存储、筛选、判断，并从中迅速提炼出具有重大新闻价值的信息。大量的日常新闻信息，则主要由新闻信息采集平台负责筛选和处理，实施 24 小时不间断地信息追踪和采集。

新闻信息指挥调度中心要突破传统的静态信息管理和整合策划模式，实行滚动式信息管理和重大新闻信息动态式的整合策划。对重大突发信息，要快速组织新闻信息采集平台及时报道，对重大新闻信息则要通过快速的新闻整合策划形成重点报道。与此同时，要通过信息管理平台对这些开放状态中的信源进行科学管理，通过数据库储存、加工和处理，形成自有的信息库和内容超市，供新闻生产者（记者、编辑）选取或向外销售。

新闻信息指挥调度中心领导下的新闻信息采集平台，打破了既往记者为单一介质媒体采写新闻的惯例。各种介质的媒体记者由新闻信息采集平台统一管理，在完成指挥调度中心组织的突发或重大事件报道的同时，依据各类新闻信息价值的大小和各种媒体的传播特点，采集并生产各种文字、图片、音频、视频等多媒体的新闻信息初级产品。

我国媒体在这方面做得比较成功的是山东烟台日报报业集团。它在媒介融合过程中，初步形成了纸质报、手机报、多媒体数字报、电子移动报、户外视频等比较完备的全媒体方阵。在新闻生产流程再造中，集团组建了全媒体新闻中心，将集团旗下主要报纸的记者，全部纳入到全媒体新闻中心，统一归口到集团管理，各报社不再拥有记者。集团为该中心记者配备了较为齐全的采访"武器"：每人一台笔记本电脑，移动、联通两种无线上网卡，一台照相机，一台摄像机，一部智能手机，可以同时满足手机报、水母网、电子纸移动报、纸媒文字图片需求以及网站、户外视频发布新闻信息的需求。集团还创办了一个虚拟组织——YMG（烟台日报报业集团的英文缩写）特别工场，一旦有突发或重大新闻事件发生，由全媒体新闻中心牵头，其他各种形态的媒体临时抽调人员组成，因事而设、事毕即散。记者采集的新闻信息纳入待编稿库，不同媒体编辑部可从待编稿库选稿加工，亦可根据特色需求向全媒体新闻中心定制稿件、照片、视频等。集团直接管理下的全媒体新闻中心成为一个内容超市，各种媒体要想获得"内容"，都要去超市的"货架"上选取。集团是这个内容超市的运营者，通过合理调配来自记者与读者的信息，并决定信息的呈现、去向、回路等，实现信息自由、高效的流动，从而强化母媒的传播力并提升其影响力。

近年来,《南方都市报》打造的"全媒体集群"传播平台,同样是主动适应媒介发展规律的成功之举。在媒介融合趋势下,《南方都市报》的发展从单一媒体、单一品种的运作转为多媒体、全媒体的运作,而且逐渐形成全介质的传播能力和全方位的经营能力,向全媒体集团转型。目前,《南方都市报》全媒体集群传播平台有9类媒介形态17种媒介(见表3-1)①:

表3-1   《南方都市报》"全媒体集群"的各个传播平台

报纸	《南方都市报》、《云南信息报》
杂志	《南都周刊》、《南都娱乐周刊》、《风尚杂志》
广播	南都视点·直播广东(FM91.4,与广东电台新闻台合作)
电视	南都视点·花港观娱(与珠江电影频道合作)
视频	南都视频(独家打造)
网站	南都网、奥一网(整合方式)、《麻省理工科技创业》(中文版)、凯迪社区(入股方式)、番茄网
手机	手机报业务、微博
移动终端	iPad版、报纸
LED显示屏	南都LED

《南方都市报》"全媒体集群"中有两份报纸,《南方都市报》和《云南信息报》;《南方都市报》旗下有《南都周刊》、《南都娱乐周刊》、《风尚周报》,被称为南方都市报报系。在报网融合之后,《南方都市报》官方网站上面有《南方都市报》纸质版的网络链接,通过上网就可以阅读《南方都市报》,这是《南方都市报》纸质版内容的"二次传播",通过网络的力量,《南方都市报》的资讯传播几经转载,最终不只是"二次传播",更是呈几何级的传播。2009年《南方都市报》与广东电台新闻台合作,创办了"南都视点·直播广东"栏目(FM91.4),让报纸和广播相结合,实现了报纸的"可听性";2011年11月,《南方都市报》与珠江电影频道合作,推出首档原创观点型娱乐节目"南都视点·花港观娱",实现了纸质媒体与广电媒体的跨媒体

---

① 宋嘉问:《〈南方都市报〉"全媒体集群"研究》,http://media.people.com.cn/n/2012/1206/c238969-19814461.html,2015-1-30。

融合。在《南方都市报》"全媒体集群"传播平台中最值得关注的是"南都视频",这是由南方都市报视觉中心音视频制作部全力打造的系列视频节目,包括"全娱乐"、"全新闻"、"全评论"、"全生活"、"全汽车"、"全财经"六个栏目,所有原创视频节目都依托《南方都市报》的官网南都网进行传播。2012年"两会"期间,"南都视频"携手广州广播电视台、澳门特别行政区的澳亚卫视联合制作了一档观点类节目《会生会色》,邀请全国人大代表和全国政协委员一起就社会热点话题进行讨论。南都视频节目的信息采集、视频制作、节目主持等,都是由原来的《南方都市报》纸质媒体记者一手操刀,成功地实现了纸质媒体记者向广电媒体记者的转型。《南方都市报》"全媒体集群"的网络平台有南都网、奥一网(整合方式)、《麻省理工科技创业》(中文版)、凯迪社区(入股方式)、番茄网等。在这些网站中,有很多根据客户和受众细分的资讯栏目,其呈现的新闻内容、传播效果、资讯收益、品牌效应,都超越了单纯的纸质版内容。《南方都市报》的手机版有时下最为流行的iPhone客户端、安卓系统客户端以及最初的彩信业务,其传播的内容都是对其纸质媒体的内容复制,同样实现了信息的"多次传播"和资讯的"多次营销"。

2012年2月中旬,经南方报业传媒集团批准,南都最高决策机构南都报系社务管理委员会更名为南都全媒体运营管理委员会,组织架构和流程相应调整重组,响应和支撑全媒体转型。南都全媒体运营管理委员会统筹协调《南方都市报》"全媒体集群"传播平台对内对外的各项事务,做到了有效传播、科学发展。

烟台日报报业集团和《南方都市报》"全媒体集群"传播平台的新闻实践,成功构建了多媒体的新闻信息平台,为新闻生产过程的网状管理提供了有益的借鉴。

新闻信息采集平台记者生产的全媒体初级产品,要经过指挥调度中心的信息评估,决定新闻信息初级产品的呈现方式、发布去向和回路,然后分发到拥有纸媒、广播、电视、网络、手机等多媒体专业部门的在线(线下)编辑平台,进行精加工。多媒体专业部门的在线或线下(纸质媒体)编辑,同样可以通过数据库各取所需,对新闻信息初级产品进行筛选和二次加工,也可按照特色需求向新闻信息采集平台定制新闻信息产品。编辑平台在对新闻信息初级产品的深加工过程中,实现了对信息内容的多级开发,使新闻传播从"第一时间采写"向"第一时间发布、即时滚动播报"转变,形成了可供不同介质传播的新闻成品。这些新闻成品发送到信息指挥调度中心,再度进入数据库储存，形成新的"内容超市"。新闻信息指挥调度中心就是这个内容超市的运营者，各种新闻成品在"内容超市"里供信息发布平台各种不同形态的介质信息终端选择，使新闻信息资源实现了一次开发、多次生成、多次售卖，在新的平台上延伸了媒体产业链条。

在新闻信息生产流程的管理中，信息管理是其中的核心环节。新闻信息指挥调度中心必须以数据库为依托，以多媒体网络技术为支撑，构建全媒体传播的数字化平台（详见第四章）。

在全媒体数字化平台上，新闻信息指挥调度中心通过统一用户管理、内容管理、线索管理、选题管理、任务管理、数据库管理等，实施对新闻信息生产流程的网状管理和全程调控。全媒体数字平台可以与新闻信息采集平台、在线（线下）编辑平台、新闻信息发布平台、用户（受众）管理平台等系统实现无缝对接，为所有的用户提供登录标识，统一管理。全媒体数字平台作为文字、图片、音频、视频、图标、动漫等多媒体内容的统一入口，可以为用户统一提供内容存储空间，把所有信息资源集中于平台上。来自热线电话、互联网、电子邮件甚至 QQ、MSN 微博的各类新闻线索也可以统一呈现在平台上，让所有记者在这个平台上进行浏览选用。过去由各类媒体分别完成的新闻选题，通过全媒体数字化平台，可以方便地组织不同部门的人员一起完成选题策划，并根据选题分配各系统协同配合完成多媒体内容的采编，相关任务完成提交后平台会自动关联，选题负责人及各媒体编辑可以一目了然地掌控。采编任务布置和完成任务情况，都可以在系统内完整地保留，以利于绩效考核。最重要的是，全媒体数字化平台可以统一管理待编稿库、历史资料库、成品资料库等各类数据库，利用知识管理、搜索引擎等工具，为记者编辑提供方便的资料查询服务。

在全媒体数字化平台网状管理的开放空间，新闻信息指挥调度中心可以有效地实施对新闻信息生产流程的指挥和调度，使新闻信息真正实现资源共享、多级开发，提高新闻信息产品的生产效率和质量。

打好这场决定性战役的关键因素是人，尤其是决定内容生产的编辑人员。总体上说，媒介融合时代的编辑可分为两大类：一类是策划内容生产与管理内容分配的高层编辑人员，即新闻信息指挥调度中心的新闻业务管理者；另一类则是具体制作内容并管理新闻传播的普通编辑人员（详见本章第四节）。

策划内容生产与管理内容分配的高层编辑人员，在西方一些传媒集团中已经占据重要地位。美国学者认为，"多媒体分配总编辑"（Multiple assignment editor）就是在媒介融合之后担负着特殊任务的高层编辑人员。在美国中型和大型媒体市场（排名在前 100 名的市场）的新闻编辑部中，"多媒体分配总编辑"往往由多人担任，他们根据责任或工作时间分段来分工，如在大型新闻编辑部中有分设"策划总编辑"（Planning editor）和"分配助理（Assignment desk assistant）的，也有分设"白班分配总编辑"、"夜班分配总编辑"和"周末分配总编辑"的。而在小型编辑部中，通常只设一个"分配总编辑"，每周 7 天、每天 24 小时都在负责内容生产。高层编辑人员策划和组织传播的工作对象已经由单媒体变成多媒体，策划与管理的难度大大提高了。①

2. 以用户为中心，构建开放的多元化信息传播机制

新闻信息发布同样是新闻信息指挥调度中心管理架构的重点。新闻信息发布中心在新闻信息调度中心提供的"内容超市"，选取不同呈现形式的新闻信息成品，依托全媒体数字化平台，通过多渠道、多介质、多样貌的内容传播，向用户（受众）发送所需信息，实现新闻信息的全媒体、多介质、多元化传播与流动。

数字技术正在消解人们对于媒介边界的理解。全媒体是包括报纸、广播、电视、网络、手机、户外视频、电子移动报等多种媒体形态的复合，而非简单的几种媒介的叠加。这一提法的隐藏内涵就是，未来的主导新闻媒体既非传统媒体，也非新兴的网络媒体，而是一种融合媒介。这种融合媒介终端的特征几乎无可争议地被想象为便携、互动、多媒体。2012 年，美国 KPCB 公司公布的数据表明，美国已经有一半人拥有智能手机和平板电脑，有 66% 的人用它来阅读新闻。另一个调查表明，使用移动媒体第一位的用途是通信，第二就是阅读新闻，也有玩游戏、购物等。它表明移动媒体已经与人们的生活产生了密切的关系。但是，目前适合融媒体生产的融合新闻传播的媒介终端形态还未真正现出真身。因此，在现阶段，我们所讨论的全媒体多渠道传播机制，只能建构在目前已经出现的多种媒体形态的基础上。

在信息发布过程中，新闻信息指挥调度中心要特别重视对用户（受众）的经营管理。要以用户为中心，构建开放的多元化的信息传播机制。

网络传播技术快速发展，正在颠覆原有的新闻传播格局。被改变的不仅仅是媒体行业本身，也包括媒体受众。

随着网络等新技术的不断更新，融媒体时代的受众呈现出不同的特点。与过去单一介质的传受关系不同，融媒体时代的受众既是信息的接收者、反馈者，也是内容的生产者（传播者）。受众新闻期待的转向，正在积极修正媒体

---

① 蔡雯：《数字化时代新闻编辑的角色转换》，载《中国记者》2007 年第 4 期。

生态，使得媒体传播日益深刻地嵌入人们的日常生活过程，从而给媒体重构、媒介传播提出了新的课题。

在媒介融合时代，因为普通受众也能够通过发送手机短信、撰写博客日志、发起网络群聊，在任何时间任何地点对任何人进行传播，因此，从整个社会范围来看，新闻传播方式已经从传统媒介主导的单向式转变为专业媒介组织与普通公民（受众）共同参与的分享式、互动式，大众传播与人际传播更加紧密地结合与汇流。一个比较有代表性的案例是，2007年5月25日，浙江在线会同浙江省内70多家媒体，联合国内外各大知名网站，共同搭建了一个网络平台，开展了一项名为"浙江一日"的活动。这一活动不但有专业记者参与，还欢迎广大网友来当一天记者，提交文字、图片、视频，往论坛"灌水"，开博客发文章，用手机发送感想和心愿。在24小时内，有560多篇文字报道、620多幅图片、300多篇博文、800多篇评论和16件动漫作品在网络上集成。它意味着，随着互联网技术的普及，特别是信息采集、信息编辑、信息播发技术的便捷，随着互联网用户人群的数量增长和分布区域的扩大，受众会越来越多地参与新闻信息的传播，从而改变新闻传播的传统模式，构建新闻传播的新格局。

这种新格局一方面造成新闻信息的海量供给，另一方面也促成人们对专业媒体组织整合、诠释信息的更多依赖。相对于新媒体而言，在专业人才、传播经验和社会公信力等方面具有优势的传统媒体，更具备筛选新闻和诠释新闻的资格和能力。

因此，专业媒体的新闻信息指挥调度中心，必须适应变化了的受众特点，建立专门的用户管理平台，强化对用户（受众）的经营管理。

首先，要建立适应不同受众需求的融媒体信息发布终端。发布渠道的融合指的是信息的消费端，它的理念是最终实现"只需一种途径即可访问不同类型的数字化网络"的目标，即通过单一设备就可以兼容当前所有类型的媒介的特点，让受众能在任何时候、任何地方，通过任何他们喜欢的平台，接收新闻和信息。在目标受众群体日益走向分众化、小众化的今天，新媒体伴随着新技术不断出现。值得注意的是，"融合媒介"还有一种前景，那就是在数字技术与网络传播的推动下，各类型媒介通过新介质真正实现汇聚和融合。如智能手机这类新介质，甚至今天我们还难以想象的更新一代的媒体，能将报纸、收音机、电视机、电脑、手机等信息终端的功能和特点汇聚于一体，通过无线传输，成为未来人们获取新闻信息的接收终端。对于这样的新媒体而言，媒体的信息发布终端将不再只是一种技术手段，而可能由此发展演变成一种独立运行、流程完整、操作规范的新型的新闻生产模式。现阶段，我国已经试行媒介融合的媒体，通过单一设备兼容所有类型媒介的技术还在探索中，构建成熟的"适应不同受众需求的融媒体信息发布终端"，恐怕还需要一定的时间才能够实现。

其次，在信息发布进程中，专业媒体必须以用户为中心，强化对用户信息的收集、分析和运用。信息发布平台要与用户管理平台协同配合，在双向互动中及时收集并反馈用户信息。新闻信息指挥调度中心更要高度重视对用户的信息管理。一方面，多重身份融为一体的受众，对新闻产品的生产提出了更高要求。新闻信息指挥调度中心必须及时收集用户对多介质信息终端的信息接收和反馈状况，通过数据库储存和分析，寻找用户的兴趣点；依据用户对所接受新闻信息的意见和评价，及时改进新闻信息产品。另一方面，要运用多种助推方式，促成用户生产信息（内容）的上浮，使其成为新闻信息产品的有效补充，让新闻内容由传统职业化与大规模业余化共生共享。如媒体可以用短信预告新闻事件的发生，并号召受众及时补充在场的所见所闻；也可以借助论坛、博客、微博等载体，关注用户生产的信息内容，并将可用信息及时反馈到新闻信息采集平台，使其成为新闻信息生产重要的信息源；还可以关注用户的热点话语，并将其及时反馈到在线编辑平台，形成新闻话题设置，促成新的新闻产品的生成等。

新闻信息指挥调度中心对新闻生产流程中相关部门的双向甚至多向的互动式管理，打破了传统媒体新闻生产的层级管理结构，使新闻生产流程围绕着"脑"中心，形成了开放式、多元化的传播机制，构建起互融互通的网状式管理架构和运行机制。这种管理架构，适应了多介质融合的需求，对于提高新闻生产流程的效率，提升新闻的产品质量，都将发挥重要的作用。

三、强化日常管理，打造整合传播策划的决策层

新闻信息指挥调度中心，作为专业媒体新闻生产的核心，承担着融媒体时代整个新闻生产流程的日常管理工作。中心的决策层，即中心的管理者，必须是能运用多介质进行整合传播策划的高层次管理人才。

目前，中国科技人力资源总量约为 3500 万人，居世界第 1 位，其中大学本科及以上学历者约为 1450 万人。2011 年中国研究开发人员的总量为 288 万人，居世界第一位。新闻专业媒体的核心管理层，理当属于中国人才资源中的高层次管理人才。

曾到美国做访问学者的中国人民大学蔡雯教授，在总结美国比较成功的媒

介融合案例后提出，媒介融合后新闻传播业需要两类新型人才：其一是能在多媒体传播中进行整合传播策划的高层次管理人才；其二是能运用多种技术工具的全能型记者编辑。第一类人才很难通过短期培训培养出来，只能在媒介竞争中大浪淘沙磨炼出来，具有多种媒介工作经历并有管理才干的业务人员成才希望更大。第二类人才的主要特点是技术全面，能够同时为报纸写文字稿件、为电视拍摄新闻节目、为网站写稿。第二类新闻人才是可以通过系统的培训培养出来的。新闻院校可以也应当承担起第二类人才的培养任务。

融媒体时代专业媒体的管理者，必须具备清醒的融媒体意识和强烈的创新精神。媒介融合，已经成为国际传媒业的发展趋势。在媒介融合的背景下，伴随着数字技术的广泛运用与网络传播的迅猛发展，传媒形态的推陈出新与传媒产业的整合重组已是当今全球性的热门话题。在这一变局中，新闻传播也正应势而动，从规则、流程到渠道、方式都在发生巨变。专业媒体的管理者，必须认真研究并准确把握这一变局的特点，审时度势、高瞻远瞩、超前谋划，通过不断创新、科学决策，适时调整本媒体的发展战略，站在时代的前列，引领媒体的变革与发展。

融媒体时代也是技术创新层出不穷的时代。作为专业媒体的管理者，还必须具有前瞻意识，能及时了解并娴熟地运用各类新技术，引领媒体的创新与发展。2013 年被称为"大数据元年"。《华尔街日报》将大数据时代、智能化生产和无线网络革命称为引领未来繁荣的三大技术变革。麦肯锡公司的报告则指出数据是一种生产资料，大数据是下一个创新、竞争、生产力提高的前沿。媒体的管理者要敏锐地把握时代的变化和技术的创新，尽快把大数据技术运用到融媒体生产和传播的管理中。首先要在新闻从业者中传播大数据意识与理念，使媒体的从业者能尽快适应变化了的形势，提高媒体从业者对数据的收集、加工能力；在条件具备的情况下，要尽快组建专业的媒体数据挖掘团队，对每天产生的海量新闻信息特别是用户的信息传受行为及其兴趣、需求等，进行数据收集、存储和分析处理，也可以借助专业公司的第三方数据分析，对媒体需要的信息数据进行集中处理。媒体要通过对数据的收集、分析、存储和加工，实现数据的增值，提高其附加值，以满足用户多元化、个性化的信息服务需求（详见本章第五节）。

融媒体时代多媒体传播的指挥调度者，也是新闻信息指挥调度中心的决策者，必须同时具备对多媒体传播的整体驾驭能力和整合策划能力。以媒介融合为主旨的新闻指挥调度中心，要在全方位的技术运用和所有形态的媒介介质基础上，整合新闻传播资源，建立新的新闻传播流程。新闻采编管理不再是一报一台一站各行其是，而是跨媒介的团队合作，是对多种媒介新闻生产流程的重组和整合。它需要具有多种媒体工作经历并具有管理才干者操盘掌舵，充当其决策者与指挥员。

在长期的单一介质传播和现行传媒体制的束缚中，我国媒体的现行管理者少有跨媒体经营的工作经历。但是，随着新技术的日新月异发展，随着网络、手机等新媒体的不断出现，我国媒体长达十多年的报网合作、（广播、电视）台网合作传播，也历练了一批具有多媒体思维和视野的新闻专业管理人才。近年来，在媒体融合的先行探索和实践中，新华社、广州日报报业集团、烟台日报报业集团等媒体紧密结合自身实际，以国际视野和超前思维，在组织重构和资源重整中纵横捭阖，因地制宜，勇于创新，在新闻生产流程的融合、传播方式的融合和组织结构的融合等方面都取得了较大的突破。这些突破的出现，正是得益于一批善于在多媒体传播中进行整合传播策划的高层次管理人才。

值得重视的是，在媒介融合背景下，随着传播手段和方法的改变，对新闻传播内容整合加工的难度也越来越大。如何对内容精准定位，对表现方式适当选择，对传播流程有效地进行控制与管理，将成为所有新闻媒介在新闻传播中面临的新问题。它对于管理人才提出了不同于传统媒体管理者的更高的要求。

融媒体的管理者必须是精通各类媒介的专家，知道技术发展为新闻传播所提供的可能性，知道如何运用这些技术使新闻内容得到更好的表现。"懂新闻、懂技术、懂管理而且擅长策划，是这种人才的必备素质。"[1]

毋庸置疑，新闻信息指挥调度中心的决策层，是一个既懂管理又能协调配合的创新团队。在其中起到核心作用的是"领头狮"，是一名擅长在多媒体传播中进行整合传播策划的管理者，是一位懂得跨媒体经营且擅长用人、擅长创新思维的"领头狮"。只有这样，在媒介融合背景下的新闻信息指挥调度中心，才能真正发挥传播决策和组织领导作用。

第三节　全能记者的多媒体信息采集

融媒体时代的新闻生产流程再造，最基本的环节是全能记者的多媒体信息采集。

---

[1]　蔡雯：《媒介融合前景下的新闻传播变革与新闻教育改革》，载《今传媒》2009年第1期。

"融合新闻"在个体层面的标志，是那些掌握了多种媒介技能的"超级记者"（Super Reporter）。这些人在美国还有"背包记者"（Backpack）等多种称号。他们掌握了全面的多媒体技能，能够同时承担文字、图片、音频、视频等多种形式的报道任务，能为各种不同类型的媒体提供新闻作品。因此，他们也被称为全能记者。

在 2009 年奥巴马竞选美国总统期间，《华尔街日报》的记者身背相机、肩扛摄像机、手持话筒和录音笔，活跃在新闻采集现场。在 2009 年"5·12"汶川大地震一周年的新闻采访中，中国第一支地市级的"全能记者"队伍——YMG（烟台日报报业集团）全媒体新闻中心的 9 名记者"全副武装"，携带海事卫星和 3G 通信设备驱车奔赴灾区，以文图、视频等全媒体手段发回 500 余篇新闻产品，全方位展现了灾区重建成果。十余天里，记者先后即时滚动发回现场快讯 60 余条、视频近百段、彩信图片数百张，烟台 e 手机报、水母网、光速资讯网等媒介的同步传递，实现了从"第一时间采写"向"第一时间发布、波纹信息传播"转变的目标。

中外媒体全能记者的新闻实践，为融媒体时代新闻生产流程再造的首要环节作了生动的诠释。由此，也提出了新闻生产流程再造过程中，对新闻人力资源特别是新闻记者进行集中整合的新课题。

一、整合人力资源，构建全能记者的信息采集平台

综观当今媒体所处的发展阶段，我们已经迎来一个由传统媒体和新兴媒体相互融合、共同发挥作用的全新发展阶段——"融媒体时代"。融媒体，所指的并不是一个个体概念，而是一个集合概念。我们可以将其理解为：综合运用各种表现形式，如文、图、声、光、电，全方位、立体地展示传播内容，同时通过文字、声像、网络、通信等多种传播手段来进行传输的一种新的传播形态。

面对融媒体这种新的传播形态，拘泥于现有单一介质的记者队伍，显然不能适应其需要。在信息海量的日常新闻采集中，单一介质的媒体记者需要耗费大量的人力和精力，且常常是重复作业，难以避免新闻报道的同质化问题。在重大事件和突发事件的报道中，各自为战的单一介质媒体记者，也很难在短时间内快速完成多媒体、立体化的内容采集，以满足各类不同受众的差异化需求。

从新闻传播规律的角度看，新闻报道必须讲求时效性，体现新闻信息在时间和内容两个层面上的新鲜性；同时，要注意充分发挥不同媒介的传播特性，

对新闻内容实现层级开发，以实现其最佳传播效应。

美国道琼斯公司著名的"波纹理论认为：一个新闻事件的发生，就像一块石头投到水里，一个波纹一个波纹地扩散开。道琼斯按照这个新闻传播规律，依次在道琼斯通讯社、华尔街日报网络版、电视频道、道琼斯广播、华尔街日报等七种不同的媒体发布新闻信息，实现了新闻产品的即时滚动播报，使新闻从"第一时间采写"向"第一时间发布、波纹信息传播"转变。①

现行单一介质媒体的记者采集新闻，在激烈的"抢"新闻的竞争中，很难实现"波纹信息传播"和新闻内容的层级开发。已经组建传媒集团的媒体，在各自为战的新闻运作流程中，各种介质的业务资源多数处于分割和孤立的状态，其传播效应恰恰与"波纹"传播方向相悖，无法充分发挥各类媒体在传播方面的优势，也很难形成人力资源的有效配置，进而达到发展集约化、利益最大化的目的。因此，不变革目前传统的新闻信息采集方式和记者资源的结构模式，显然很难将媒体的内容资源优势迅速转化为市场优势。

烟台日报报业集团在再造新闻生产流程的进程中，打破了传统的组织架构，将原来分别隶属于日报、晚报、晨报的集团各媒体记者全部集中到一起，组建成全媒体新闻中心，隶属于集团统一管理。由中心统一组织记者进行新闻信息的采写，实现新闻内容的层级开发，集约化制作，并以滚动即时播报的形式，向统一的"全媒体采编系统"发布各类"初级新闻产品"，经由这个系统，各媒体编辑各取所需，对信息进行"深加工"，重新"排列组合"，生产出各种形态的新闻产品。

记者人力资源的重构，促成了新闻内容的集约化采集。它带来的最直接效益是大大降低了采访人力成本，原来一个新闻事件可能会有3个以上的记者同时前往采访，现在只要一到两个人即可完成。同时，根据新闻重要性的不同，全媒体新闻中心分兵把守，集中有限资源，最大限度地实现了文、图、音频、视频及专题等各种新闻产品的层级开发，增强了烟台日报报业集团新闻传播的市场竞争力。

烟台日报报业集团的实践进一步说明：要实现多媒体的信息采集，必须整合媒体的记者资源，重构多媒体的全能记者信息采集平台。这是融媒体时代再造新闻生产流程必须解决的首要问题。

---

① 滕岳、赵先超：《再造流程，推动报业战略转型》，载《新闻与写作》2009年第7期。

二、突破思维定势，实现新闻内容采集的跨媒体思维

融媒体时代的多媒体信息采集，还要求记者必须突破现行的单一介质的新闻信息采集思维定势，运用跨媒体思维对新闻内容进行分层采集。

新闻传播，内容为王。无论是传统媒体单一介质的新闻传播，还是融媒体的新闻传播，内容都是核心要件。但是，不同的媒体因其介质和传播元素的不同，则呈现出不同的内容传播优势。

网络、手机等数字化媒体，借助网络技术与网络手段，减少了传播中信息的发送和接收时间，大大加快了信息的更新速度，因而其时效性更强。它以信息传播快速见长，擅长运用滚动播报的形式快速传递各类即时资讯。广播媒体以声音为载体进行传播，速度快捷，收听方便，亲切真实，声情并茂。它以信息传播的便捷、覆盖面广而见长，是告知新闻和口播新闻的有效载体。电视媒体运用音、画、文字等综合元素进行传播，视听兼备，声画并茂，现场感强，可信度高，具有传播内容的兼容性、开放性，特别适宜于现场报道。报纸、杂志等纸质媒体，因其载体易于保存，在信息内容的传播上可信度高，且耐于受众思考咀嚼，更擅长运用深度报道对新闻信息进行深入的诠释或思考。

不同媒体的内容传播优势，要求融媒体时代的新闻记者对新闻内容进行分层采集，以适应受众对新闻内容传播的多种需求。因此，融媒体时代的新闻记者在新闻信息的采集中，必须把握不同介质媒体的内容传播特点。这是记者跨媒体思维的基本出发点。

目前，在新技术浪潮的推进与市场竞争的压力下，传统媒体纷纷迈出了数字化转型和跨媒体发展的步伐，媒介融合的新时期已经到来。一些纸媒已经借助数字技术与网络传播手段，推出了电子报纸、手机报、新闻视频公告、综合新闻网站等，将新闻信息载体从单一的印刷纸变成了多种不同载体的集群；一些广播、电视媒体也开始与网络、手机媒体相融合，相继推出了网络电视台、综合新闻网站、户外新闻视频等，组成了不同载体的传播集群。

中国社会科学院 2010 年 7 月 7 日发布的新媒体蓝皮书《中国新媒体发展报告（2010）》显示，传统媒体同新兴媒体融合已经成为大势所趋，将主导未来媒体产业的发展方向。蓝皮书指出，传统媒体逐渐发展"全媒体战略"，多元化的平台在媒体发展中起了突出作用。在这一平台中，内容是核心，各种传播介质都是"插件"，核心是稳定的，而插件可以随时更新，各种不同的"插件"互为终端，真正走向了传播途径多元化。这一社会背景，使记者采访中的跨媒体思维成为大势所趋。

　　中国传统媒体与新媒体融合的发展趋势，对于已经习惯于按单一媒体的需求进行信息采集的记者，提出了新的、更高的要求。它要求新闻记者必须适应融媒体背景下传播途径多元化的特点，根据采集信息内容的不同，运用跨媒体思维，通过不同的媒介采访手段，对相关信息进行分层处理，以实现新闻信息传播的最佳效应。

　　所谓跨媒体思维，强调的是记者在采访中能自如地运用多媒体对相关信息进行分层处理的思维特质。它要求记者必须了解报纸、杂志、广播、电视、网络、手机等多种媒体的传播特点，掌握各种媒体的采访技能；在采访中，能根据新闻信息的不同特点，迅速判断其适宜用何种媒体进行传播，从而能及时采用不同的采访手段进行信息采集，确保新闻信息传播的最佳效果。记者在信息采集中对适宜传播媒体的选择、判断过程，就是跨媒体思维的过程。跨媒体思维的前提条件，是记者对各种媒体传播特点的明晰了解，对信息内容的显性新闻价值包括潜在新闻价值的准确判断。如重大突发事件，在事发初期，一般适宜用网络、手机、广播等传播快捷的媒体发布快讯，通过滚动播报的形式快速将信息告知公众。网络微博的出现，也为突发事件的现场播报提供了更为便捷的工具。在遇有突发事件或是特定场合的采访时，记者只需要运用手机或其他网络终端，即可运用微博实时滚动 140 字以内的短消息、现场直播新闻图片甚至视频报道，极大地提升了新闻时效性。例如，在 2010 年 4 月的青海省玉树地震的报道中，由于现场电话中断，凤凰卫视记者创造性地以"手机+微博"的方式实时发布了大量的图文信息和实拍视频，受到广大用户的高度关注。在现场条件具备的情况下，则可用电视媒体直播的形式，向公众报道现场情况。其后，可对信息进行筛选，择其要点进行深入挖掘，运用纸质媒体进行解释性或调查性深度报道。新闻信息有多种解读方式，现场情况瞬息万变，如何运用跨媒体思维进行新闻信息采集，考验着记者的现场应变能力，也是对记者跨媒体思维能力和采访技能的检验。

　　媒体要适应融媒体时代的发展需求，必须着力打造一支善于运用多媒体进行信息采集的记者队伍，培养并着力提高新闻记者的跨媒体思维能力则是其前提条件。

三、熟悉融媒体采写技能，培养"一专多能"型全能记者

　　媒介融合时代的全能记者，必须具备跨媒体传播思维，同时又是"一专多能"型的新闻信息采写（制）者。

　　所谓全能记者，即了解报纸、广播电视和网络等多种媒体的性能和传播特

质，熟悉各种媒体的采写技能，能够运用文字、图片、音频、视频等多种新闻表现方式进行现场新闻采集和写作（制作）的记者。与现行单一介质媒体的记者比较，全能记者在新闻现场要身兼多职，一人多用。特别是在突发事件现场或重大事件发生时，全能记者要能根据现场情况，运用跨媒体思维，准确地判断现场报道需要运用何种介质，才能最大限度地将信息最迅速、最有效地传播给受众。全能记者既要能根据现场报道的需要，选择最恰当的介质，进行单一性的新闻表达；也要能运用多种介质的传播技能进行现场综合采写，实现新闻内容的分层处理。因此，它对记者的基本素质包括综合技能提出了更高的要求。

在现行体制下，多数记者只能进行单一技能的新闻采集，或擅长文字的采写，或擅长电视画面的拍摄、广播声音的摄录等。要适应融媒体时代的要求，记者则需要熟悉并能娴熟地运用报纸、广播电视、网络等多种媒体的采写（制作）技能。

从媒介形态看，报界对复合技能的要求争议较少，因为印刷媒体和网络媒体所采用的很多技术都是相通的。对于报社记者而言，能为网络媒体报道是好事，因为这给他们"打开了一扇机会之门"。在我国，报网互动经过近十年的运作，已经开始走向"报网融合"。如《人民日报》与人民网，到 2012 年已经"互动" 15 年。2009 年和 2010 年，《人民日报》两度扩版，在不断扩充、转载人民网新闻内容的基础上，专门创建了"新兴媒体版"，用共建共享的方式实现了报网采编一体化。在过去的报网互动中，一般是从编辑阶段才开始有彼此的互动、配合。或者是报纸已有报道选题、报道方案和已完成的新闻报道，需要网站配合，才借用网络技术、平台扩大其覆盖面和影响力。"新兴媒体版"把报网互动前移至版面的栏目设计和选题阶段，尤其是每周固定的选题策划会，三方编辑坐在一起策划、商讨，从机制上保证了互动的常态和后期的推进执行。与此同时，实施开放式采访，由报社记者担纲网络视频主持。记者采访是新闻报道最基础的工作，但在过去，这些基础性工作都在幕后进行，网站没能充分利用并将之转化为稀缺的视频资源。现在，他们将幕后访谈推至前台，形成了开放式采访，最大的效用是丰富了网站的视频数据库，丰富了报道形态。在线视频访谈由专业记者担任主持，既能保证访谈的质量，也确保访谈的内容能为报纸采用，同时也锻炼了报纸记者向复合媒体人转型，为塑造全能型记者搭建了舞台。2009 年新疆"7·5"事件发生后，《人民日报》派出了 9 人报道组深入一线进行采访，其中有 3 名人民网记者（文字、图片、摄像各 1 人），无论报纸、网站，前方报道组形同一体，协力作战，为后方发回

200 多篇图、文和视频报道，大大丰富了人民网原创报道内容，第一时间发出了人民网对事件的反应和声音，报道效果显著，逐步形成了报网采编一体化的新闻报道生态。应该承认，报网互动只是媒介融合的初级阶段，媒介融合才是最高理想。毋庸置疑的是，人民网与《人民日报》15 年的探索，已经打开了报网融合之门。它说明，塑造"全能型记者"是可行的，也是有用武之地的。

对此要求，也有人提出异议。因为西方学者很快就发现，依靠单个的"全能记者"完成的新闻报道虽然能够跨媒体采用，但是由此引发的问题也非常明显。一是截稿时间有时无法保证。因为一个记者要同时为多种媒体采集编制文字、图片、音频、视频等不同的稿件，即使这个记者工作效率极高，也会因为过大的工作量而不能在截稿时间之前完成所有的工作。二是在高强度的工作压力之下，一个记者要同时完成提供给不同类型媒介的新闻报道，往往避免不了内容、报道角度和形式的重复，这不利于媒介更加精准地为各自不同的目标受众提供最恰当的服务。密苏里新闻学院 Daryl Moen 教授提出："我个人并不认为会有很多人成为'背包记者'，但是这种人才在某些地方会有用武之地。"他说的"用武之地"主要指人力资源有限的地方媒体和派驻外地及国外的记者站。Stephen Quinn 在《融合新闻导论》中也谈到，单个的"背包记者"对于报道较小规模的新闻事件或处于较小市场的地方新闻媒体是比较合适的；如果是大型的媒介集团，或者是报道规模较大的、内容比较复杂的新闻事件，就需要以多人组成的新闻团队来承担融合新闻报道的任务。

笔者认为，媒介融合本质上是建立在介质融合基础之上的各种媒介形态之间的聚合，这种媒介形态聚合并不是要取消各种媒介形态之间的差别，恰恰相反，各种媒介形态越是聚合在一起，越是需要它们从各自的传播语态和传播理念出发，"和而不同"地相互配合，提供更加丰富多彩的媒介产品。换句话说，融合与分化应该是同步进行的。"在新媒体时代，对媒介融合的理解，认为是一种嫁接模式更有说服力一些，各媒介嫁接各方优势，取长补短，然后发挥自己的个性特点和优势，获得本媒介的核心竞争力。与媒介融合同步的应该是媒介的分化，所有媒介形态被打乱，重新定位、分类。新的媒介属性被强化，或某一媒介的独特优势获得高度发展，最后，在融合、分化的共同作用下，媒介形态发展千姿百态，媒介产品极大丰富。"①

从这一理念出发，融媒体时代的记者既要具备跨媒体传播的宏观思维能力，也需要具备自如驾驭多种介质的"一专多能"式的采写能力。即既能够

---

① 陈国权：《现阶段媒介融合易产生的负效应》，载《中国记者》2009 年第 6 期。

身兼多职，在报道较小规模新闻事件或突发事件时，单人挑起多媒体分层综合采访的重任；也能够适应大型采访的需要，运用某一媒介的独特优势，发挥媒介和个人的个性特点，对事件或人物进行独家采访或深度采访，为受众提供更加丰富多彩的媒介产品。

所谓"一专多能"，强调的就是在熟悉多种媒介采写技能的基础上，记者能精通其中的某一种媒介采写技能。在现场采访中，既能根据新闻信息传播的需要，擅长运用最合适的介质进行现场信息的表达；也能根据自己所长，将某一媒介的采写特质发掘到极致，进行最佳表达。笔者认为，这是对全能记者更为准确或适当的定位。

熟悉并能自如地运用多种介质的媒体采写技能新闻报道，是融媒体时代对记者的基本要求，也是融媒体时代记者的基本素质。因为只有通晓多媒体的采写技能，记者才有可能满足融媒体时代用户（受众）对新闻信息层级开发的需求，也才有可能在融媒体时代对各种媒体的新闻采写纵横捭阖，运用自如，以达到最佳传播效应。

已有足够的证据表明，随着新闻生产过程越来越具有多媒体化的特点，以所服务的媒体类型来区分记者类型的传统做法也会逐渐改变。现在，对于一个记者来说，为两种或两种以上的媒介工作（至少在某个时段内）的情况已经很常见，甚至越来越多的记者已经成功地从一种媒介"跨行"到另一种媒介。新闻从业者目前虽然在整体上尚未达到"多技多能"的水准，但是媒介融合的趋势将促使他们不断地朝着这个目标迈进。

多媒体形态的新闻生产（即新闻工作者一次为两种或两种以上的媒介提供终端性产品），在将来会越来越普遍，因为新生代的新闻人能更好地掌握在不同的媒介间进行工作转换的能力。事实上，这一点已经在美国、英国的报业得到了体现，在我国一些推行媒介融合的报业集团也已经开始显现。而且，即便融合式的新闻工作目前在新闻业界还没有得到普及，但是它所需要的技术性基础建设已经完成。与此同时，如果我们假定互联网作为新闻媒介的地位逐步提升的话，那么拥有复合技能新闻人的数量也会相应地增大。随着新一代经过多媒体采写技能培训的记者加入新闻采编队伍，具有多种采写技能的"全能记者"队伍也会逐步形成。

毋庸置疑的是，由于个体素质的差异，不可能每个记者都能达到对多种媒体的采写技能运用自如的标准。在实际操作中，也并不是每一次新闻信息的采集都要求记者必须进行多介质的新闻采写。因此，"多能"的要求应当是媒介融合时代对记者的基本要求。在此基础上，则要求记者能在了解并熟悉多种介质采写技能的同时，形成具有自身特质的专业特色，这就是所谓的"一专"。"一专多能"，应当是融媒体时代对记者素质更为确切而实际的要求。

倘若说"多能"强调的是记者对全面技能掌握的"相同点"，在熟悉各种介质的媒体采写技能基础上的"一专"，则强调的是每个记者的"不同点"。

由于每个记者的自身禀赋不同，兴趣各异，对各种媒介技能的掌握有强弱之别，其自身专业特色的形成也会有所不同。这也正是媒介融合"和而不同"的特点，在记者个体素质中的体现。具体而言，有的记者擅长文字写作和深度解析，在采访中就可以让其更多地担当深度报道或重点报道的任务，做好对重大事件报道的深度诠释性报道；有的记者在对画面的独特感受和构图的精确把握上较为擅长，采访中则可以让其负责摄影、摄像等工作，运用图像、视频等传播方式报道新闻信息；有的记者反应敏捷，出手快，则可以让其负责网络、手机等新媒体的信息滚动报道等。俗话说，"让兔子赛跑，让鸭子戏水"。"一专"的形成，有利于记者用其所长，扬长避短，在日常报道特别是要求记者运用多媒体采写技能独自作战时，才有可能避免新闻同质化的问题。

第四节　多媒体编辑的信息分层处理

当"全能记者"进入融媒体时代后，随之而来的即是多媒体编辑的信息分层处理问题。培养具有新闻策划意识、擅长多介质信息处理技能的媒体编辑，实施多媒体编辑的信息分层处理，同样是新闻生产流程再造中必不可少的重要环节。

中国人民大学的蔡雯教授在《国际新闻界》2008年第10期撰文指出："20世纪初新一代互联网与数字技术在传媒业的广泛运用，促使新闻媒体的融合成为大势所趋，以往根据媒体类型而分割的编辑业务（报纸编辑、广播新闻编辑、电视新闻编辑、网络新闻编辑等）显然已不相适应，业务技能单一的编辑人员将难以胜任跨媒体的新闻传播任务。""建立一个对所有新闻媒介具有共适性的新闻编辑学体系迫在眉睫。新闻编辑业务在新世纪的发展主旋律是'融合'，即以融合的业务技能实现对多种媒体的资源整合开发，以'融合新闻'的新模式提升新闻传播的品质和效果。"

具体制作新闻传播内容并管理传播的普通编辑人员，分散在传媒集团层面的内容生产部门及各媒体中。他们有的担负着为整个传媒集团生产和管理数据库的任务，有的担负着为某一具体媒体加工内容并管理传播的任务，也就是根据该媒体受众的具体需求，在多媒体数据库中选择适当的素材，完成内容的后期加工和发布，并对后续传播过程进行组织与管理。

融媒体时代，在一线提供信息的采访者需要"一专多能"型的全能记者，在编辑平台负责后期编辑与传播的编辑工作者，也必须与之相匹配。

一、建立融媒体编辑室，实现新闻资源整合开发

新闻采访与编辑是密不可分的。组建一支"一专多能"型的全能记者队伍，还必须有一支与此相适应的新闻编辑队伍和融媒体编辑运行机制。改革单一媒体的编辑体制和运行机制，建设适应媒介融合需要的融媒体新闻编辑室，则是当务之急。

就新闻生产这个层面而言，融合不是革命，而是渐进和演化。随着新闻媒介不断地融合，随着传统媒体与新媒体逐渐交融互动，新闻生产过程也需要满足诸多新的要求。新闻业界正在努力地适应着从单一媒体报道到多媒体报道这一时代性跨越，新的融合式新闻编辑室（平台）（Integrated Newsroom）也应当应运而生。

建设融媒体新闻编辑室（平台），首先就要打破原来的单一媒体条块分割的状态，组建新闻信息资源可以在多媒体共生并存进行整合共享的编辑平台。如第二章所述，甘奈特集团（Gannett Company, Inc.）是美国最大的报业集团，集团在美国 43 个州拥有 99 份日报和 300 多份周报或半周报，其中包括全国发行量最大的《今日美国》（USA Today）。甘奈特集团为了整合新闻信息资源，专门提出了多功能"信息中心"的构想，并为之实践。甘奈特信息中心打破了新闻编辑室的原有部门设置（如时政、经济、科技等新闻采编部门），将其分为 7 个功能部：数字部（以数据库为基础快速搜集新闻和信息）、公共服务部（媒介监督）、社区对话部（原评论专栏的延伸，帮助实现传者与受众的交流和受众与受众的交流）、本地新闻部、内容定制部（为小众市场定制专门信息）、数据部（发布生活类"有用"信息）以及多媒体内容制作部。美国甘奈特集团的改革，无论其主观愿望如何，客观上打破了传统的单一媒体的编辑体制和运行机制，为构建融媒体新闻编辑室开了先河，提供了可资借鉴的范本。

建设融媒体新闻编辑室（中心）的具体模式，既可以借鉴甘奈特集团的改革，按照信息功能划分编辑部；也可以按照信息传播的多种渠道划分编辑部，如手机新闻部、网络新闻部、纸媒新闻部等；还可以以受众为中心，分为在线编辑部和线下编辑部。因为媒介融合改变了信息的获取方式，现代的人们已经不仅仅满足于对报纸、广播、电视的"独立式"消费，更希望在网上看

报纸、听广播、看电视、读书刊，只要拥有一台电脑或数字电视机，这些便都可以实现。按照"在线"（互联网）和线下（平面媒体）推出个性鲜明、具有针对性的信息，使受众更容易识别适合自己需要的信息内容，自然提高了信息的易得性。具体采用何种模式建设融媒体新闻编辑室，还会有多种探索。能够使采集的新闻信息资源在多种媒体得到整合共享，方便用户（受众）享用各类新闻信息，当是其前提条件和基本要求。

融媒体新闻编辑室（平台）的主要任务，是对各类新闻信息即内容资源进行整合加工，以实现多媒体多终端的信息发布的目标。

在媒介融合的背景下，能够适应新的传播渠道的内容形态、具有竞争力的内容资源，依然是未来媒介融合竞争的中坚力量。即使在媒介融合的趋势下，"内容为王"的竞争铁律也是不会改变的。

融媒体新闻编辑室（平台）内容资源，主要源于三个层面：

其一是媒体记者采集的新闻信息。专门负责采集信息的新闻采访中心，用多种采集手段获得文字、声音、图像等多方面的信息，并把同一条信息按照不同编辑部的需要，制作成多种媒介形态的多个新闻作品，这是新闻编辑室的主要信息源。

其二是用户生成的信息资源。这是媒体从传受一体化中发掘的新闻信息资源。编辑平台要充分开发和利用"公民记者"，从微博、手机短信、视频、即时通信（QQ和MSN）等媒体中，获取来自公众的信息。这种让受众参与的信息采集形式，既增加了信息来源，减少了信息获取成本，同时还增加了受众参与新闻的积极性，可谓一举多得。这一巨大的新闻信息源，现在已经成为媒体开发利用的对象，如杭州《都市快报》在对哈尔滨停水事件的报道中，就连载了东北市民的博客日志。手机媒体也同样催生出新的新闻信息源，《北京青年报》等报纸开设了彩信新闻栏目，广泛征集读者用手机拍摄的新闻现场照片。《武汉晚报》与汉网联合招募"市民记者"，请他们将自己所见所闻随时以文字、图片、视频等多种形式上传，并在网上开设了专门的"市民记者课堂"，具体给他们讲授如何采写新闻，"市民记者"采集的新闻信息已经成为《武汉晚报》和汉网重要的信息源。凡此种种，说明新闻传播主体在由职业新闻工作者独家垄断转变为职业人员与社会公众共同分享，新闻信源也随之发生了结构性的变化，博客特别是微博越来越多地从个人化媒体走入大众传媒，来自普通民众的新闻和言论在新闻传播中已经占据越来越大的比重。

其三是数据库资源。即以数据库为基础，从历史资料库和新闻线索库、待编稿库等，快速搜集各类相关的新闻和信息，如为深度报道提供新闻背景资料，对新近发生的同类事件进行分析比较等。

融媒体新闻编辑室（平台）要对各类信息资源进行综合分层处理，再度整合开发。所谓分层，指的是两个层面：

其一，是要按照多形态多终端传播的要求，对内容资源进行分类处理。即根据新闻内容及传播媒体的特性，对相关的内容资源进行整合。新近发生的资讯类的新闻信息，编辑要及时编发到手机、网络、广播等媒体上，提高其传播的时效性；需要现场报道的，则可考虑编发电视节目和视频节目，也可以动漫、图片的形式进行报道；需要进行深度报道的，则要组织记者后续追踪报道，可发挥平面媒体的特长进行深入解读，也可用电视专题节目、视频专题节目的形式再现现场做深度报道，还可以用媒体微博的形式，吸引受众参与其中，在传受互动中推进新闻报道不断引向深入。这一层面的融媒体分层开发，在现阶段即可逐步实现。目前，我国不少媒体已经开始媒体融合的探索与实践，如人民日报报业集团、新华社、中央电视台、烟台日报报业集团等，在对同一条新闻信息运用不同媒体形式进行分层处理上已经积累一定的经验。假以时日，按照多终端多形态传播的要求，对内容资源进行分层处理，应当是可以实现的。

其二，是要按照受众的需求，对内容资源进行多媒体分层开发。我们在前文已经提及，媒介融合的最终理念，是要按照受众的需求，实现只需一种途径即可访问不同类型的数字化媒体的目标，即通过单一设备就可以兼容所有类型媒介的特点。这种分层处理，在前期对内容的加工上，与按照多形态多终端传播的要求分类处理内容资源，有大同小异之处。但要完成从产品加工到多媒体传播，则需要数字化技术的支撑。

在新闻生产环节，融合是通过将新闻生产数字化来实现的，同时将在线工作和线下工作结合起来。产品的数字化是伴随着数字化设备的引进而产生的，但是最关键的变化却是由基于服务器的新闻制作系统带来的。这个制作系统围绕着一台中央处理器建构而成。这台处理器能够让所有的工作人员对它所收集和存储的信息进行日常访问，它同时将新闻编辑室内各式各样的操作连成一体，并可以自动处理很多工作程序。数字化新闻编辑室是通过一台充当中央服务器的主机来存储所有的新闻材料的。一旦数字化编辑完成，资料访问也就实现了自动化。在跨媒体扩张的过程中，"通用式基础设施"开始形成，一些特定的信息也实现了共享，最终实现内容产品生产的"一次生产、多次加工、多功能服务、多载体传播"。

可以说，数字化新闻编辑室最重要的功能，就是它能为在线和线下新闻编辑室的融合提供基础平台。创立一个独立的以数字化技术为支撑的融媒体新闻编辑室，显然是融媒体新闻编辑所追求的目标。

二、打造融媒体新闻解析者，实现编辑角色的转型

在传统媒体中，新闻编辑为单一媒体编制新闻内容。当传统媒体实现数字化转型，变为多媒体集团中的一分子，并且这一集团又是以媒介互动与融合为运行规则的时候，新闻编辑的角色也将随之发生变化。新的工作平台一方面在调整甚至削减他们固有的权力，另一方面又赋予了他们新的职责和能量。

媒介融合带来的资源配置与内容重整，客观上要求编辑人员尽快完成两方面的转型：一是从单纯的"新闻编制者"，转向全方位的"新闻与信息服务提供者"；二是从单纯的"新闻把关人"，转向"新闻解析者"与"公共论坛主持人"①。

在我国，传统媒体的编辑，是新闻的编辑与制作者，承担着"新闻把关人"的职责。传统的新闻编辑，主要是对记者或通讯员的新闻作品进行后期编辑与制作，包括纸媒和广播、电视等电子媒体的文字稿件及音像作品的编辑制作等，重点要求把好"三关"：

其一是把好事实关，即通过分析、核对、调查等方法，对新闻事实是否客观、真实，是否具有新闻性把好关，按照"真实、准确、科学、清楚、统一"的要求，对事实进行订正。

其二是把好政治关，使新闻报道的立场、观点与党和国家的路线、方针、政策相一致。编辑通过稿件的文字陈述，对稿件中涉及敏感的政治和政策问题的文字表述进行审核，严格把关。同时，分析稿件的选材、角度，修正因选材和角度不当导致的新闻观点方面的差错。

其三是把好辞章修饰关，运用校正、压缩、增补、改写、分篇、综合等多种手法，对新闻作品中的字、词、句，包括稿件中的事实、思想、语法、修辞、逻辑等各个方面存在的问题，进行修正和美饰，使其重点突出、结构紧凑、表述简洁精彩，更能吸引受众的"眼球"，以提高传播效果。

在媒介融合时代，随着"全能记者"运用多媒体采集新闻信息的生产方式的变革，随着传受关系的变化和"公民记者"的出现，同一条新闻信息可以运用多种形态的媒体形式进行表达。媒体通过数字化设备就可以兼容所有类

---

① 蔡雯：《论新闻传播的案例教学——兼谈案例库建设对新闻传播教育发展的意义》，载《国际新闻界》2008 年第 10 期。

型媒介的特点，也使受众"只需一种途径即可访问不同类型的数字化媒体的目标"有可能实现，为媒体的用户满足其信息需求提供了更多的选择空间。从这个意义出发，新闻编辑不再是单纯的"新闻编制者"，而成为全方位的"新闻与信息服务的提供者"；不再是单纯意义的"新闻把关人"，而应当是"新闻解析者"与"公共论坛主持人"。新闻编辑依然要承担"把关人"的角色，同时又被赋予了新的职能和责任。

从现阶段已经开始走向融合的媒体看，在内容形态的编辑上已经出现初步的融合，新闻编辑人的角色也因此与传统的单一媒体的编辑角色有了很大改变。如报纸媒介已经在内容形态上与新媒介进行了初步的融合尝试。很多报纸已经开始转载博客文章、网络帖文，或辟专栏专门刊登网民观点，在报纸版面上呈现一种新的内容形态。如《中国青年报》"数周刊"中的"青年社区"版，不仅内容来自网上，而且版面设计也像一个网站的页面。在重大事件、热点事件的报道中，信息的最早发出者往往是新媒体，就像一个试探性气球，一旦得到热烈反应，传统媒体便及时跟进，对事件的真相、背景、原因给予更权威的分析。受众或网民对传统媒介的声音也开始关注并做出反应，或赞成、或质疑、或反对，并借助多种渠道（主要是网络）表达他们的态度。报纸也会针对受众的意见给予进一步的报道或解释。这样，报纸与受众通过新媒体形成了互动。最突出的多媒体互动的成功案例是汶川地震报道中的媒介互动。在这次全媒体互动过程中，地震发生后的几分钟内，相关的信息都是以手机短信、视频、即时通信（QQ 和 MSN）等新媒介迅速传播，展示了灾区各个方面的信息，尤其是展现了一些个人化的珍贵体验。2012 年 8 月的伦敦奥运会，媒体各项赛事的报道，更是充分发挥了融媒体报道的优势。如《楚天都市报》，其仅为湖北地区的一家地方都市报，在报道国际赛事的报道上并没有优势。为了快速报道奥运赛事，他们与《南方报业》、《现代快报》、《京华时报》等 12 家报纸和腾讯网等媒体合作，分别采写，信息共享，通过楚天都市报网站和报纸《逐梦英伦·2012 伦敦奥运会特刊》的专版形式，快捷集中地进行报道；报纸编辑还收集整理了各类电视信息，通过收视指南的形式，为用户提供现场赛事的电视报道信息；与此同时，广泛集纳个人媒体（如微博）的信息，运用微历史、微画面、微链接等方式，及时刊载用户对赛事的感受、意见和观点，在报纸上与用户形成了互动。在伦敦奥运会上，《楚天都市报》最大限度地运用多媒体的形式，为湖北地区的用户提供赛事信息服务，受到广泛的好评。

在纽约时报网站、华尔街日报网站等一些著名的新闻网站上，也能看到纸媒与网络融合之后，编辑由传统的功能单一的"新闻编制者"向任务复杂的"信息与服务提供者"这一新角色转换。如纽约时报网站开设了一个特色专栏"时报学习"（Learning Networks），免费为三至十二年级的学生以及他们的家长和老师提供信息。学生可以在线阅读当日的主要新闻，并参加一项测验，题目涉及当日世界上发生的重要事件；也可以玩有趣的字谜游戏；还可以向《纽约时报》的编辑记者发送信件，向他们提出问题。一些学校的老师利用《纽约时报》网站的这些资源进行教学，一些家长也敦促孩子通过这个栏目了解世界和国家的最新变动，加入到在线讨论中。纽约时报网站借此为社会做了好事，更重要的是提高了网站的访问量，还为自己培养了未来的受众群体。这一举措本身就是时报集团"报纸参与教育"（NIE）计划的一部分。在这样的新闻传播过程中，新闻编辑事实上不仅在编辑新闻，还担负了与学生交流、为学校提供教育资源服务的职责。

在媒介融合的背景下，新闻编辑不再拘泥于"把关人"的角色，还必须思维敏捷，快速反应，及时跟踪搜索，全方位地向受众（用户）提供各类新闻信息，包括各种媒介形态的信息，以及和信息相关的服务。

由于媒体的受众（用户）在接受信息的过程中，已经呈现出传受一体化的趋势，因此，新闻编辑提供的新闻信息，已经不仅仅是纯客观的报道，而是要在媒体与用户的互动中，做好深度解析和及时引导，推进新闻报道不断向纵深发展。新闻编辑在其间客观上充当了"公共论坛主持人"和"新闻解析者"的角色。

融媒体的新闻解析者，首先，应当是新闻信息收集的集大成者。除了记者提供的各类新闻信息，还要擅长从各类数据库和其他媒体搜集、发现有新闻价值的信息。其次，应当是善于新闻策划的"谋划者"。对收集到的各类信息，要及时进行综合归纳分析。对确有新闻价值、需要进行深度报道的信息，或需要进行分析引导的信息，则要进行"深加工"，运用新闻价值判断和多方面的专业知识，"发现"其新闻核心点，按照受众的不同需求，从各种不同的角度对新闻信息进行深度解读。

其一，新闻编辑需要更多地承担对新闻进行解释与评析的任务，而不是简单地决定报什么或不报什么。科学技术的发展，促使新闻传播方式正在从传统媒介主导的单向式，变为专业媒介组织与普通公民共同参与的分享式、互动式，大众传播与人际传播更加紧密地结合与汇流。这种新格局一方面造成新闻信息供给过剩，另一方面也促成人们对专业媒体组织整合、诠释信息的更多依赖。而且不同的人对于同一条新闻的关注点不同，对于与这条新闻相关的其他信息及服务的诉求也不同，新闻编辑的任务就是要根据受众（用户）千差万别的需要，提供千姿百态的内容产品和信息服务。编辑要懂得受众（用户）需要什么，并且知道如何从多媒体数据库中提取相关的原始新闻素材和资料，把它们加工成"适销对路"的新闻产品，并通过最恰当的渠道发布到受众（用户）那里。在这个新闻生产过程中，记者只是原始新闻素材的采集者，编辑要负责对最终产品的设计、加工和制作。从这个意义上说，编辑工作的重点已经从新闻能不能发和怎样发的"把关"，转向了对新闻、信息和知识等多层面内容如何进行嫁接和整合的"解析"①。

2007年1月2日，《华尔街日报》美国本土版改版。除印刷版开本缩小和版式调整之外，对印刷版和网络版重新进行新闻分工，也是引人注意的一个变化。该报对编辑方针进行调整的核心内容，是压缩资讯而放大有"附加值"的深度新闻。原来占印刷版50%的事件性新闻报道转移到了网络版，免费对读者开放；大量金融数据也被放到网站新推出的"市场数据中心"，同样免费对读者开放。改版之后，网络新闻的分量大大加重。同时，华尔街日报网站也在技术和内容上进行了升级，包括新增加了站内搜索功能，博客覆盖领域扩大，新增加了视频和播客片断，开设了读者论坛，开办了MyWsj.com网站，使报纸的订户可以在这个网站申请主页，定制新闻，享受个性化新闻服务，等等。《华尔街日报》的改版，从一个侧面印证了新闻编辑转型为"新闻解析者"的必要性和必然性。

其二，新闻编辑还需要担负起"公共论坛主持人"的新角色，组织与各类新闻相关的对话甚至观点交锋。在新媒介不断出现之后，新闻信源也随之发生了结构性的变化，博客、微博等都是不容轻视的个人媒体，来自普通民众的新闻和言论在新闻传播中占据越来越大的比重。在这场变革中，专业新闻媒体如果不能把自己改造成公众交流的平台，就将失去受众，失去市场。因此，新闻编辑必须从幕后走到前台，和记者一起，成为社会公众的对话者和新闻论坛的主持人，并将公众意见纳入新闻传播内容的范畴内。② 现在，已经有越来越多的传统媒体的记者编辑在网络媒体上开设了互动专栏，从中获取信息和线索，并主持有关各类新闻议题的讨论。

《人民日报》与人民网在报网互动中已经走过15年。继2009年7月1日扩版后，《人民日报》2010年1月1日再次扩版，版面由20版扩至24版，专

---

① 蔡雯：《数字化时代新闻编辑的角色转换》，载《中国记者》2007年第4期。
② 蔡雯：《数字化时代新闻编辑的角色转换》，载《中国记者》2007年第4期。

门增设了"新兴媒体版"，并在开版"致读者"中，明确宣告该版的办版思路是由"人民网与人民日报新闻协调部共同推出"、"促进传统媒体与新兴媒体之间的相互推动"。在选题阶段，每周固定时间与网站相关人员开选题策划会。每周二，报纸负责专版的责编、编辑与人民网传媒频道、舆情频道、人民宽频、人民手机网相关负责人和编辑人员聚坐在一起，共同策划、研讨、论证当前热点，确定专版的重点文章和访谈话题。确定新闻话题后，由专版编辑和网站两方面共同邀请专家、学者或业界人士到人民网演播室做嘉宾，由专版的编辑出任主持人，进行在线视频访谈、录播。报纸编辑将1小时视频访谈的主要内容整理出适合报纸登载的文字稿，并同时将文字稿发送给网站的视频编辑，由后者根据文字稿内容将整个访谈视频切割成5~10分钟的若干片段供网络播放。专版上其他栏目如热词、数据、业界等，由传媒频道根据网络点击、留言评论情况适时提供，报纸编辑再做最后的审核、把关、上版。在网络视频和"新兴媒体版"上，都由专版的编辑、记者担任访谈主持人，既保证了访谈的质量，也确保了访谈的内容能为报纸采用。

2006年获得中国新闻奖网络新闻专题一等奖的新华网专题报道：《网民感动总理　总理感动网民——总理记者招待会网上答问》，便是新闻编辑策划与主持报道的一项成果。在温总理记者招待会召开前三天，新华网以"温总理记者招待会，你想问什么"为题，公开向网民征集问题，温总理在记者招待会上回应了网民的提问，新华网立即推出"点评总理记者招待会，温总理深情回应网民"的引导帖文，获得了网民30万次点击跟进和约2000条的帖文回复。整个报道还链接直播的视频、音频、现场图片，形成了互动性专题。2006年，几乎所有参评中国新闻奖的网络新闻专题都开设了论坛与网民互动，新闻编辑作为"主持人"的特点也表现得非常突出。

三、面向融媒体传播，培养复合型的新闻编辑人才

要适应融媒体传播的需要，编辑必须实现"角色"的转型，从单纯的"新闻编制者"转向全方位的"新闻与信息服务提供者"；从单纯的"新闻把关人"，走向融媒体的"新闻解析者"和"公共论坛主持人"。这种转型，对新闻编辑提出了更高的要求。

融媒体时代的新闻编辑，除了必备对信息的集纳整合能力和编辑能力、"把关能力"，还要熟悉新闻生产流程，了解各种媒体的操作技能和传播特点，具备新闻策划能力、快速的现场反应能力、深层次的新闻解读能力等，成为"一专多能式"的复合型人才。

从单一的传统媒体新闻编辑转型为融媒体的新闻编辑，新闻编辑面对的最大挑战是要强化加工新闻和信息的职能。也就是说，新闻编辑要通过对新闻与信息的整合，提升内容产品的品质和价值，使新闻与信息传播进一步延伸到知识与服务领域，并不断通过裂变与聚合，形成新的内容产品，从而促成媒介集团中产品链和价值链的生成。它要求新闻编辑具有把握全局的战略眼光、超前的创新意识和专业策划能力。从这个意义上说，新闻编辑的知识水平与专业技能已经面临着前所未有的挑战，策划型与专家型的新闻编辑人才将更受珍视。

作为融媒体新闻编辑，对数字化媒体设备技术和各种媒体传播特性的把握，也属于必备的基本能力。面对每天海量的信息，如何进行新闻与信息的整合？怎样适合分众时代用户的不同需求？前提条件是要了解并熟悉新闻的生产流程，能熟练地掌握各种媒体（包括传统媒体和新兴媒体）不同的传播性能，了解数字化媒体的各种技术特质，并能根据不同媒体的传播特性，对来自新闻记者的新闻信息和用户信息、数据库信息进行分层处理；依据不同受众的需求进行分层加工，使受众"只需一种途径即可访问不同类型的数字化媒体的目标"有可能实现。

作为融媒体的"新闻解析者"，必须具备深层次的新闻解读能力。媒体编辑要站在大局的战略高度，统观全局，努力使自己成为某一领域的专家，能知晓相关的历史背景，发展态势和未来走向；在深度解读新闻时，能正确引导舆论，提供给受众欲知、想知而未知的信息和思考。作为"公共论坛主持人"，提炼新锐观点，对热点新闻事件进行即席快评，也应当是融媒体时代新闻编辑的一项基本功。新闻编辑要培养自己的现场应对能力和表达技巧，把政论性的内容及较为深刻的道理，运用用户容易产生兴趣的材料、容易接受的方式表述出来，既可以深入，也能够浅出。新闻编辑要勇于走向前台，针对突发事件、热点事件进行即兴点评。这种即兴点评要求编辑能够掌握大量素材，快速梳理新闻事件，以理而评，以理而论，对焦点、热点问题，对老百姓关心的问题，对还没有定论的问题，展开有理、有节、有力的述评，抢抓新闻事件的第一落点，这样才能彰显传媒的影响力。

要适应融媒体时代新闻传播的需求，新闻编辑也要努力成为"一专多能"的复合型人才。新闻编辑既要通晓与融媒体传播相关的知识与技能，更要努力使自己成为某一方面的专家。新闻编辑要借助媒介信息传播途径的多样化，结合各种媒介的优势，深入挖掘适合特定媒介传播的形态，努力实现新闻信息内容产品生产的"一次生产、多次加工、多功能服务、多载体传播"，使自己所承担的传播环节能最大限度地为受众提供良好的新闻和信息服务。

第五节　多信道的信息终端传播方式

新闻生产是为了新闻传播。信息发布是新闻传播流程的末端环节，也是融媒体时代新闻传播环状流程构建中不可或缺的重要组成部分。

发布渠道的融合指的是信息的消费端，它的理念是最终实现"只需一种途径即可访问不同类型的数字化网络"的目标，即通过单一设备就可以兼容当前所有类型的媒介的特点。

随着传播技术的发展，数字化媒体的融合功能还将继续增强。运用多信道的信息终端，进行多媒体的新闻信息传播，让用户在新的终端介质上实现听、读、看、说、录等手段对新闻信息的自由选择和组合，是媒体融合时代的基本特征和终极追求。

所谓"信道"，英文为 Channel，即在两点之间用于收发信号的单向或双向通路，特指通信的通道，是信号传输的媒介。在输入和输出都是单一的情况下，这类信道是单用户信道，或简称为信道。当输入和（或）输出不止一个时，称为多用户信道，也就是几个用户合用一个信道。本书借用这一词汇表达，以阐明融媒体传播终端的特性。

在媒介融合时代，新闻媒体一方面要共享新闻资源，积极探索多媒体形态的融合新闻的生产；另一方面也要注重信息发布终端的多媒体融合，使受众"只需一种途径即可访问不同类型的数字化媒体的目标"有可能实现。对那些希望在媒介融合时代增强自身竞争力的新闻组织而言，新闻生产和新闻发布的融合既具有吸引力，也是一条必由之路。

一、现阶段的新闻信息发布终端

目前，媒介融合的理念和传播方式已经被越来越多的媒体所接受。但在现阶段，媒介融合仍处在探索中。在新闻信息的消费终端，目前依然采取的是原有的单一媒体的形式进行新闻信息的传播。

在我国，目前参与媒介融合探索的主要是中央媒体和部分省一级的媒体集团与部分市区、地区的媒体，大多数媒体特别是地、县一级的媒体，基本上还是按照传统的单一媒体的形式进行新闻信息传播的。即使是已经开始报网整合、广播电视与网络互动的媒体，其信息发布终端依然是"各自为战"。也就是说，我国媒体的信息发布终端仍然呈现出单信道的传播形态，运用单一的媒体形式进行新闻信息的发布与传播。

现阶段，在媒体的新闻信息发布终端，多数媒体仍然是以单一媒体的形式服务于用户的，尚未构建统一的多媒体多信道的新闻信息数字化发布平台。

目前，报纸、杂志等纸质媒体的新闻信息发布仍然以"纸"为载体，以文字、图片为传播符号，受众在其介质终端只能通过眼睛"看"的方法去接受和选择新闻信息。已经实现"报网互动"的媒体，也只是局限在内容的互动上。网络吸取报纸的内容和资源，报纸借助网络的渠道和平台，二者相互作用，以扩大受众（用户）群体。在大多数报社，报纸和网络是"两条轨道"运行，报纸与网站是两个相对独立的媒介系统，分别提供不同的产品和服务，分别在不同的发布终端进行新闻信息传播。在发布终端并未呈现融合的形态。近年来异军突起的手机报，是由报纸、移动通信网和网络运营商联合搭建的信息传播平台，是传统媒体与移动媒介联姻的结果。手机用户可以通过媒体和服务商提供的不同内容的服务代码，定制自己所需的新闻信息，最大限度地满足自己个性化的信息需求，充分展示了其人性化、个性化的特质。根据用户获取手机报的模式，大体可以分为彩信手机报和网站浏览手机报两大类。彩信手机报容量有限，只适合做提示性的媒体。网站浏览手机报则突破了报道容量的限制，可以让媒体更加自由地传播信息。在新闻信息发布与传播中，手机则是手机报唯一的信息传播终端。

自"报网融合"开始，全媒体的概念日趋成熟，被认为是媒介融合的高级阶段。报纸、杂志、电视、广播、网页、视频、博客、微博等覆盖传统媒体、新媒体以及新新媒体在内的多样化的媒介生态环境已然形成。鉴于单一媒介各自的局限性，从用户体验的角度来分析，单一媒介已无法满足用户多元化的信息需求，用户需要一种全媒体的体验，需要灵活多样的传递信息和接收信息的方式。近年来，为切合用户的全媒体需求，纸质媒体已开始从单一的"报网融合"模式往全媒体模式过渡。以湖北日报报业集团为例，其旗下以《湖北日报》、《楚天都市报》、《楚天金报》等报纸为主导，推出了《大武汉》、《城市情报》等系列杂志，并开办有荆楚网、荆楚网手机报、荆楚网视等新媒体平台。《湖北日报》报业集团以报刊为先导产品，数字网络资源为补充，并运用二维码等数字技术将其全媒体产品串接起来，初步形成了全媒体的传播模式。在二维码出现之前，全媒体在纸质媒体和数字媒体之间实现的链接是间接的，需要通过在浏览器中输入网址域名查找或者通过搜索引擎检索。二维码的出现使得用户在阅读纸质媒体的体验过程中，能通过扫描二维码轻易直达全媒体体系的其他资讯，如网页信息、视频资料、动画图片、微博讨论等，都能一点即达，大大扩展了媒体终端的传播效应。2012年5月17日，《京华时报》推出"中国第一家云报纸"——《云周刊》，开了国内云报纸的先河。随后，各地媒体也展开了各自在云时代下的探索之旅：8月23日，《金陵晚报》推出《幸福南京2012》云之恋特刊；11月8日，长江日报集团云报纸平台上线。所谓的云报纸，是指将时下备受关注的互联网云技术、图像识别技术与纸媒相结合的融合媒体。用户利用图像识别技术，通过智能手机等移动终端下载该报纸相应的云拍客户端，对准加载了云技术的报纸图片拍照，便会链接媒体数据库，看到该条新闻的相关视频、图片和更多文字报道；云报纸通过新闻内容的多媒体格式的立体化呈现，突破了纸质版面对内容形式的限制。以前读者在报纸上看到一条新闻，只能了解报纸有限版面内所登载的内容，而现在通过云技术联通后端数据库，可以让报纸的静态内容活起来，使读者了解到更多的新闻信息。

广播、电视是电子媒介时代最为普及、影响力最为强大的大众传播媒介。与传统的印刷媒介报纸、杂志以静态文字、图像作为传播介质的手段相比，广播电视是以更具视听感受的声音、影像作为基本表达符号的，具有时效性强、受众广泛、信息形式灵活多样的特点。

现阶段的广播媒体，以无线电波或导线传播声音信息，以广播电台或收音机作为其信息传播终端。随着计算机技术、网络技术和数字通信技术的高速发展，传统广播与新媒体走向融合，广播制作、生产流程数字化，由此催生出网络广播、手机广播、车载广播等广播媒体新形态，其传播终端也开始出现了网络、手机等新载体。据社会科学文献出版社出版的《2008年中国文化产业发展报告》披露，中央人民广播电台主办的"中国广播网"，已经成为目前国内最大的音频广播网站。其网站音频数据总量超过2TB，内容包括中央人民广播电台9套节目的网上直播及270多个重点栏目的在线点播；中国国际广播电台主办的"国际在线"网站已在线播出43种语言的广播节目，同时开播了9种语言的环球网络广播业务。在内地地方电台中，除西藏、甘肃外，全国已经有29个省级广播电台开办了网络广播业务，共有167套广播频率实现网上直播。全国还有123个地市级广播电台开办了广播网站，已经有158套广播频率实现网上直播。但是，广播媒体的传播终端依然是广播电台、网络、手机"各自为战"的态势。

在电视领域，传统电视依然占有广阔的市场。随着技术的进步，电视媒体由机械到电子，由黑白到彩色，由模拟到数字，不断向新的技术形态发展，成为20世纪以来发展最快、普及最广、影响力最大的大众媒介。面对21世纪迅速崛起的网络新媒体及全新的媒介技术的冲击、竞争与挤压，传统电视媒体或被动或主动地与新媒体融合，并借助新媒体技术谋求新发展，催生出网络电视、手机电视和楼宇电视、移动电视、户外彩屏等新的电视媒体形态，并在保持其基本形态不变的基础上，借助数字技术、网络技术等新媒体技术，对原有的内容、应用和服务进行改革和完善，使其适应当今社会的互动性、分众化传播需要。

过去，电视媒体是视频节目传播海洋中唯一的灯塔。如今，尽管尚没有出现一种新媒体能够完全替代传统的电视媒体，但是，层出不穷的视屏终端正在拼命地蚕食和解构传统电视的市场领地。现今的电视节目不仅可以在荧屏上展现，还有了更多的节目传送方式。Hulu、Netflix、Apple TV、Amazon Prime、Roku、iTunes、智能手机、平板电脑、手提电脑、宽带和无线网络，创造了功能强大的新视频门户。20世纪八九十年代，在电视机前观看电视是一种有着仪式色彩的视觉消费活动。一家人甚至周围邻居围坐在一起互相讨论，同时同地分享观感体验。如今，这一现象逐渐被来自外部的多元视觉媒介瓦解。手机、平板电脑、PC改变着人们的收视习惯，多屏终端背景下，媒体受众呈现"碎片化"趋势，即看电视的方式更加随意。人们在观看电视的同时也可以从事其他活动（如边看电视边玩电脑、手机），或者是与媒介完全无关的活动（家务、与朋友聊天）。而电视机也不再被视作唯一的节目收视终端，而是众多播放终端之一。现在的电视节目可以在电视机、电脑、手机、iPad等多种视频终端上播放，而且可以在任何时间、任何地点观看，甚至实现了定制和点播观看。传统电视的"传受模式"正在不可逆转地被一种新的"授传模式"取代，观众习惯性的收视正在或已经被林林总总的节目抵达平台所取代。由于收看方式的变化，观众有了更多接触电视节目的时间和可能。网络视频不仅没有拆分观众，反而巩固了观众对受欢迎节目的忠诚度。学者高晓红、李智在《试析传播新格局下电视与新媒体的相互借力与共赢》一文中指出："电视借助于新媒体拓展了传播疆域，突破了频道制生存，实现了点播收视，获得了搜索引擎，电视凭借内容优势纷纷抢滩新媒体领域。"

与此同时，电视媒体借助新媒体，进一步强化了信息服务、商业服务、文化服务的功能指向。2009年末，淘宝网与湖南卫视投资1亿元，共同组建"湖南快乐淘宝文化传播有限公司"，在淘宝网上设立专门的潮流购物频道和外部独立网站，打造与网购有关的电视节目及影视剧，贯通网络与电视的平台终端，创建了电子商务结合电视传媒的新商业模式。仅过半年，淘宝网与浙江华数传媒网络有限公司投资的"华数淘宝数字科技有限公司"（"华数淘宝"）又鸣锣开张。淘宝网负责人深信，通过与华数传媒的合作，淘宝网可以利用广电有线网络实现更广泛的用户覆盖，为更多家庭用户提供丰富的网购服务。

传统电视与新媒体的融合，为受众提供了多样化的传播终端，为满足受众多元化的需求提供了可能。电视终端的多样化既有来自传统电视内部技术升级带来的变化，也有来自外部新媒体的功能延伸。电视与新媒体在内容的融合上已经迈出了可喜的步伐；但是，从现有的传播终端设备看，电视与手机、网络等新媒体依然处于"各自为战"的态势。

二、跨媒体的新闻信息发布终端

信息时代，受众无法脱离信息的传播，在由信息至受众的传播过程中，传播内容的重要性、传播渠道的重要性都曾经被提到特定的高度，而随着技术变革带来的终端的多元化，在由内容至受众的通路中，直接绑定用户的终端逐渐上升为影响传播效能的重要传媒角色。

借助一种多媒体的终端介质实现用户对新闻信息的多元化选择和组合，是媒体融合时代的基本特征和终极追求。因此，在新闻生产流程的再造中，也需要实现信息发布终端的融合。

1. 终端融合的基本内涵

这里所说的终端指的是新闻信息的接收器或承载器。终端融合即所谓的3C融合，主要体现在硬件的产品端，包括电信（Communication）、计算机（Computer）和消费类电子产品（Consumer Electronic）的三合一；具体是指利用数字信息技术激活其中任何一个环节，通过某种协议使3C的三个方面实现信息资源的共享和互联互通，从而满足用户在任何时间、任何地点通过信息关联应用来方便自己生活的需求。① 这种融合包含两层含义：其一是终端设备的融合，其二是终端设备所带来的信息平台和服务内容的融合。从一定意义上说，终端融合也可以视为媒介形态的融合，主要是指用户获取媒介产品的终端应用的融合。

要实现终端融合，首先需要在单一终端产品上不断增加其功能，以实现多功能、一体化为目的；其二是以终端设备为平台的信息服务的融合，即各种终端设备在公共的平台上实现互联互通，提供统一的服务。具体而言，媒体的终端融合要包括三方面的融合：

（1）设备的融合：终端设备的融合主要是指将多种功能集中于同一个设

---

① 引自百度百科"3C融合"词条，http：//baidu. com/view/144321. htm，2015-3-1。

备。包含两种方式：一是硬件和技术上的融合，二是特定内容和服务与特定的终端设备融合，从而产生特定内容和服务的终端设备。

（2）服务的融合：终端融合并不是简单地进行设备功能的融合，其更主要的功能是基于统一应用平台上的服务的融合。用户通过各自的终端设备连接到统一的服务平台上，以平台为依托获取所需要的内容和服务。

（3）标准的融合：无论是设备的融合，还是服务的融合，要最终实现终端的融合，关键是要制定一种新的标准来协调终端产品的互联互通。只有建立了统一的标准，产品之间才能互相兼容，互相连通，避免用户在选择终端产品时重复购买。

终端融合的关键在于标准的统一，各类终端之间的数据交换和兼容性问题是融合的关键。目前无论国内和国外都没有实现标准的统一，还同时存在多个标准；加上相关政策的制约，多重行业监管造成的对"三网"相互进入的限制等，严重阻碍了终端融合的发展进程。①

通过前文的分析我们可以看到，在现阶段，媒介的传播终端设备尚未能达到完全的融合。但是，随着内容融合导致内容产业的出现，信息内容的生产已经逐步实现规模化，用户对于信息内容的需求也逐步由单一到多样，由单一接收到双向互动，由定时、定点获取向任意时间、任意地点、任意形式获取转变。从终端的功能到终端设备提供的服务，终端融合已经扩展单个媒介的应用范围，体现了受众要求整合服务的需求。随着终端融合的不断发展，新兴的基于特定终端设备的特定服务不断开发，新型的多功能一体化的终端设备不断出现，终端设备所带来的信息平台和服务内容的跨媒体融合也已经初现端倪。

目前，终端融合主要是指三屏融合，即电视屏、电脑屏和手机屏。在实际应用中，具体的终端产品类型包括电脑、电视、手机、广播、移动终端设备等，比较有代表性且已经具备跨媒体信息发布融合的终端主要有三大类：网络终端、移动终端和电视终端。

2. 网络终端的融合

网络是跨媒体信息发布终端的基础，也是目前运用比较成功且比较成熟的多媒体信息发布终端。

目前，大部分媒介融合产品，如多媒体网页、网络新闻专题、电子报纸、电子杂志等，都可以依靠互联网的技术手段在网络终端传播。原因很简单，媒

---

① 宫承波、庄捷、翁立伟：《媒介融合概论》，中国广播电视出版社 2011 年版，第 60~62 页。

介融合产品的本质是符号的集成和融合，此外还要具备可操控性，以便于传受互动，互联网是一个十分合适的传播空间，而现在大多数的融合产品制作技术正是主要围绕互联网的特点来进行开发的。对于媒介融合的产品而言，一种类型是技术手段，它主要包括两类，一类是制作技术，即如何实现符号之间的融合。目前，除基础性的平台技术之外，一些美学设计上的技术也逐渐被引入融合产品的制作当中。另一类则是互动技术，互动技术的一种类型是搜索和归类，即用户根据自己的偏好主动地调集和整理信息。另一种类型是传受关系的建立与维持，即我们常见的 Web2.0 技术与 SNS 网站。随着我国"三网"融合政策的逐步推进实施，网络终端技术日趋发展，网络已经成为跨媒体、多媒体信息发布终端的主要载体。

从承载多媒体信息发布的层面看，网络终端载体主要包含两个层次，一是具有 IT 行业背景的商业网站，如新浪、搜狐等，它们利用资本优势和技术优势，拓展以多媒体网页、电子报刊、多媒体发布平台、网络新闻专题等具有代表性的媒介融合产品，并在多媒体信息接收终端的研发上不断创新。二是传统媒体与网络媒体的融合，利用新闻资源采制的优势，建立自己的新闻网站，借助网络进行跨媒体内容的传播，并为用户提供多样化的信息服务。如《人民日报》的人民网、新华社的新华网、央视的网络电视台等。

随着网络技术的不断发展，目前的网络终端既可以发布文字、图片、音频、视频、动画等多媒体生产的信息产品，也可以链接微博、微信、手机等新媒体传播，还可以提供搜索和归类、语音对讲、视频对话等互动技术，为用户提供个性化、多样化的信息服务正在变为可能。

以广播为例。在网络终端，用户不再被动，可以选择何时听、何地听、听什么、怎么听。"过耳不留、转瞬即逝"这个传统广播的定义已经不准确了。新广播，是可以被选择的广播、被组合的广播、自己做 DJ 的广播。以"蜻蜓FM"网为例，它可以提供全球在线新闻、音乐、经济、娱乐、相声、外语、教育、都市、体育、小说、故事、戏曲、交通等 3000 多个电台频道，以及主播电台、有声读物、各类播客等点播内容，24 小时不间断地提供在线收听。"蜻蜓 FM"能提供包括电台榜、本地台、国内台、国外台等 12 个相关的按钮，点开某一电台，上下滑动大屏幕，就可以看到今天的各种广播节目，左右滑动则可以查看不同电台的频率。受众可以根据自己的喜好选择广播，比如喜欢纯音乐的，可以收听"豆瓣 FM"；喜欢资讯类的，可以收听"凤凰 FM"。不用守着广播节目单，而是根据自己所需来"用广播"，选择新闻快讯、类型音乐、有声小说以及最新的城市路况。用户还可以利用点播功能来收听热门网络小说、相声评书，利用直播功能来收听正在直播的各类电台的实时广播。

　　仅仅在媒体机构划定的范围内来"用广播"，还不能满足资深发烧友的需求，还可以利用新技术来"玩广播"。在网络上用一个叫"Fuzz Radio"的音乐发现应用，还能让资深发烧友创建自己的专属电台，做自己的电台 DJ。资深发烧友可以使用 Facebook 账号登录 Fuzz 网站，它会自动读取你设备里的音乐数据，知晓你的音乐喜好，帮你创建专属电台。Fuzz Radio 上有几千家电台，种类包罗万象，从意大利式西部片电台到迪士尼电台都有涵盖，其上的所有音乐以用户推荐为基础，颠覆了此前依节目单来"听广播"的传统模式，甚至也打破了为个人划出使用范围的"用广播"模式。用户有很大的选择空间去搜寻自己喜爱的音乐，而不必忍受冷冰冰的后台推荐和反复无常的曲目组合，甚至还可以通过"玩广播"建立自己的圈子①。

　　各类门户网站和媒体网站，也充分发挥各自的优势，在网络终端的跨媒体信息传播上大显身手，如中央电视台的央视网（中国网络电视台）。它从 2006年 4 月 28 日成立至今，着力打造以图文为基础，以视频为核心，以互动为特色的国家重点新闻网站。作为传播符号，视频本身融合了文字、图像、音频、动态画面等多种传播要素。在媒介融合的符号系统中，动态视频扮演了非常重要的角色。基于其母体中央电视台的媒体背景，央视国际以视频节目为内容发布主体。借北京奥运会的契机，央视网的网络视频传播能力大幅提升。在互动方面，央视网尝试将互联网特色与电视特色相结合，抓住社区化发展大趋势，建立搜视社区，为中央电视台的电视剧、名栏目、动画片、记录片、电视人建立网上互动空间，并在此基础上整合新闻资源推出新闻社区。在多终端建设方面，2006 年 12 月 11 日，央视网手机电视正式开通；2007 年 12 月 18 日，央视网又开通了车载电视，覆盖全国 30 多个城市，5 万辆公交车，10 万块显示屏。IP 电视也已经开始试运行，从而使央视网的平台数由单一的互联网站拓展到网络电视、手机电视、车载电视、IP 电视四个平台，并在"十七大"、"两会"、"神七"等大型活动和事件报道中，实现了多终端、立体化的传播。

　　2008 年的奥运会，让央视网得到了极大的历练和提高。央视网作为全球首次唯一全程视频直播奥运会开闭幕式以及全部赛事的新媒体机构，联手新浪、搜狐、网易、腾讯等 9 家商业门户和视频网站进行联合转播，并与人民网、新华网等 174 家网站开展公益性联合推广，最终有高达 89.9% 的互联网用户在奥运期间登录到奥运授权合作网站，总体受众规模达 2.31 亿，总页面浏

---

　　① 栾轶玫：《大音频：后广播时代的新命题》，载《视听界》2013 年第 2 期。

览量达到 1076 亿页，这一举措创建了奥运史上规模最大的新媒体传播联盟，并实现了全球首次最大规模的奥运会新媒体联合传播。

奥运会期间，中央电视台共有 9 个电视频道直播、录播奥运赛事 1944 场，时长 2715 小时。央视网为 28 个奥运比赛大项开通了 28 个不延时直播频道，直播了奥运会所有赛事的每一场比赛，累计 3800 小时。另外，在每场比赛结束后，以最快的速度制作点播赛事节目 9732 段，总时长 4013 小时。网络转播规模大大超过电视转播，成为全球唯一对奥运赛事进行全程直播点播的新媒体机构。央视还试验性推出了"网络电视奥运台"，开设了 62 个直播频道、30 个轮播频道，实现了边看边聊互动直播功能，日均页面访问量达到 3.01 亿次，人均访问停留时长达到 1022 秒。开幕式当天，网络电视奥运台流量达到 1.5 亿，边看边聊在线人数近 7 万人。北京奥组委的官员们的办公室由于没有电视机，都是通过央视网的视频节目观看奥运比赛，了解奥运信息。央视国际网络有限公司肩负起了奥运转播的神圣使命，利用全新的技术手段和多终端的媒体平台，除了让网友看奥运，还能评奥运，参与奥运，让奥运成为"我的奥运会"，让随时随地看奥运成为现实①。

3. 移动终端的融合

移动终端特指可以在移动中使用的计算机设备。它是互联网与移动通信结合的产物，以具有多种应用功能的 3G 智能手机为代表。广义上讲，还包括笔记本电脑、iPad、POS 机甚至包括车载电脑等。

所谓智能手机（Smartphone），是指"像个人电脑一样，具有独立的操作系统，可以由用户自行安装软件、游戏等第三方服务商提供的程序，通过此类程序来不断对手机的功能进行扩充，并可以通过移动通讯网络来实现无线网络接入的这样一类手机的总称"②。

一方面随着网络和技术朝着越来越宽带化的方向发展，移动通信产业将走向真正的移动信息时代。另一方面，随着集成电路技术的飞速发展，移动终端已经拥有强大的处理能力，移动终端正在从简单的通话工具变为一个综合信息处理平台。这也给移动终端提供了更加宽广的发展空间。

2013 年的《中国互联网络发展状况统计报告》显示，截至 2012 年 12 月底，我国网民规模达到 5.64 亿，其中手机网民数量为 4.2 亿，年增长率达

---

① 项海燕：《中国广电的传统媒体与新媒体融合之路》，http：//news. xinhuanet. com/newmedia/2009-06/21/content_11574863. htm，2015-3-2。

② 引自"百度百科""智能手机"词条，http：//baike. baidu. com，2015-2-2。

18.1%，使用手机上网的比例继续提升，由 69.3%上升至 74.5%，手机网络各项指标增长速度全面超越传统网络。

2009 年 1 月 7 日，工业和信息化部为中国移动、中国电信和中国联通发放三张第三代移动通信（3G）牌照，此举标志着我国正式进入 3G 时代。手机新媒体高速传输文字、图片、音视频等多媒体信息的能力大大增强，手机多媒体信息的储存能力也得以显著提高，这也为网络媒体与手机媒体的融合互动奠定了新的物质基础。

3G 智能手机的出现，为用户在任意时间、任意地点、任意形式获取信息和服务提供了可能，也为跨媒体的信息融合和发布提供了新的平台。

以传统的报纸媒体为例。近年来，报网融合方兴未艾，但纸质媒体和数字媒体之间的对接一直没有一个快捷直接的端口接入。借助二维码技术，智能手机成为纸质媒体和数字媒体对接的快捷端口，为纸质媒体信息产品的跨媒体发布提供了新的终端，也为年轻用户接收纸质媒体的信息和服务提供了新的平台。

所谓二维码，指的是用某种特定的几何图形，按一定规律在平面（二维方向）上分布的黑白相间的图形记录数据符号信息。二维码除了具有信息容量大、可靠性高特点以外，还有超高速识读、全方位识读、可表示汉字、图像声音等一切可以数字化的信息并且有很强的保密防伪等优点。从二维码作用机制看来，二维码可实现以下各方面的功能：①信息存储；②信息识别；③信息保密；④信息管理；⑤信息延伸；⑥信息跟踪。这恰好与纸质媒体的发展需求不谋而合①。

手机用户在使用二维码之前，要获取纸质媒体的信息或服务，通常是通过网址输入或者搜索引擎检索来实现的，需要人为的输入字符，而二维码的运用使得纸质媒体和数字媒体之间的连接只有一"码"之隔，手机对准二维码拍照后，便能直接呈现网站页面或者视频资料等数字化信息，二维码起到了一个信息延伸中介的作用。二维码在纸质媒体和数字媒体之间架起的连接，使得原本最快只能实现一日一更新的报纸等纸质媒体有了新的生机。二维码的一端是纸质媒体，内容基本成型；另一端是数字媒体，内容是实时更新的，只需在纸质媒体上预留一块二维码给实时信息，手机用户便能通过这个小方块浏览到"冒着热气"的纸质媒体的信息。

---

① 杨军、刘艳、杜彦蕊：《关于二维码的研究和应用》，载《应用科技》2002 年第 2 期。

2007 年 8 月 10 日，《南方都市报》数字报正式上线，成为国内之首。到了 2010 年，以传统纸质媒体为核心的传媒集团基本上实现了数字报纸上线，至少形成了一刊一网或者一报一网的纸质媒体数字化格局。此后，纸网融合态势进一步加强。2010 年 5 月 31 日，黑龙江日报报业集团启动报业多通道跨地域新闻制作共享平台，实现了纸媒资源的数字化整合。湖北日报传媒集团与汉王合作力推数字阅读；《人民日报》、《中国日报》、《南方周末》、《新京报》等主流大报也开发了 iPad 客户端阅读软件，数字报由互联网终端开始走向移动互联网终端。纸质媒体数字化的牢固基础，为二维码提供了广阔的信息延伸空间，这是二维码能成功嫁接纸质媒体的资源保障。

此前，由于手机功能限制、用户缺乏手机软件安装使用常识，且由于网速过慢，下载时间较长，纸质媒体的信息内容在手机终端的发布受到极大限制。二维码的推广也遭遇了瓶颈。随着智能手机软硬件的不断革新，原本只能在 PC 终端上完成的用户体验和纸质媒体的融媒体信息发布，已经能通过手机等移动终端完成。

倘若说二维码在纸质媒体和智能手机间架起了桥梁，电子媒体的客户端软件则打通了广播、电视等传统媒体与智能手机的联系。客户端（Client）也称为用户端，是指与服务器相对应，为客户提供本地服务的程序。除了一些只在本地运行的应用程序之外，一般安装在普通的客户机上，需要与服务端互相配合运行。如 CCTV 客户端，就是一款专门为安卓手机设计的视频客户端，它允许用户观看央视的视频剪辑。2013 年 5 月 1 日，"央视新闻"手机客户端正式推出。央视新闻客户端是中央电视台新闻中心的官方客户端，由中国网络电视台结合手机终端与移动互联网信息传播的特点，设计、研发、运营和推广的手机客户端。手机用户安装好相关软件之后，即可以观看 CCTV 视频剪辑，只是软件并没有提供实况转播，这点有点遗憾。软件内汇聚了焦点新闻、体坛资讯、财经报道、娱乐生活这四大版块，每个版块还有三个子版块，手机用户可以根据自己的喜好进行观看。CCTV 客户端还允许用户使用搜索功能，直接搜索想要看的视频内容，热门搜索还提供了一些关键字供用户参考。此外，CCTV 客户端可以根据用户的爱好来排列央视的所有节目，让用户可以立马看到喜欢的栏目。CCTV 客户端还有一个不错的功能是收藏功能，用户直接点击最右边的添加键，就可以直接在收藏夹里找到相应的节目进行浏览。央视新闻客户端在内容上主打现场、观点、证伪等独家原创，用记者的视角深入解读新闻现象；在表现样式上更是与电视深度融合无缝链接，以视频为主，图文为辅，提供新闻直播、知名新闻栏目点播、新闻现场独家视频、电视新闻导读等多种选择，并针对用户时间碎片化和使用随身化的特点，以影像新闻精品的运营思路，打造全方位的移动新闻报道体系。

借助移动终端，还大大拓展了广播收听的新增量。手机的普及为实现移动网民和广播终端的结合创造了先决条件，尤其是近年来智能手机的加速发展，在智能平台之上的诸多应用，以插件形式实现的广播传播和广播收听，也为广播的发展开辟了新路。在移动互联网时代，智能手机在收听广播上除了自带调频接收模块外，还可在电台官方 WAP 页面提供收听或给门户网站提供链接收听，有些电台已开发一些收听客户端能收听的直播或点播节目。如智能手机用户在"91 助手"客户端商店里，下载安装中央人民广播电台、中国国际广播电台客户端后，就可收听两台旗下各套频率节目的直播。有些电台的单个频率也做了客户端，如中央电台的经济之声客户端呈现了每档节目的文字内容；国际台金曲调频 Hit FM 88.7 客户端，在听到直播内容的同时也可以了解节目内容、主持人信息；湖北电台的湖北之声客户端，除了有直播功能外，还增加了本台资讯、主持人在线互动交流模块，附载了一些电商共享的服务内容，如全国景点优惠、酒店预订、福利彩票、平价药房、旅游资讯等模块；广东电台和凤凰集团合作推出的 FM105.7 汽车优悦广播客户端，突出优先资讯、优质生活、优品音乐、优选电台的理念，延展与汽车移动生活相关的内容，集合了流媒体播放+资讯+交友互动+周边服务于一体的汽车移动生活新体验。

一些社会公司也研制出了富有个性和特色的广播客户端，如国外的 Tuneln-radio，国内的蜻蜓 FM、豆瓣电台、多米电台等。这些非传统电台开发和定制的广播客户端，已逐步占领移动互联网的收听市场。极具个性化的豆瓣电台主打音乐，后台机器会模仿和学习收听者的喜好，并推荐符合听众个性口味的音乐。与之类似的多米电台在音乐类型的细分上下足了工夫，心情电台之下就分为烦恼、俏皮、成长、振奋、沉思、感恩、暗恋、自由、勇敢、初恋、一个人哭等多个类别。凤凰网开发的"凤凰电台"客户端则提供了另一种思路，其本身不产生内容，只是把凤凰卫视时事、军事、财经、文化、娱乐在内的音频资讯节目集成在客户端中，实现了离线收听、重要新闻的及时推送，社交平台的一键分享功能，并增加了北京路况信息实时推送、分贝测试、天气预报等功能模块，在使用的界面上更加友好和人性化①。

智能手机在微博用户及电子商务应用方面也增长较快。截至 2012 年底，

---

① 栾轶玫：《大音频：后广播时代的新命题》，载《视听界》2013 年第 2 期。

手机微博用户规模达到 2.02 亿，高达 65.6% 的微博用户使用手机终端访问微博。用户行为的移动化，让微博成为移动互联网时代最具发展潜力的产品之一。

随着智能手机的普及，3G 技术的进一步发展，信息社会正在经历一个由互联网核心时代向移动互联网核心时代转变的过程。在中国，使用移动终端访问互联网的人数都已经超过 PC 互联网。以智能手机为代表的移动终端，已经成为融媒体信息发布终端最具潜力的生力军。

4. 电视终端的融合

广义上的电视终端，包括模拟电视、数字电视、网络电视、手机电视、车载移动电视和户外彩屏等。作为跨媒体信息发布融合的终端，IPTV 则是最有代表性的电视终端。

IPTV 即交互式网络电视，是一种利用宽带有线电视网，集互联网、多媒体、通信等多种技术于一体，向家庭用户包括数字电视在内的多种交互式服务的崭新技术。IPTV 系统又叫交互电视，它的系统结构主要包括流媒体服务、节目采编、存储及认证计费等子系统，主要存储及传送的内容是以 MPEG-4 为编码核心的流媒体文件。基于 IP 网络传输，IPTV 通常要在边缘设置内容分配服务节点，配置流媒体服务及存储设备，用户终端可以是 IP 机顶盒+电视机，也可以是 PC。

IPTV 的媒介是互联网，开放型和双向性是互联网的根本特征，因此，IPTV 具有与生俱来的超强的互动性。IPTV 可以为用户提供个性化服务，用户使用点播业务，就可以根据个人的兴趣点播自己喜好的电视节目，不受时间限制，可以通过拖曳等方式来观看节目内容。用户在家中可以有三种方式享受 IPTV 服务：①计算机；②网络机顶盒+普通电视机；③移动终端（如 iPad，iPhone 等）。作为电视终端，它充分有效地利用了网络资源，可以同时为网络、电视、移动终端提供多媒体的信息服务，是一种融合性极强的跨媒体信息发布终端。

IPTV 业务是基于宽带互联网与宽带接入，以机顶盒或其他具有视频编解码能力的数字化设备作为终端，通过聚合 SP 的各种流媒。它利用计算机或机顶盒+电视完成接收视频点播节目、视频广播及网上冲浪等功能。它采用高效的视频压缩技术，使视频流传输带宽在 800kb/s 时可以有接近 DVD 的收视效果（通常 DVD 的视频流传输带宽需要 3Mb/s），对开展视频类业务如因特网上视频直播、远距离真视频点播、节目源制作等，都有很强的优势。

IPTV 既不同于传统的模拟式有线电视，也不同于经典的数字电视。因为，传统的和经典的数字电视都具有频分制、定时、单向广播等特点；尽管经典的数字电视相对于模拟电视有许多技术革新，但也只是信号形式的改变，而没有触及媒体内容的传播方式。IPTV 利用宽带有线电视网的基础设施，以家用电视机作为主要终端电器，通过互联网络协议来提供包括电视节目在内的多种数字媒体服务。其特点主要表现在：

（1）用户可以得到高质量（接近 DVD 水平的）数字媒体服务。

（2）用户可有极为广泛的自由度选择宽带 IP 网上各网站提供的视频节目。

（3）实现媒体提供者和媒体消费者的实质性互动。IPTV 采用的播放平台将是新一代家庭数字媒体终端的典型代表，它能根据用户的选择配置多种多媒体服务功能，包括数字电视节目，可视 IP 电话，DVD/VCD 播放，互联网游览，电子邮件，以及多种在线信息咨询、娱乐、教育及商务功能。

（4）为网络发展商和节目提供商提供了广阔的新兴市场。目前中国通信事业正在迅猛地发展，用户对信息服务的要求越来越高，特别是宽带视频信息。可以说中国已基本具备大力发展 IPTV 的技术条件和市场条件。IPTV 有很灵活的交互特性，因为具有 IP 网的对称交互先天优势，其节目在网内可采用广播，组播，单播多种发布方式，可以非常灵活地实现电子菜单、节目预约、实时快进、快退、终端账号及计费管理、节目编排等多种功能。另外基于互联网的其他内容业务也可以展开，如网络游戏、电子邮件、电子理财等[1]。

在国外，2012 年最典型的例子是英国的 BBC 开启了 iPlayer，它是最大的全国范围内的多屏互动，广播、电视、卫星电视网络、互联网等多媒体，加上 PC、平板电脑、手机、游戏平台等形成一个多终端覆盖，它的目标是使其用户以任何方式在任何终端看到 BBC 所有的节目。国内的优酷、土豆等民营新媒体走在国内新媒体发展的前沿，优酷、土豆、乐视网、酷6网、爱奇艺、激动网等新媒体迅速推出移动客户端，国家队体系下的湖南芒果 TV 推出移动客户端呼啦（whonow），发展势头也非常强劲，青岛人民广播电台"青岛广播在线"客户端也非常受欢迎，北京广播电视台、江苏广播电视台、成都人民广播电台也都推出了移动客户端。多屏互动迅速普及，开启了移动视听的新时代。

---

① 引自"百度百科"IPTV 词条，http：//baike.baidu.com，2015-1-26。

　　人们越来越多地通过新的终端与新的接入方式收看电视，迫使媒介调查公司尼尔森在2013年9月，为自己旗下23000户采样家庭配备全新可以将互联网观看内容纳入收视率统计范围的系统，以便收集"视频流"的用户数据。尼尔森未来的收视率系统将开始追踪诸如亚马逊、Netflix、Hulu 和 Xbox 这些流媒体播放和游戏主机的在线视频点播情况以及 iPad 平台的电视收看情况。

　　随着我国"三网融合（电视、互联网、电信网）"进程的加快，IT 和电信行业逐渐向传媒业渗透。而从三网融合的理想形态来看，兼具内容生产商和平台提供商于一体的电视将赢得更大规模的用户市场。此外，由于兼具媒介融合理想终端的各种属性，电视将很有可能在"三网融合"的进程中作为融合产品的发布终端。2012年3月底，腾讯董事局主席兼 CEO 马化腾发出这样的预言："中国互联网下一个爆发点在客厅。"他认为，互联网电视将成为电脑互联网和手机移动互联网之后的第三大网络新兴产业。预言的背后更有数据的支持，调查机构 Digital TV Research 预测，中国互联网电视市场的规模在2016年有望增长到13.8亿美元。这显然是一个保守的预测。电视向高清化、网络化、智能化、互动化方向发展，已经成为电视行业的共识。许多互联网企业和传统电视媒体都在向这个前景广阔的市场跃跃欲试。互联网企业乐视网、小米网、爱奇艺已经开始领跑，海信、天柏、扬智、长虹、九洲等传统电视机制造厂商也已迫不及待，开始为自己制造的电视机加上互联网的新功能。这样一来，电视在媒介融合的实践中将扮演更为重要的角色，从而对互联网产生冲击。

　　随着数字技术的发展，数字化媒体的融合功能还将继续增强，接受与发布新闻的手段和方法也会越来越多样化。新闻信息传播将普遍采用多媒体方式，最终在新的终端介质上实现听、读、看、写、说、录等手段的自由选择和组合，新闻传播体现出更加自由、更加人性化和更加方便快捷的特点。

　　目前，能够兼容多媒体信息手段进行媒介融合传播的接收终端主要包括计算机、手机、电视和一些新型终端。这些终端呈现出如下特性：

　　一是多媒体性，即同时兼容多种信息传播手段。

　　二是可操作性，或者说是互动性，即受众能够控制自己所接收的内容。

　　三是动态视听性，即传播的内容是动态和静态兼具，可视和可听兼备。

　　此外，未来的接收终端还越来越强调信息的可储备性，即人们可以利用接收终端储备自己希望保留的信息。

　　2010年1月27日，由美国苹果公司研发的"iPad"问世，"iPad"是一种可便携的微型电脑，体积在手提电脑和苹果手机"iPhone"之间，"iPad"

不仅具备计算机和手机的各项基本功能，还可以像电子书一样，大量储存用户需要的信息。由此，我们可以大胆地设想，未来出现的新的媒介融合接收终端，或许将是一种以计算机（电视）与手机为两个极值，体积、功能处于两者之间，兼具多媒体性、可操作性、动态视听性，并不断地增强信息的可储备性，越来越便于携带的接收终端。

据统计，2012 年 12 月我国手机上网的用户达到 2.33 亿人次，手机也越来越频繁地应用于新闻传播领域，从最原始的手机报，到现在的移动互联网，手机在媒介融合实践中的地位也愈发突出。加上电视、微型电脑和一些新型的接收终端，未来整个媒介融合的生态将进入一个战国时期，究竟是维持群雄逐鹿的状态，还是某一种终端一统天下，目前尚未可知。而对于媒体而言，提升内容和产品的竞争力，将是目前能做和必须去做的工作。①

三、信息发布终端的用户管理

在媒介融合时代，媒体和受众之间的关系已经被重新定义，"一对多"的大众传播时代的"受众意识"逐渐被抛弃，取而代之的是"多对多"的"用户中心意识"。媒体的信息发布终端，是在新闻生产流程中与用户接触最密切的端点。因此，加强信息发布终端的用户管理，是提高新闻信息传播与服务效应不容小觑的关键环节。

信息利用水平是构成媒体核心竞争力的重要部分。一个媒体如果想胜出，要拼的就不完全是信息的收集与传播，而是信息的加工和整理。2013 年被称为"大数据元年"。大数据时代的精准营销，势必引起网络广告购买方式的变化。可以预见，中国网络广告投放的焦点将从传统的大众化营销转向个性化营销，从流量购买转向人群购买。以人为中心，主动迎合需求，是未来营销的重中之重，也应当是媒体信息传播的重中之重。专业媒体必须树立"一切为了用户、一切依靠用户"的观念，注重对用户及其用户信息的收集与分析、运用。在信息发布终端，要建立专门的用户管理平台，强化对用户信息的收集、分析和运用。用户管理中心要集中解决好三个问题：

1. 建立用户档案资料

要利用数据库和信息推送技术，对使用或接触媒体终端的用户进行细分，建立相关的档案资料，为新闻信息产品和广告产品的个性化、针对性投放提供

---

① 吴迪、刘天骄：《媒介融合背景下的人民网竞争力研究》，http：//media. people. com. cn/GB/22114/150608/150615/13533070. html，2015-3-2。

支撑。

传统的用户调查，主要是依靠结构化的数据或者是有关联的数据来获取的，是按照事先设定的程序获得的，如运用调查问卷、抽样调查等，通过严格的样本分析来推断总体。在信息海量的大数据时代，仅依靠传统的数据调查分析已经难以应对，媒体可以利用大数据更为精确地辨识用户群的构成及其特定阶段的具体需求，以据此阶段性地调整新闻生产中各类信息的权重，有针对性地为各类不同的用户群提供新闻信息服务，来增加用户的黏度。

大数据通常为非结构化数据，并包含彼此无关联的数据集，例如来自各独立数据流（如 Twitter、社交网站、传统 CRM、调查结果、人口数据、缺陷数据等）的数据，它与通常彼此相关的数据集不同，数据集规模可能过大，数据集彼此无关联，数据需要快速地分析。分析大数据通常会突破传统数据库及分析流程和系统的界限，必须依赖新兴的技术（如 Hadoop Map Reduce）、R 统计语言以及并行多行处理、高速联网、快速 I \ O 存储（包括基于闪存的新兴存储）等全新的高性能基础架构解决方案。

如爱点击 icick 自主研发的 XMO 受众解决方案，就利用数据分析接触到了最细分的受众。爱点击 icick 与上百营销者合作，推出上千个在线营销活动，在这一过程中累积了上亿的受众数据，结合第三方数据，强强联合，推出了22 种精选细分的受众群体。这些受众群体按行业（如旅游、银行、金融、教育等）生活方式和兴趣（如性价比追求者、商务人士、吃货等）划分，以切合广告主的不同需要。《美国新闻业 2011 年度报告》认为，在媒体市场已经成为买方市场之后，用户决定着哪些内容以哪些方式呈现。媒体的未来属于那些"既懂得公众不断变化的行为，也能准确投放内容，并将广告按用户偏好投放的人"①。

媒体的用户管理平台要服务用户，首先需要了解用户。可以通过设置媒体客户端，有效地收集用户信息。在对用户的细分中，既要借助传统的数据分析方法，更要学习新的大数据分析方法。要充分利用信息终端产生的大量用户数据流，并有意识地与第三方数据相结合，对用户信息的数据流进行精细化处理。既要了解用户的性别、年龄、行业、受教育程度等基础信息，更要借助数据流的解析把握用户的兴趣爱好、生活方式、个性需求等精确信息，以细分用户群体，实施个性化、针对性的信息投放服务。

---

① 曾凡斌：《大数据对媒体经营管理的影响及其应对分析》，载《出版发行研究》2013 年第 2 期。

2. 建立用户信息反馈机制

用户管理平台的重点，要放在建立用户信息的反馈机制上。要及时收集用户对多介质信息终端的信息接收和反馈状况，运用各种数据流，通过数据库储存和分析，寻找用户的兴趣点；依据用户对所接受新闻信息的意见和评价，及时改进新闻信息产品。

用户接触媒介传播的新闻信息包括广告信息后，其认知、情感、态度、行为发生了什么变化？如何发生变化？怎样依据这些变化发现用户的兴趣点？如何按照这些变化适时调整新闻信息的投放内容？这是媒介传播效果研究的基础信息，也是建立用户信息反馈机制的主要内容。要收集这些精确的信息，仅靠传统的问卷调查采用用户的自我报告是不够的；运用控制实验在小群体中进行，也难以真正推进到总体；大数据下的数以亿计的高速度、低成本的运行器、计算机、传感器、网络平台，则使这些精确数据的获取变为可能。

以 Facebook 为例。Facebook 在全球有 9 亿用户，其中日常活跃的用户达 5.26 亿。2011 年 12 月，Facebook 发布了大数据产品——"时间线"Timeline。它是一个可供用户自我编辑的时间线，在这条时间线的页面记录个人生活故事的应用。拥有了这些历史数据，Facebook 就对用户档案了如指掌。用户留下的数据越多，Facebook 就越了解用户。

Facebook 会对每天采集到的 500TB 数据做以下处理：第一，Facebook 进行分类。它将用户发表的评论、上传的图片、音乐、视频这些碎片化、非结构化的数据进行瀑布式分析，使其结集、归类成结构化的数据信息，形成身份类数据（用户注册的基本信息）、需求类数据（有"赞"按钮的显性信息、状态信息、心情信息等）、关系类数据（通过用户关注的人和粉丝，判断他与其他社交网络用户之间关系）等多个数据模块。第二，Facebook 将这些结构化的数据进行解读，深入挖掘数据背后的潜在意义。每当用户登录 Facebook，Cookie会一直驻留在用户的浏览器中，用户的浏览行为、浏览页面从此会被记录。通过对关键字和上传信息的持续分析，Facebook 很容易得出用户的长期爱好与近期需求，再加上对其朋友圈的分析，可以获得用户教育、工作、收入、地理位置等诸多信息。这些信息和解读往往比个人主动填写的信息还要全面真实。[①]

Facebook 还利用用户的基本属性、粉丝、兴趣等，来寻找潜在的用户群；通过数据的挖掘和运用，掌握用户的使用模式，帮助产品设计团队优化网站的

---

① 曾凡斌：《大数据对媒体经营管理的影响及其应对分析》，载《出版发行研究》2013 年第 2 期。

内容，优化界面交互与操作；在用户管理上，Facebook 则利用数据来降低用户的流失。

腾讯的"大数据营销"与 Facebook 也有异曲同工之效。成立于 1998 年的腾讯公司，是目前中国最大的互联网综合服务提供商之一，也是中国服务用户最多的互联网企业之一。腾讯现有超过 7.25 亿 QQ 即时通信活跃账户，1 亿微信用户，4.25 亿微博用户和超过 1 亿的视频用户。除却海量用户，腾讯 N 个产品乘 N 个平台乘 N 个终端乘 N 个用户关系的庞大服务矩阵，带来了数据的非结构化、碎片化、海量化。在积累了多方面的海量信息后，腾讯于 2012 年提出了"大数据营销"的概念。结合 RTB（实时竞价投放）的"Structure（结构化）、Novelty（新颖化）、Scene（场景化）"数据挖掘和应用模式，实现立体化的"以人为核心的精准营销"，帮助企业广告主实现精准营销三步走：一是找对人，二是找到人，三是花对钱，清晰地看到每一分钱所产生的效果。为了达到这一目标，腾讯将调动 7 亿活跃账户数据去服务门户，来打造基于用户社交关系链接的"下一代腾讯网"。在"下一代腾讯网"中，腾讯网、腾讯视频、腾讯微博将实现彻底贯通，三大平台将在实现内容和资源互通的基础上，加快自身社交化的发展；借助手机、平板电脑等其他移动终端，"下一代腾讯"还将实现资讯的即时到达，进一步缩短用户和信息之间的距离，打造真正的零距离资讯平台。

2012 年 8 月，随视传媒也在北京发布了全新的社会化媒体服务平台"随视社交+"。该平台旨在通过深度挖掘与分析 Web 2.0 社交网络用户行为数据，并整合数百位演艺明星与体育明星资源，以理性的数据分析为基础，增强社交营销的科学性及其价值。"社交+"系列包括社交管家、社交风云榜、名社汇、随视社会化品牌观察等系列工具，为社会化媒体的营销提供技术和数据库支持。

腾讯和 Facebook、随视传媒等对大数据的采集、分析与运用，为专业媒体的用户管理提供了有益的经验和借鉴。

媒体运用大数据技术的战略意义，不在于掌握庞大的数据信息，而在于对这些含有意义的数据进行专业化处理，即提高媒体从业者对数据的加工能力，通过加工实现数据的增值，提高其附加值。媒体必须适应新的信息生产和传播方式，学习和应用大数据的采集、分析和运用技术，才能更好地履行信息传播的职能。

媒体的用户管理平台要建立自己的数据挖掘团队，也可以借助数据外包公司，充分运用大数据技术，采集媒体传播所需要的各类信息数据，并在快速分析的基础上建立用户信息反馈机制。

首先，要精准地感知。媒体终端的用户管理平台，可以借鉴 Facebook 设计"时间轴"的做法，在客户端部署传感器等感知单元，以便及时收集用户的各类信息数据，包括用户上传的文字、图片、评论、视频等各类数据。网民在各类媒体终端上产生的海量数据，记录着他们的思想、行为乃至情感，也记录了用户对新闻信息及其相关服务的兴趣爱好与需求。这是信息时代现实社会与网络空间深度融合的产物，蕴含着丰富的内涵和很多规律性信息。用户管理平台要从这些海量数据中挖掘、分辨出用户的行为模式、兴趣偏好及其社会关系等，并据此形成各种数据模块。

其次，在精准感知用户的需求和体验之后，还要有效地反馈。用户管理平台的数据挖掘团队，对收集到的各类海量数据，要通过关键字和上传信息的持续分析，形成结构化数据，以细分用户群；针对用户群不同的具体需求，及时调整新闻信息投放的内容，并据此提供用户所需要的个性化的相关服务。媒体要依据大数据技术及时反馈，有针对性地做好相关服务的供给和新闻信息的投放，把相关资源投放到用户最需要的地方去。在收集、分析用户信息数据的同时，还要注意培养用户积极主动的参与意识，实现信息传播的双向化以及受众反馈的透明与及时。

3. 建立用户生产信息内容的上浮机制

用户管理平台还要尊重用户的信息互动生产，借助媒体终端建立起用户生产信息内容的上浮机制，使之成为媒体新闻信息生产的有效补充。

在融媒体时代，新闻传播不再仅是一种新闻传递活动，而是一个在生产者和消费者之间共享的事业。每个用户都可能是一家通讯社，每个人也都需要来自别人的信息。新闻就是在生产者和消费者可能合二为一、互动生产的滚雪球过程中获得传播效力的。因此，用户管理平台要运用多种助推方式，促成用户生产信息（内容）的上浮，使其成为新闻信息产品的有效补充，让新闻内容的生产由传统职业化与大规模业余化共生共享。

随着自媒体时代的到来，"公民记者"提供的信息已经成为媒体信息源的重要组成部分。以微博为例，2011 年以网民为首发主体的舆情事件占到了所有舆情事件总体的 46.9%，而传统大众媒体为首发主体的事件为 53.1%。微博成为社会第一大信息源，22% 的人群通过微博获得舆情热点事件；2010 年这一数据则只有 12.7%；排名第二的都市报占 19.1%，比 2010 年下降了 13 个百分点。微博不仅是社交娱乐工具，而且成为重要的舆论场，不仅受众从中获取信息，许多微博的内容也成为舆论热点。开设法人微博成为专业媒体在人人都可发声的时代争夺话语权的必要举措。截至 2012 年 11 月 18 日，新浪微博媒体机构账号总数从 2011 年 12 月底的 1.16 万增长到 1.8 万左右，增长率为 55.2%（2011 年的增长率为 140%），整体增长速度趋于放缓。但从绝对增长数量来看，2012 年与 2011 年基本持平，都在 0.7 万左右。共有 2379 家纸媒在新浪微博上开通了官方微博，其中杂志 1632 家，报纸 747 家，相关报纸覆盖率在 40% 左右，杂志覆盖率不足 10%。新浪媒体机构账号的粉丝数已经突破 2 亿，较 2012 年初的 1.3 亿，增长了 54%，粉丝数已经接近于新浪微博用户总数的 1/2。

此外，不少媒体还增设了"微新闻"、"微评论"、"微链接"等版面或栏目，集中对来自微博的新闻进行再加工和再传播；微博也已经成为记者获取新闻的重要来源。

因此，作为媒体传播终端的用户服务平台，理当把用户生产内容的上浮作为用户管理的重要任务。一方面，要通过合理的方法，如借助各种数据挖掘团队，或通过客户端软件的搜索助推功能，充分挖掘用户 UGC（用户生产的内容），并在对其真实性进行核实之后，迅速将其分门别类，放入数据库，供记者编辑选取。另一方面，也可以组建专门的"公民记者"团队，或采用开辟专栏、专版等形式，以"文责自负"的形式，把部分用户生产的内容直接上浮至媒体终端，供其他用户浏览。特别是在重大事件或突发事件发生时，要善于发挥自媒体的优势，让事件现场的"公民记者"直接站出来"说话"，以弥补记者不在现场的不足。

用户生产的内容，是媒体新闻信息生产的有效补充。如 2013 年 8 月 17 日因广东暴雨冲断铁路，导致京广线列车或晚点或停运，影响了武汉始发到广东的列车发车。《楚天都市报》记者在到武汉铁路部门采访的同时，通过网友"百吉明"的微博爆料，了解到其正在京广线深圳至宜昌东的 Z24 次列车上。记者立即与其联系，并在报道中加上了网友所述"Z24 次于 8 月 16 日 18 时 15 分准时发车，但因暴雨影响，一直走走停停，10 个多小时还没走出广东，17 日 16 时多才进入湖南境内，之后火车速度才恢复正常"等现场报道内容，使突发事件的报道有点有面有现场感，增加了新闻的可读性和可信度。

将"公民记者"的现场爆料内容上浮，作为媒体新闻信息生产的有效补充，这一类的案例在媒体的日常报道中几乎俯拾皆是。随着用户信息接触量的增加和需求的多样化，用户在新闻报道过程中，可能会对一些报道或社会问题提供更为广阔的视角和更为深刻的见解。为此，媒体应为用户提供可以发表言论、参与传播的平台，在促进新闻报道生产主体多元化的情况下，鼓励多视角、立体化、互动式的生产内容，满足不同受众的个性化需求。

需要注意的是，由于"公民记者"自身素质参差不齐，且对新闻报道缺乏基本教育，在其提供的信息中也会出现各类问题，特别是对其信息的真实性需要认真核实。据《现代快报》2013 年 8 月 17 日报道：从 16 日晚上 11 点多钟开始，一条"大巴近百乘客被劫"的微博在网上发酵。一网友称自己在苏州乘了一辆大客车前往河南、陕西方向，上车时被抢了现金，车上近百乘客都有同样遭遇，"劫匪"有五六人。该网友一路上不断更新微博，引发众网友转发，不少网友甚至熬夜关注，并呼吁警方拦截施救。17 日早上 6 时许，这辆大巴在安徽亳州境内被拦下，警方发现并无乘客被劫持，但确认这辆车涉嫌非法运营。原来，该网友是浙江理工大学的一名学生，在坐黑车前，坐面包车到乘车地点时被多收 100 多元，因担心再次被宰，于是发微博撒下弥天大谎。当天下午 2：08，该网友更新微博致歉。网友们纷纷谴责其虚构"劫持"事实，让大家跟着担心，是一种不负责的行为。这样的案例在自媒体发布的各类信息中并不鲜见。

因此，用户管理平台在建立用户生产信息内容的上浮机制时，必须做好把关、核实的工作；在广泛收集用户生产信息内容的同时，还要运用多种渠道对确有新闻价值的信息进行把关、核实，确保其真实性。这同样是用户管理平台需要履行的重要职责。

媒介融合的新闻生产流程再造，是一个循序渐进、与时俱进的过程。随着科学技术的发展和用户需求的变化，其新闻生产流程的构建与再造也需要与时俱进，需要不断地变化与调整。

思考题

1. 为什么说"打通"各个单一介质媒体之间的联系渠道是融媒体时代新闻生产流程再造的关键？

2. 什么是新闻生产的流程再造？其新特质的主要表现是什么？

3. 新闻生产流程的层级管理与网状管理有什么不同？管理者如何适应变化了的受众特点，并强化对用户（受众）的经营管理？

4. 在媒体融合时代，记者怎样才能突破思维定势，实现新闻内容采集的跨媒体思维？

5. 在新闻生产流程再造中，为什么说新闻编辑不再是单纯的"新闻编制者"，而成为全方位的"新闻与信息服务的提供者"；不再是单纯意义的"新闻把关人"，而应当是"新闻解析者"与"公共论坛主持人"？新闻编辑应如何履行新的职能与责任？

6. 怎样借助大数据做好用户管理？你认为，信息发布终端的未来发展趋势是什么？

第四章　媒介融合的技术支持

　　媒介融合的产生与发展离不开现代科学技术的进步。在某种程度上我们可以说，正是科技的进步推进了媒介技术的发展，促成了媒介融合的出现。随着互联网技术的日益成熟和大规模普及，随着通信技术、数字存储技术、新材料技术等新技术的飞速发展，媒介的新闻信息传播有了更为广阔的天地。无论是报纸、广播、电视等传统媒体，还是互联网、手持媒体等新媒体，信息的采编、处理、传输和发布都有赖于以计算机和网络为代表的信息技术。计算机计算速度越快，传输信息的路径越宽，互联网分布越广，信息的时效性和价值就越高。可以说，科学技术的突破及信息技术手段对媒介的支持程度对媒介的发展起着至关重要的作用。它决定着媒介形态、媒介组织、媒介终端和用户（受众）使用状态的变迁，决定着信息在整个社会的运行状态，进而影响着整个社会的发展。

　　这里所说的技术支持指的是面向媒介发展的需求，能解决媒介发展过程中的各种技术问题，支撑媒介向前发展的各种技术手段，特别是计算机技术、互联网技术、通信技术、数字存储技术、新材料技术等。

　　从媒介普及的角度，我们可以把 20 世纪 50 年代以后的社会信息化进程分为三个阶段：

　　第一个阶段为 20 世纪 50 年代到 80 年代中期，在这个阶段，报刊、广播、电视等大众传播媒介得到了高度的普及，个人使用的媒介也日趋多样化。

　　第二个阶段是高度信息化的阶段，从 20 世纪 80 年代末延伸到 20 世纪末。这个阶段的特点是：

　　（1）大众传媒进一步发达，广播电视进入数字化多频道和卫星跨国传播的时代；

　　（2）报纸进入到计算机多媒体编辑处理印制阶段；

　　（3）微型电脑普及家庭，并迅速成为个人进行综合信息处理的工具。

　　第三个阶段是各种新媒介不断涌现并且开始显现出融合的趋势。以互联网和移动通信技术为代表的新技术的推动使不同媒介的功能渐次融聚在一起，单一媒体的边界被打破，你中有我，我中有你，传统媒体和新媒体之间呈现融合的态势。

由此我们可以看到，科学技术的发展和突破会促使媒介形态由量变到质变；媒介形态的变化将导致整个社会信息系统发生变化，社会信息系统的变化又会使受众（用户）的信息使用和信息需求产生新的变化和需求，从而对科学技术产生新的需求，由此推动媒介技术的进一步发展。如此循环往复，从而推动社会的不断发展。

第一节　当前媒介融合环境下的技术问题

技术进步，对于传播平台的创新居功至伟。传统媒体报纸、广播、电视的产生与发展，得益于科学技术的发展；在媒介融合环境下，传统媒体与新媒体的融合与发展，同样需要科学技术的支持。

媒介融合是一个渐进的过程。认真研究报纸、广播、电视等传统媒体在媒介融合条件下面临的技术问题，对于促成其融合与发展至关重要。

一、报纸、广播、电视等传统媒介面临的技术问题

研究传统媒介在媒介融合条件下面临的技术问题，首先要了解传统媒体的生产业务流程及其技术支持。

（一）报纸、广播、电视媒体的传统业务流程及其技术支持

流程，一般指生产过程中从原材料采集到制成产品成品的各项工序安排的程序。通过对传统媒体业务流程的详尽分析，我们可以清晰地把握传统媒体新闻产品制作过程中所需要的技术支持。

1. 报纸业务流程及其技术支持

在报纸新闻生产的流程中，新闻采编是其中最重要的环节之一。报纸新闻采编工作安排的程序就是报纸新闻采编工作的流程，主要包括以下内容：版面内容及编辑方针的确定、记者采集新闻素材、记者撰写稿件、记者发送稿件、编辑修改稿件、版面编排、版面印刷等，如图4-1所示。

图4-1的业务流程随着计算机排版技术、信息技术、网络技术等的发展，也产生了一系列变革。正是这些技术变革，推动着报纸媒体承载的信息量和信息发布效率快速提高。

从技术发展的角度看，报纸的采编出版大体经历了三个阶段：人工编排、激光照排和计算机网络编排。早期，在报社新闻采编流程中，首先要靠记者编

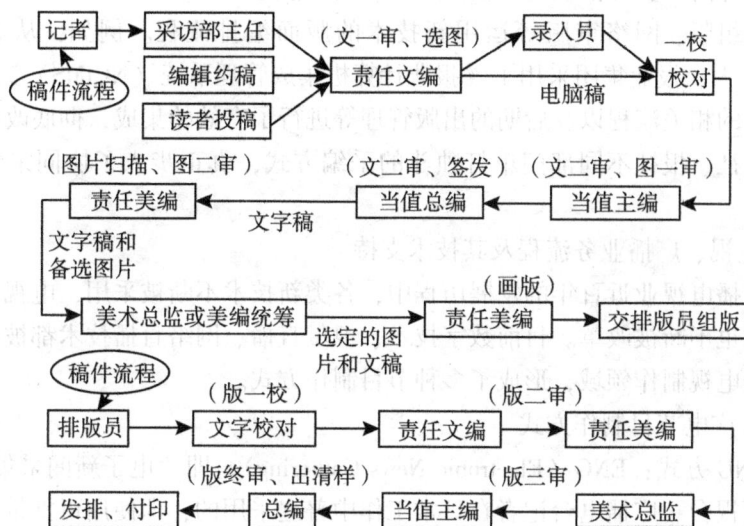

图 4-1 目前报社的主要流程图

辑们使用纸笔写稿和改稿，然后再用铅字编排，最后进行印刷。早期这种编排方式的最大缺点就是能耗大、污染大、效率低、耗资源。随着激光照排的广泛应用、计算机和互联网的普及，报纸的编排和印刷效率得到了极大提升，能耗也大大降低。1994 年，《深圳晚报》在国内率先采用了计算机新闻采编管理系统。2000 年 9 月，《大众日报》也采用了网络新闻采编系统。从那时起，国内各报社都陆续开始采用计算机网络采编系统对稿件进行编写和修改，大大提高了新闻采编的效率。

之后，随着报社集团化、协作化发展，报纸新闻采编流程也逐步进入协同采编时代。1996 年，我国第一家报业集团——广州日报报业集团正式成立；其后，相继有数十家报业集团问世。2007 年，各报业媒体以及网络新闻媒体又开始进行新一轮的合作、联合——成立"媒体联盟"。外部环境的变化迫使报社内部采编系统也随之变化。

原有的采编系统仅能满足单媒体基本的稿件编写和修改，并没有考虑不同媒体之间的相互协作。在集团化、协作化方式下，需要一个可以进行稿件协调处理的平台系统。

随着局域网、数据库技术的快速发展，使得支持协同的新闻采编系统以及协同组版系统的新一代报业集团采编管理系统成为可能。通过该系统，不仅可以实现多部门、多种报纸之间采编人员的稿件信息共享，而且还产生了电脑画版、协同组版、网络审版等运用新技术的版面编排流程。例如，从 2000—2003 年，大众报业集团采用了《报业计算机集成管理系统（NCIMS）》，将报纸采编中的相关流程以及后期的出版管理等进行了有效的集成，彻底改变了原来不同报社、报社不同部门单打独斗的采编方式，真正步入了协同采编的时代。

2. 电视、广播业务流程及其技术支持

在广播电视业近百年的发展历程中，各类新技术不断被采用，电视节目的生产方式也不断被改革。目前数字技术、卫星直播、网络直播技术都被广泛运用于广播电视制作领域，形成了多种节目制作方式。

（1）广电节目制作方式

①ENG 方式：ENG（Electronic News Gathering），即"电子新闻采集"。该方式是电视台、广播电台记者在日常工作中普遍采用的，即使用可携带或便携式录音机、摄像机等记录设备进行实地采访，然后回电视台、电台将采访的内容进行编辑、配音等，最后制成广播及电视新闻播出。这是一种基本的广播、电视节目制作方式。

②EFP 方式：EFP（Electronic Field Production），即"电子现场制作"。它是将一整套摄像或录音设备进行连接，组成一套新闻采编系统，进行现场节目录制和生产的制作方式。

广播电台或电视台在事件发生的现场或演出、竞赛现场制作广播电视节目，进行现场直播或录播都属于 EFP 方式。由于节目的摄录过程与事件发生发展是同步进行的，因此节目的现场感特别强烈，这是 EFP 最突出的特点。它被广播电视媒体广泛应用于文艺、专题、体育等类节目的制作。

③ESP 方式：ESP（Electronic Studio Production），译为"电子录播室制作"，主要是指在演播室录制广播电视新闻节目。

一般情况下，广播电台、电视台录播室在设计建造时都会充分考虑到节目录制播出的技术要求：高保真的音响效果、完备的灯光照明系统和自动化调光系统、（虚拟）布景系统、录播控制设备等。现代的录播室（厅）都会装备高度清晰的数字录音系统、先进的移动及固定机位的高清摄像系统、部分摄像机甚至可架设在可全方位移动的摇臂上，以拍摄一般情况下难以完成的视觉画面。此外，现代演播厅往往还配备有支持各种特效的特技切换系统、虚拟演播系统等。因此，这种制作方式的最大特点是录制质量高、特技丰富、可控性强、应用范围广，是电台、电视台制作室内节目的理想方式。

（2）电视节目制作流程

电视节目的类型众多，不同类型的节目，其制作流程有很大的差异。这里讲的电视节目制作流程主要指电视新闻节目的制作的全过程：

①记者获得新闻线索或分配到采访任务；

②提前或者新闻现场完成新闻构思；

③采访、拍摄或录音：

④撰写解说词；

⑤配音；

⑥编辑视频或音频；

⑦最后制作与播出。

这种关于电视制作阶段的流程描述，仅适用于采用电影手段或录像手段的制作过程。如果是电视直播，该流程 2~7 步则合并为一步完成，这对记者和电视台现场播出提出了更高要求。

（3）电视节目制作必需的技术支持

通过前面所述的三种电视节目制作方式，我们已经对电视节目制作所需的技术条件有了一定了解。总体来看，电视节目的制作主要需要下列设备：

①电视摄录设备：主要是摄像机、录像机。用镜头来记录生活，将现实生活分解为一个又一个片断，录制在磁带上。

②电视编辑、演播设备：主要是编辑线、特技功能编辑机、字幕机、演播室等。

③电视信号播出、传输设备：主要是信号播出设备、传输设备等。

④随着国内电视台集团化、协作化的发展，为了解决信息共享、统一管理等问题，为了减轻采编人员的工作强度，电台、电视台还需要基于网络和数据库的新闻采编系统，以提高新闻的生产效率和节目质量，提高电视台/电台的管理水平。

（二）媒介融合环境下传统媒体的业务流程及其技术支持

从上述分析中我们可以看到，报纸、广播、电视这些传统媒体不断采用新技术，并注重对已有设备的更新、升级，已经很好地适应了原有的新闻生产流程。我们也可以看到，传统媒体现有的技术设备条件还非常有限，仅能适应单一媒介的业务需要，如日报按发行周期实行 24 小时运转，广播电视一般根据新闻滚动和栏目架构的需要进行操作，距离媒介融合环境下的技术设备条件还存在较大差距。

媒介融合环境下，报纸、广播、电视要打破原有的业务流程，高度融合不同的技术手段和媒介介质，实现新闻资讯信息一次采集，全面共享，多次挖掘，整合利用，多媒体发布，以实现资源利用的最大化。

对于媒介融合环境下不同媒体的业务流程再造，我们已经在第三章提出了初步构想。对此，各种媒体还在不断地探索，现在还没有一个被所有媒体都认可的统一的业务流程模式。但是，我们可以通过分析国内外媒体在媒介融合转型过程中的业务流程窥见一斑。

甘奈特公司（Gannett Company, Inc.）是美国最大的报业集团。为了让其报纸读者在任何时候、任何地方，通过任何平台，都能接收新闻和资讯，并对与读者生活息息相关的本地信息（如气象、交通、旅游、娱乐、购物等）的强烈需求给予回应，甘奈特公司建立了专门负责采集新闻的"信息中心"，并打破了新闻编辑室的原有部门设置，将其分为七个功能部（见第三章第四节）。对原有机构进行调整的目的也十分明确：一是强调本地新闻和信息的优先地位；二是发布更多受众所需要的各类信息；三是实现每周7天、每天24小时不间断地跨平台发布资讯（进一步提升网站作用）；四是更加强调与受众的互动及舆论监督作用。甘奈特公司此举向媒介融合迈出了实质性的一步，为该集团众多媒体进一步整合埋下了伏笔。

我国的纸质媒体也在积极推进媒介融合的转型。继《人民日报》、《烟台日报》等一批纸质媒体推行"报网融合"和"全媒体战略"后，2012年5月17日，《京华时报》又推出了"中国第一家云报纸"——《云周刊》，开了国内云报纸的先河。2012年9月7日，"京华云拍"客户端在苹果应用商店正式登陆，标志着京华云报纸平台搭建完成，《京华时报》也成为中国报业史上第一家提供完整的云阅读服务的报纸。所谓的云报纸，是指将时下备受关注的互联网云技术、图像识别技术与纸媒相结合的融合媒体。用户利用图像识别技术，通过智能手机等移动终端下载该报纸相应的云拍客户端，对准加载了云技术的报纸图片拍照，便会通过链接媒体数据库，看到该条新闻的相关视频、图片和更多文字报道；云报纸还可以让报纸上的广告"动"起来，变平面广告为视频广告；人们甚至可以通过云报纸完成在线购物，只要读者用手机拍摄报纸上的商品图片，就可以直接进入该商品的购物网站，实现点对点下单。简而言之，《京华时报》的云报纸就是《京华时报》有前、后两个终端，前端是传统形态的报纸，后端则是架在云上的数据库，借助新的技术手段，来满足用户对新闻资讯的延伸需求。这两个终端互为入口。这其中，二维码技术和移动终端云拍软件的发展起到了不可忽视的作用。从最初黑白相间的小方块到如今更为美观的图片，从最初与联通合作的"联通亿拍"到独立打造的客户端"京华云拍"，《京华时报》的云报纸实现了从报纸到互联网的顺畅链接。①

电视媒体借助数字化、网络化技术的东风，也正在集电视、网站、手机、移动媒体等多种载体于一身，向"全媒体"形态发展。但原有滞后迟钝的采编机制、生产流程和机构设置是其向媒介融合转型最大的障碍，电视媒体必须进行业务流程再造以适应未来媒介发展的需要。在这方面，英国广播公司BBC（以下简称 BBC）的做法对我国电视媒体的转型有较大的参考价值。

为适应未来发展，在新时代媒介竞争中抢得先机，BBC 从 2007 年 10 月开始着手机构重组，广播新闻、电视新闻、网络新闻三大部门被取消，取而代之的是两大编辑部——多媒体新闻部和多媒体节目部。多媒体新闻部主要负责"BBC 新闻网"、"广播新闻"（Radio 1 除外）、"BBC 国际新闻服务"、"BBC 新闻 24 小时"、"BBC 国际"等内容；多媒体节目部则负责"第五实况"（Five Live）、"今日"、"新闻时分"、"晚间新闻"等内容。过去，BBC 所有的频道和媒体平台常常各自为战，造成大量的内部消耗与重复制作。机构重组之后，这个问题得到了很大缓解。例如，改革前，BBC 1 台王牌新闻播报节目《一点新闻》、《六点新闻》及《十点新闻》等各有各的制作队伍，改革后这些节目共享一个制作班底，共享新闻素材，这不仅降低了生产成本，还提高了制作效率。

美国有线新闻网 CNN 也打造出适应"全媒体"的新闻制作流程：记者采集的新闻素材能够为 CNN 旗下不同频道、不同媒体所共享；在后期，CNN 各栏目、频道再根据各自的需求，有针对性地进行加工处理。

从以上案例我们可以看到，传统媒体要适应媒介融合的新闻生产需要，必须改造、升级现有设备系统，使新系统具备以下功能：

（1）兼容不同媒介的新闻信息中心

在新技术浪潮的推进与市场竞争的压力下，传统新闻媒介纷纷迈出了数字化转型和跨媒体发展的步伐。比如报纸这一历史最悠久的新闻媒体，借助数字技术与网络传播，推出了电子报纸、手机报、新闻视频公告、综合新闻网站等，将新闻信息载体从单一的印刷纸变成了多种不同载体的集群。广播、电视等电子媒介除了原有信息载体外，也不断推出诸如网络电台、网络电视台、数字广播电视、移动电视等新的信息载体。传统媒体正在从传统意义上的报纸、广播电视节目生产企业转向现代意义上的内容提供商，这无疑是一场史无前例

---

① 宋建武、李华英：《"京华云拍"：传统媒体入"云"的探索之旅》，载《新闻爱好者》2013 年第 1 期。

的变革。

　　媒体要成为真正意义上的内容提供商，成立类似于甘奈特报业集团的能兼容不同媒介的"信息中心"是一个必然的选择。从技术的角度看，这样的"信息中心"必须站在整个媒介集团的高度，打通原报纸、网站、电台、电视台等媒介之间的技术界限，使信息不仅能在各媒介系统内部快速通畅地流动，更能在不同媒介系统之间快速通畅地流动。前方记者无论使用计算机、手机、PDA、数字平板电视等媒介，无论是通过有线、无线，还是通过电信、互联网或广电网络，都能够快速迅捷、稳定高效地将所采集的信息传输到所属媒体的"信息中心"系统。媒介内部，无论是报纸、网站还是电台电视台等机构都可以及时看到记者采集到的最新信息素材，并能对其进行再加工、再创作，使原有资讯能在各种不同的发布终端进行传播。

　　（2）强大的信息资源数据库

　　如果说"信息中心"是未来媒介管理资讯的前端平台，那么强大的信息数据库则是支持该系统的后端平台。媒体将采集到的信息进行数字化处理后，全部录入数据库。数据库内不仅包含当前最新的资讯，还包括该媒介历史上全部的资讯；不仅包括媒体发布的文字、图片和音视频资料，还包括媒体用户对相关信息的反馈信息；不仅包括新闻信息，还包括本地或相关地区的生活资讯（如天气、金融、证券、交通、就业等）。

　　这样的数据库还要易于编采人员和媒体用户检索。通过搜索引擎，媒体编采人员和用户不仅可以方便地通过文字进行检索，将来还可以通过图片、音频甚至视频检索信息，以方便其对各类不同信息的获取。这就要求媒体在建立或扩建数据库时，不仅要以文字作为关键字，还要对相关音频、图像、视频选取关键字；不仅要建立文字数据库，还要建立音频、视频、图像等数据库，而且这些数据库都是互联互通的。这方面，BBC已经开始着手研究。为了让制作人员和用户方便、快捷地检索、使用BBC不同平台的节目，BBC正在开发下一代数据搜索引擎。利用新的网络搜索引擎，用户通过输入声音和图像就能查找到BBC电视台和广播台相关的音频和视频资料。而BBC的节目创作人员也能更方便地找到需要的资料，以便他们重新包装和循环使用历史资料。新的数据库和搜索引擎启用后，用户按照个性化需求订制信息也将成为可能。公司管理层还希望通过个人用户、数据库和搜索代理引擎之间的联系，让BBC与其用户建立更加亲密和人性化的关系。

　　无论是报纸新闻还是广播电视新闻，易于检索还应体现在对相关资讯进行"线性"、"非线性"检索、定位和使用上。所谓"线性"是指按照事件发生的时间进行检索，可以使用户通过"时间轴"的拖动，了解新闻事件的发展过程。"时间轴"就像一部时光机器，可以随意拖动，查看不同时间发生了什么新闻事件。"非线性"则指可以通过地点、主题等对新闻信息进行查找。

另外，该数据库还应是易于访问的。不仅能在媒介内部或使用内网访问，也能在媒介外部及使用外网时快速访问；不仅能使用计算机进行访问，也能使用其他媒介如手机、平板电视等快速访问；不仅能通过有线网络、互联网进行访问，也能通过无线网、数字电视网、移动通信网、卫星通信网进行访问。这就要求媒介数据库必须具备多接口、高兼容功能，方便与其他媒介进行连接。

（3）面向不同媒介的资讯发布技术

传统媒体一般是按照其媒介自身特性进行信息采集和资讯发布的，如报社一般采集和发布文字信息，电视台一般采集和发布视频信息，其技术设备也是针对这一目标进行设置的。媒介融合环境下，媒介不仅要能发布文字信息，还要在不同媒介上发布相关的视频、音频、图像甚至动画信息，这就要求将来信息发布系统具备多媒体数据采集，多渠道资讯发布功能。媒体"信息中心"能及时迅捷地从数据库中将相关新闻信息发布到报纸、广播、电视、手机、汽车、电子阅读器等信息载体上。

在这方面，国外媒体已经开始相关技术探索和产品研制。例如，美国老牌报业公司纽约时报（The New York Times Company），将重点放在与知名 IT 公司联合研发电子报纸阅读器。2006 年 4 月 28 日，纽约时报与微软公司共同展示了一种能标示页码、适合手提电脑阅读的媒介新产品，称作"时报阅读器（Times Reader，见图 4-2）"。该阅读器基于微软 Windows Vista 操作系统，在融合报纸的可读、便携与网络的即时、互动上迈出了一大步。2007 年，纽约时报与电子阅读器的新贵 Amazon Kindle 携手，让读者可以在 Kindle 阅读器上订阅以及免费无线高速下载《纽约时报》，享受几乎等同于纸质图书的阅读体验。2009 年，该公司又联手美国苹果公司（Apple Inc），开发与苹果 MAC 操作系统兼容的 MAC 电子阅读器。

BBC 在多媒体信息发布技术方面也取得了较大成就。2007 年 12 月 25 日，经过多年的研发和测试，BBC iPlayer 播放器正式上线。iPlayer 是 BBC 推出的一款网络视频软件，用户可以通过它观看多达 400 多小时的免费电视节目。在 BBC 节目首播一周后，用户就能利用 iPlayer 软件免费下载，然后用收音机、电视机、电脑、手机或者其他移动终端观看。通过 iPlayer，BBC 终于从技术上打破了媒介之间的障碍，实现了广播、电视、网站、移动等终端的融合。

从受众的角度看，媒介融合带给一般受众最直观的感受除了新闻产品形态

图 4-2　Times Reader

的多媒体化以外，最重要的就是媒介终端在信息接收与发送时的及时、互动和融合等特性。

这里所说的终端指的是新闻信息的接收器或承载器。过去人们只能通过报纸、电视机和收音机等媒介接收新闻信息，由于媒介本身的局限性，人们要么无法及时接收信息（如报纸），要么无法自由地、随时随地地接收信息（如电视），要么接收的信息形式有限制（如广播）。

现在，新闻网站通过互联网、移动终端或电视终端，基本可以做到随时随地地向用户发送信息。用户只要有电脑或手机、有网线或无线网，就可以上网阅读最新资讯。虽然这种方式较以前已经有了极大的进步，但距离媒介融合环境下的信息接收方式还有着较大的差距。首先，通过电脑或手机上网仍然受到设备本身的条件所限制，无法随时随地自由地获得信息。台式电脑不便携带，人们只能在家或办公室使用；笔记本电脑虽然可以携带，但体积仍然较大，且电力有限。其次，手机体积小巧，便于携带，功能日益强大，通过手机上网获取资讯，看上去好似完美，但仍然有一定的局限性。其主要体现在目前移动通信网主要针对语音通话而设计的，其传输的数据量还较为有限，即便是 3G 网络也不能完全支持大规模、大范围的数据通信，如在线高清视频直播等。而且手机屏幕较小，无法获得较佳的视觉体验。再次，目前各种移动终端缺乏互动体验，无法像使用电脑一样实现受众与媒介、受众与受众的互动。

我们现在或许还无法想象未来媒介终端产品的具体形态，但可以预测，媒介融合时代人们手中所持的信息接收终端一定具备能及时快捷接收多媒体信息、能方便发布信息与传者及受者互动，能按照自己的意愿定制各种信息——"我的新闻"，易于在终端上设计自己的媒介版面等。目前的各种信息接收终端，如第三章所述的网络终端、移动终端、电视终端等，虽然已经具备了一些媒介融合的要素，但还无法完全适应媒介融合环境下的信息接收与互动，还有待新技术的出现与媒介的不断探索开发。

二、当前媒体"媒介融合"转型面临的技术问题

对比传统媒体业务流程及技术设备与媒介融合环境下的业务流程及技术支持，我们不难看到，报纸、广播、电视等媒体向媒介融合转型，至少还存在以下四个方面的技术问题：

（一）各媒体的采编系统距离多媒体新闻信息采集与制作还有较大差距

当前各媒体的采编系统大都面向单一媒介。从技术上看，现有的报社出版系统、广播电视新闻的采编制作系统，还无法支持"新闻信息中心"对多媒体信息采集、多次挖掘利用、多媒体发布等的要求。必须从整体上、从多媒体信息采集与刊播的目标出发，重构现有媒体的采编系统，对现有的采编系统进行技术改造或更新换代，才能逐步构建新时代的"新闻信息中心"。

（二）媒体现有数据库还无法承担"媒介融合"环境下用户对信息数据的需求

现在，各媒体都已经建立了自己的数据库，基本实现了历史数据的入库。如现在省级报纸大多将过往报刊数据录入数据库，以方便读者对历史报刊信息的查询。但这样的数据库，距离真正意义上的数据库还有极大的差距，更无法满足用户对新闻信息及其他信息的多元化需求。

第一，各媒介现在仅将单媒介信息入库，还没有对相关信息进行多媒体资讯入库，甚至还有相当一部分广播电台、电视台还没有将过往节目入库；第二，现在各媒体仅在对已出版或播出的新闻节目入库，还没有对本地或其他相关资讯入库；第三，现有数据查询手段还非常有限，仅能在媒体网站按照时间线索或通过关键字进行检索，还不能做到通过文字、语音、视频、图像等多形式检索；第四，目前用户仅能通过媒介网站进行检索，无法通过手机、数字电视终端等其他载体检索。

要向"媒介融合"全面转型，必须按照"媒介融合"的要求构建全新的、支持多媒体信息的、具备多接口的、易于访问和存储的数据库，并对全部信息

入库。

（三）现有各媒介的信息发布技术仅能适应单媒介，无法适应多媒体发布的需求

现在的报社、广播台、电视台等媒体的信息发布终端，其技术设备仅能适应单媒介新闻信息发布，还无法适应媒介融合所要求的"一次信息采集，多媒体、多介质发布"的新需求。

第一，现有媒体还不能做到根据不同媒介的特性进行信息发布。尽管现在大部分报纸、广播电台、电视台已经有了自己的网站（包括手机网站），但网站上相当多的内容仅是对纸质或电子媒体相关资讯的拷贝。

第二，还不能面向新型信息媒介发布资讯。比如，现在数字电视、汽车信息终端等已经具备接收多媒体信息的功能，但无论是报社还是广播电视媒介，都还没有做好向这些新媒体传输信息数据的准备。

媒体要适应媒介融合条件下多媒体、多渠道发布信息的新环境，必须从技术层面重新设计，建造新的新闻发布平台，按照新的业务操作流程，根据不同媒介的特点进行多信道、多终端、多媒体的信息发布。

（四）现有媒介接收终端还无法做到及时、互动、迅捷

现有报纸一般仅能接收昨天甚至更早以前的新闻，虽然方便携带，却无法做到互动、检索；广播电视接收终端（收音机、电视机等）虽然可以做到及时，却无法互动，更不用说打造互动社区了。媒体网站能做到及时、互动、易于检索，但也存在不便携带等问题；手机终端基本可以做到及时、迅捷，但目前的手机网络还不支持高清晰的音视频实时播放、大容量文件快捷下载、互动虚拟社区的构建，且现在移动通信上网资费较高。"媒介融合"环境下，用户接收信息的终端应该是多种多样的，其总体特点是方便携带、能及时接收信息、方便用户检索，并能实现各种互动（甚至可以打造社交平台）。

第二节　当前媒介融合环境下的技术对策

媒介融合的核心是内容共享，技术支撑则是其前提条件。面对媒体在媒介融合转型中存在的问题，如何采用相关对策，有的放矢地提高其技术性能，以助推媒介融合的发展，也是各媒体亟待解决的重要环节。

一、媒介融合的技术可行性分析

从国内外媒介融合先行者的实践看，媒介融合在技术上是可行的。虽然

还存在这样那样的问题，但假以时日，随着技术进步这些问题都是可以迎刃而解的。

（一）现有媒介系统的局限性

在信息社会，计算机和通信技术改变了人们的工作方式和生活方式，也改变了报纸、广播和电视媒体内部的技术手段，并推动着传媒业信息化建设向前发展。

报业信息化建设经历了几次大的技术革新，进入了崭新的数字出版时代。如今报业信息化手段已经相当成熟，多数大中型报社都拥有适合于新闻生产、经营管理的相关系统，实现了全数字化的生产经营。作为报社信息系统的核心——新闻采编业务系统，其业务流程如图4-3所示：

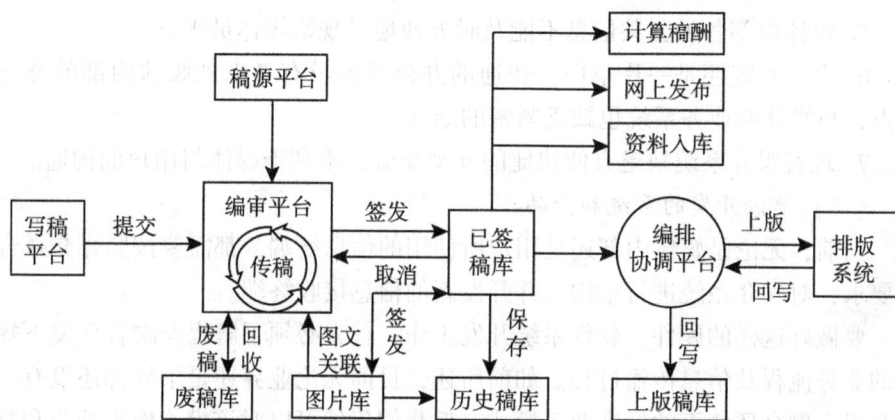

图4-3　报社采编系统业务流程图

目前，报社采编系统已经相对成熟，能较好适应报社出版报纸和在网站发布新闻等业务。除此以外，各报社还采用了广告管理、激光照排出版等相关系统。但大多数报社建立信息系统时都采用分步实施的方法，针对不同的应用需求建立不同的业务子系统。这种方法的好处是分期投资、见效快，同时也带来了一系列的新问题：各子系统都是针对特定应用设计的，各系统之间的信息不能互通共享，导致信息孤岛的出现；分离的信息和多个系统也使报社内部人员难以通过统一的界面了解报社的全面信息，完成各项日常工作。

报社的经营管理数据是报社赖以生存的基础，目前报社的经营原始数据都存放在各个应用系统之中，如广告系统、发行系统、印刷厂管理系统等。如何有效地综合利用这些数据，形成经营数据的联动分析，是目前报社亟待解决的主要问题之一。

与报社系统相类似，广播台、电视台等媒体所构建的信息系统也存在相同问题。总体来看，这些问题主要有：

1. 媒介信息系统的核心——新闻采编系统，仅能适应单一媒介信息发布的需求，不能适应媒介融合环境下多媒介信息发布的需求。

2. 媒体内部针对不同业务使用不同的应用系统，信息不能互通共享，导致信息孤岛的出现。

3. 媒体内部人员难以通过统一的界面了解报社的全面信息和完成各项日常工作。

4. 采编系统与经营系统分离，不利于管理人员及时了解整个媒体的生产经营的实际状况，以便尽早发现潜在问题，并进行协调管理。

5. 媒体内部各种公共信息不能及时方便地呈现给媒体员工。

6. 办公系统还是一片空白，普通的办公系统没有考虑到媒体内部的办公特点，与媒体的业务系统也缺乏紧密的结合。

7. 现有媒介系统缺乏方便快捷的互动交流，不利于媒体与用户的沟通。

(二) 建议开发的系统和产品

当前，无论是媒体内部还是用户所使用的信息终端，都需要按照媒介融合的要求，对媒介系统进行重构，并开发新的信息接收终端。

要做好这样的硬件、软件系统开发工作，首先必须了解媒介融合环境下媒体的业务流程及信息传输过程。如前所述，目前无论业界还是学界都还没有一个在媒介融合环境下的标准业务模式，但我们仍然可以对该模式作出预测和判断。图4-4是我们所做的未来新闻信息传输和媒介业务流程示意图。

通过图4-4的流程分析，记者、受众、专家可以通过计算机、手机及各种终端系统向媒介新闻信息中心及互动虚拟社区传输信息。传输的信息中不仅有文字，还包括音视频、图片等内容。新闻信息中心再根据不同媒介的特性，将信息发布到网站、手机及各种移动终端；将深度报道等在纸质媒介上发布；将现场感强的音、视频内容在电视等媒介终端上发布。受众（用户）不仅可以通过计算机网络与媒体互动，还可以通过手机、车载终端、数字电视、各种手持终端甚至游戏机等新媒体与媒体进行互动。要达到这样的目标，不仅需要媒体对现有系统进行改造、升级，更需要媒体及相关产业开发新的信息终端。

1. 改造、升级现有媒介内部信息系统，使新系统不仅能面向单一媒体发布资讯，更能面对各种不同媒体发布资讯。目前，相关厂商已经开始着手研究相关的解决方案，但最大的障碍是国内互联网、广电网、移动通信网还没有很

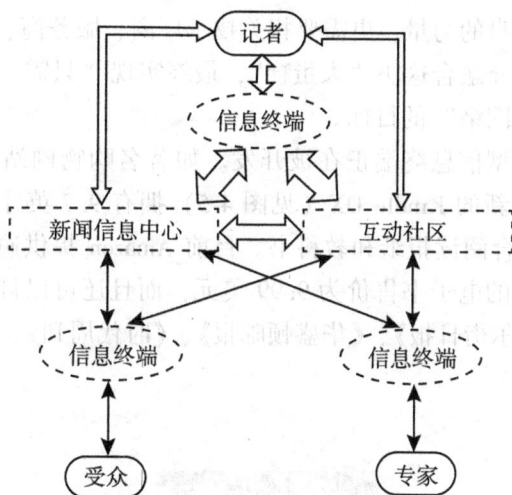

图 4-4　媒介业务流程示意图

好地融合，广电、报纸、互联网等媒体要进入对方的领域还受到诸多限制。2009 年，三网融合这一议题终于取得了实质性的进展。2010 年 1 月 13 日，国务院常务会议决定加快推进电信网、广播电视网、互联网三网融合，并审议通过了推进三网融合的总体方案。中国三网融合工作将分两个阶段进行。2010—2012 年为试点阶段，以推进广电和电信业务双向阶段性进入为重点，制定三网融合试点方案。2013—2015 年为推广阶段，将通过总结推广试点经验，全面推进三网融合；自主创新技术研发和产业化取得突破性进展，掌握一批核心技术，宽带通信网、数字电视网、下一代互联网的网络承载能力将进一步提升。

2. 构建新的数据库系统。强大的新数据库既可支持对已发新闻信息的检索，还可支持对大量未发信息、相关生活资讯等的检索；既可支持文字检索，还可支持语音、视频、图像等的检索；既可支持计算机检索，还可支持手机、数字电视、车载媒体等新兴信息终端的检索。媒介融合时代必定是各种新型信息终端不断涌现、百花齐放的时代，媒介数据库能否支持各种不同的终端，是媒介融合形成的一个标志。

3. 开发各种新型信息终端。如第三章所述，目前用于信息发布终端的主要是网络终端、移动终端和电视终端。媒介融合时代，用户获得信息的渠道将更为丰富，互联网、各种手持设备、带互动功能的新型数字电视、数字游戏机、车载终端等都将成为人们接收信息和发送信息的平台。要做到这一步，不能单单依靠媒体自身的力量，更需要相关技术厂商、服务商、设备生产商参与进来，共同做大媒介融合这块"大蛋糕"，最终实现"只需一种途径即可访问不同类型的数字化网络"的目标。

当前，各种新型信息终端正在被开发。如著名购物网站亚马逊 Kindle 电子书报阅读器，最新的 Kindle DX（见图 4-5）拥有 9.7 英寸显示屏，较老款尺寸约大 1/3，适合阅读报纸和教科书。目前 Amazon 提供逾 9 万种电子书供用户下载，大多数的电子书售价为 9.99 美元，而且还可以订阅报纸杂志，如《纽约时报》、《华尔街日报》、《华盛顿邮报》、《时代周刊》、《福布斯》等。

图 4-5　Kindle DX

著名电子产品公司日本索尼则重点打造了一款能玩游戏、听音乐、联网的掌上游戏娱乐产品 PlayStation Portable（简称 PSP，如图 4-6 所示）。

第一代 PSP 主机 PSP1000 于 2004 年 12 月 12 日正式发售，它采用 4.3 寸 16：9 比例、背光全透式的超广可视角液晶屏幕，屏幕分辨率达到 480×272 像素，而且色彩鲜艳亮丽，显示效果一流；拥有较强的 3D 多边形绘图能力，游戏画面达到了掌机游戏的新高度；可播放图片、MPEG4 视频文件 ATRAC 格式与 MP3 格式等音乐文件，支持电子书阅读；具有 3D 环绕立体声，音域广音质很好。该级还支持无线联机功能和 Wi-Fi 热点连接互联网，机能拓展潜力巨大，是被 Sony 定位为"21 世纪的 Walkman"的重量级产品。实际上 PSP 已经

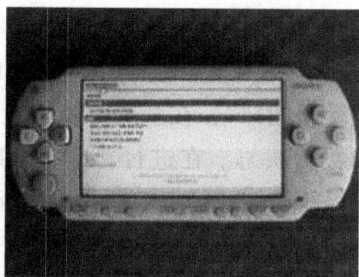

图 4-6　PSP

不只是一台游戏机，更是一台综合性的掌上多媒体娱乐终端设备。由于 Sony 不计成本的低价策略，PSP 已经成为当前性价比最高的掌上型多媒体终端。

二、国内外媒体"媒介融合"转型的技术选择

面对媒介融合的发展趋势，国内外媒体都在积极探索。从技术层面上看，相当一部分媒体以变革新闻生产流程为主导，采取了一系列技术对策，促成了媒介融合的进一步发展。

（一）国内媒体"媒介融合"的技术选择

国内媒体对"媒介融合"的技术变革，集中在研发全媒体采编系统上。与此相配套的，组建跨媒体的"新闻信息中心"，运用多种技术设备武装"全能记者"等，也成为其中应有之义。国内 IT 厂商与移动运营商，则在开发移动手持终端、电视终端上有所突破，为媒体的媒介融合提供了新的发布终端。

1. 打破传统的采编体制，组建跨媒体的"新闻信息中心"

由于受到国家政策、媒介体制和组织制度等方面的限制，无论从技术层面还是从操作层面上看，国内不少媒体都不约而同地选择了从组建"新闻信息中心"作为突破口。

2008 年 3 月，烟台日报传媒集团成立"全媒体新闻中心"。同年 8 月 26 日，集团"全媒体数字采编发布系统"通过了国家新闻出版总署的验收。在新的全媒体数字平台中，集团各媒体记者被纳入"全媒体新闻中心"。记者对某一新闻的采访不仅包含文字、图片，还包括音频和视频等素材，并将全部素材录入全媒体数据库，经过二次、三次甚至多次加工编辑，由集团各媒体各取所需，生产出适合各种终端发布的新闻产品，最后再通过不同的传播渠道向用户发布，初步实现了一次采集、深度整合、多个媒介、多次发布的

数字化传播。

与烟台日报组建"全媒体新闻中心"类似的，还有广州日报报业集团组建的"滚动新闻部"。2007 年，《广州日报》以"6·15"九江大桥坍塌事故的报道为契机，成立"滚动新闻部"，在全国媒体中最早发布塌桥这一惊人消息，在激烈的新闻竞争中拔得头筹。在进行新闻报道时，首先由报社采编部门、滚动新闻部和大洋网提前策划，确定专题和关注点。采访部门、滚动部的前方记者传回采访内容（通过手机、手提电脑等设备把文字、音频、视频传回），大洋网新闻中心对内容进行编辑和审核，发布到大洋网及手机平台。滚动部做好网络调查，收集网友关注焦点，并将其提供给前方记者作为写稿素材。北京奥运会期间，滚动新闻部在北京对奥运新闻进行直播，产生了良好的报道效果。

从上述案例中我们可以看到，国内媒体向"媒介融合"的转型，着眼于新闻采编系统，已经迈出了可喜的第一步。但是，由于受到各种条件的限制，距离完全意义上的媒介融合还有较大距离。现在国内媒体的"新闻信息中心"仅仅只能采集发布新闻资讯，对于更多的本地生活类信息还没有涉及；信息的发布也仅能面向单一媒体，还不能面向全媒体发布资讯；媒介在构建全媒体数据库方面还停留在起步阶段，需要在全媒体数据采集录入、多媒体检索查询方面下大力气。

2. 以多媒体信息产品输出为导向，研发全媒体采编系统

向全媒体转型，走媒介融合之路已经成为传统媒体转型的目标。在此背景下，北大方正电子公司（简称方正电子）推出了基于全媒体技术的"方正畅享全媒体新闻采集系统"，服务于报业集团的媒介融合战略。畅享全媒体新闻采集系统可扩大新闻信息来源、丰富新闻信息形式；支持第一时间获知信息、第一时间发稿；能简化编辑日常工作，提高新闻内容的质量，扩大信息空间和资源使用机会。采集系统还可以同时向纸质媒体与各种新媒体业务生产系统提供新闻信息，极大地降低了新媒体业务的生产成本。

（1）支持多渠道新闻线索的采集与管理

系统支持通讯员、线人通过互联网、邮件、手机短彩信、呼叫中心或热线电话、QQ 或 MSN 等多种方式传递线索，利用智能检索技术自动发掘互联网线索。

线索是新闻报道的原料是报社的重要新闻资源。方正畅享全媒体采集系统可统一管理各种渠道来源的新闻线索，并将新闻线索与采访任务、新闻选题进行关联，实现线索的全流程管理。

（2）支持移动新闻采集与发布

时效性是新闻产品的生命。畅享系统支持 3G 无线传稿，可使记者通过手机将第一时间获取的文字、图片、音视频多媒体信息，不受时空条件限制地即时报题及发稿。通过手机可随时随地查看系统提供的新闻线索、获知采访任务和相关选题内容，可方便查阅互联网和采集系统中类似稿件信息，实现了第一时间采写第一时间播报，发稿与新闻事件同步。

（3）支持互动平台的拓展

采集系统为通讯员、热心受众开辟了与编辑部的沟通平台，为及时广泛地获得通讯员、热心受众提供的爆料、稿件提供便利通道。热心受众可以将有意思的事情通过公众投稿平台进行爆料和投稿。通讯员投稿平台为报社通讯员提供了投稿通道的同时，可为通讯员提供及时查看报社公告、获知征稿要求、浏览写作指导等服务内容。采集系统协助报社展开社会化新闻采集，关注社会的每一个角落。

（4）扩大软件系统的兼容性，方便用户使用

该系统具备极佳的软件兼容性，方便用户与其他软件协同工作。如系统自带的用于收集线索的"飞拖"工具，可支持将第三方工具中的文字或文件快速方便地发送到采集系统。记者、编辑经常使用的 IE 浏览器、编稿编图软件、即时通讯、资源管理器等可与飞拖进行衔接，将这些软件中有价值的文字片段、图片或视音频文件轻轻拖拽即可进入采集系统实现发稿。"飞拖"可让记者、编辑保持原有的写稿工作方式，减少复制、粘贴工作，让发稿更简单、更快速，统一了稿件格式。

（5）支持智能新闻线索采集

今天网络上数量庞大的信息网站、博客、BBS、SNS、贴吧等，为记者、编辑提供了取之不尽的信息源，为新闻从业人员快速发现新闻线索，了解新闻背景提供了极为便捷的条件。但在浩如烟海的互联网上搜寻到有价值的新闻信息，却是繁重而费时的工作。

采集系统利用中文智能处理技术从互联网捕捉报社所关注的、有价值的信息后进行分析，为报社记者在投稿、编辑审稿、选题策划过程中提供最新新闻、热点新闻、专题新闻、博客论坛热点、网站头条、热门词汇等关注内容，形成一个既具时效性，又能随需取用，还能够自动更新发展的多媒体信息平台。

（6）支持新闻选题管理智能化

新闻选题是深度策划的结果，是深度报道的前提。该系统对新闻选题也进

行了功能优化，涵盖了新闻选题的各个方面：选题策划、安排采访任务、采访任务查看、投稿、选题发布、统计等。提供采访任务分配、手机短信提醒、历史选题展示、互联网背景资料功能。实现编采过程中的围绕线索、选题、采访的协同工作方式。

（7）支持新闻线索的全媒体化

新闻稿件、新闻线索、选题内容、报题内容都可以采用文字、图片、视频、音频及混编稿形式在系统中进行多分类展现。系统中辅以简单、易学的加工处理工具可使编辑人员快速处理新闻素材，及时为报纸、网站、新媒体等提供丰富的多媒体新闻素材。

（8）支持多媒体新闻产品发布

采集系统提供了丰富的多分类的新闻资源展示方式，报纸、网站、新媒体编辑可根据业务需要快速地获取新闻素材。为适应报业集团下属各子媒体新闻资源应用的特定需求，系统实现了特有的稿件绿色通道、独家稿件设置、分时共享新闻资源等功能，完成了新闻资源的按需共享。与新闻采编、网站系统结合可一键式生成报纸稿件和网站稿件，为报网共享新闻资源提供了技术支持。系统可直接下载多种新媒体生产系统所需的文件格式，实现多应用输出，支持多种形式的新媒体内容应用。

3. 用多种技术设备"武装"记者，打造全媒体记者

研发全媒体采编系统，需要掌握全媒体技能的编辑记者来操作。运用多种技术装备武装"记者"，打造全媒体记者，也成为其技术对策之一。

在烟台日报传媒集团，"全媒体新闻中心"记者都配备了较为齐全的采访"武器"：每人一台笔记本电脑，移动、联通两种无线上网卡，一台照相机，一台摄像机，一部智能手机，可以同时满足手机报、水母网、电子纸移动报、纸媒文字图片需求以及网站、户外视频的需求。《广州日报》"滚动新闻部"中的记者装备也与此类似。

全媒体化生产，其复杂程度远远超过任何传统媒体，对于记者编辑的业务素质和能力提出了更高要求。培养跨媒体、全能型记者编辑无疑是媒介融合时代的必然选择。

4. 国内IT厂商唱主角，研发相关手持媒介终端

（1）电子书

以汉王科技为代表的国内IT厂商近年来致力于手持电子阅读器产品的研发，并取得了不俗的市场业绩，不仅打破了以亚马逊Kindle为代表的欧美产品的垄断，而且在中文产品市场中占据着领先地位。作为国内最大的电纸书公

司，与其他竞争对手将制造外包相比，汉王选择自主制造，大大节省了成本。更重要的是，汉王是一家软件公司，其手写技术在业界具有领先优势，将手写识别和批注应用在电纸书上，使汉王电纸书在 2009 年成为划时代的电子阅读器。

图 4-7 为汉王最新推出的电子阅读器 F21。该阅读器最大支持 8G 存储空间，屏幕为 5 寸电子纸显示屏（EPD），分辨率 800×600。支持 TXT（HTXT）、DOC、HTML、PDF、PNG、JPG、MP3、WMA、WAV 等格式的文件。

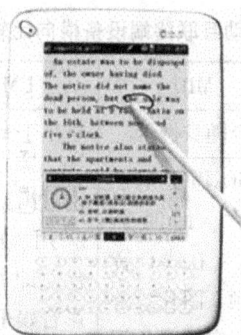

图 4-7　汉王 F21

为了占据市场的主导地位，汉王注意加强上下游关系合作，尤其是与出版社、报社等内容提供商的合作，以期全面进入数字出版与阅读领域，快速提高其电纸书的增值空间，增强企业的核心竞争力。

目前，除了亚马逊已经进入中国市场外，方正、EDO 等数十家公司都争相推出了自己的电子阅读终端。另外，随着 3G 的兴起，一些运营商和内容提供商也加入了这个日益庞大的电子阅读阵营。

（2）智能 MP4 或 MID

除了电子书外，国内 IT 厂商还将研发的重点放在了智能便携播放器（又称智能 MP4）上。

智能 MP4 全称 "Mobile Internet Device（MID），移动互联网设备"。智能 MP4 的概念于 2007 年登场，由 Intel 公司提出，起初的定位是商务用户办公、通讯与娱乐的全功能移动设备，短短两三年时间，智能 MP4 的发展已经开辟移动互联的更多途径，多媒体和网络的应用丰富深入，如今智能 MP4 已经偏向年轻时尚群体，以流媒体与网络软件为中心，突出娱乐应用，弱化了商务功能。通过智能 MP4，用户可以像使用笔记本一样办公娱乐进行各种互联操作。

　　智能 MP4 的特性：功耗属于便携运算类别，低于笔记本电脑；系统量身定做，功能不求大而全，而是小而精；网络终端面向通信、办公、娱乐等方向；语音技术结合移动通信功能。智能 MP4 的智能化方向左右着智能 MP4 的人性化体验，3G 技术和 IP 无线宽带技术的成熟，势必会引发智能 MP4 的革命性突破。现行的 3G 辅之 Wi-Fi 提供了较为完善的移动网络环境，可以预期未来移动网络环境已经不再束缚智能 MP4 的发展（如表 4-1 所示）。

表 4-1　　　　　　　　　　移动互联终端设备横向比较

	手机	MID	UMPC	笔记本电脑
尺寸	适合随身携带	适合随身携带	略小于笔记本	适合放进背包
主要应用	语音、文本和基于图片的应用、视频等	网页浏览、电子邮件、即时通信、（在线）音视频、图片、游戏、定位服务等	网页浏览、办公应用、电子邮件、即时通信、影音娱乐等	网页浏览、办公应用、大型程序、电子邮件、即时通信、影音娱乐等
互联网	普通手机只能受限地接入 WAP	可完整显示网页，符合人眼习惯	可较好浏览网页	可较好浏览网页
连接	主要通过 2.5 及 3 代移动通信技术，如 GPRS、3G 等	可通过 Wi-Fi 或 WIMAX 进行连接	可通过以太网、Wi-Fi、GPRS 和 3G 连接	可通过以太网、Wi-Fi、GPRS 和 3G 连接
操作系统	无操作系统或各种手机操作系统	Andriod 等操作系统	Windows、Andriod 及其他操作系统	Windows、Andriod 及其他操作系统
可定制化程度	可定制各种类型手机，如普通手机、娱乐手机、智能手机	可根据各种需求进行定制	可定制化程度较低	可定制化程度一般，常见有商务笔记本、游戏性笔记本和影音型笔记本

　　目前，生产厂商对新一代智能 MP4 的设计理念已渐清晰，即利用高速网络随时随地存取各种资讯信息；通过 IM、Mail、Blog、Facebook 等手段进行有

效沟通和交流；坐享视频、音乐、游戏、美图、在线视频广播等娱乐享受；轻松享受的丰富软件与游戏；实现良好的人机互动。目前，即将上市的新一代智能 MP4 均采用 Android 的成熟平台，让用户能享受大量成熟的应用，在体现智能化的同时，也注重了人性化娱乐体验。

随着对智能 MP4 产品的认知和明确定位，Samsung、Fujitsu、LG、HP、Lenovo、BENQ、Archos 等国内外众多品牌纷纷亮出自己的新一代智能 MP4 产品，更加注重产品的软件体验与人机交互。在国内市场，蓝魔音悦汇与瑞芯微携手，提出"Android 系统+Wi-Fi 无线+720P 高清"整合的创新智能 MP4 概念，将新兴智能 MP4 的概念进一步清晰的展示在用户面前——更轻便的外型尺寸，更娱乐的智能平台，更实用的免费软件，更轻松的定制界面，使得 Android 智能 MP4 脱离传统 UMPC 混淆不清的概念。

例如，蓝魔音悦汇 W7 的大小以手掌来衡量无论是横竖拿捏都相当合适（见图 4-8）。4.8 英寸 WVGA 分辨率（800×480 分辨率）电容触摸屏，指尖流畅无比的滑动操作，为保证完美的人机体验奠定基础。值得一提的是，借助 Android 系统的全力支持，W7 已经完成了智能 MP4 全界面的定制，从主题界面到功能界面都展现出独特的魅力。相对传统智能 MP4，W7 划分了多个功能主题区，可以一键进入主题功能区完成实际操作，不用再去繁琐地进行多级多层的操作；W7 也避免了陈旧的图标显示，采用了全新的 Flash UI 方案，创意灵感的交织，实现了人机交互的新鲜乐趣。

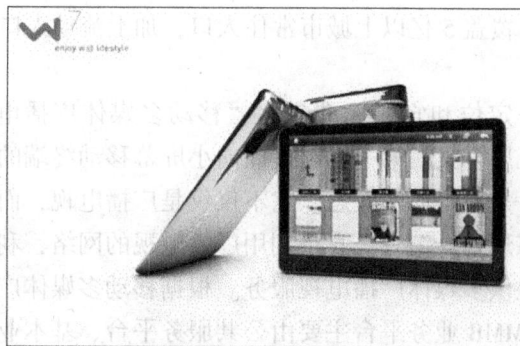

图 4-8　蓝魔音悦汇 W7

新一代 Android 智能 MP4，同样延伸移动互联的内涵，随时随地地无线连接、最佳浏览设计将 Android 系统的网络特性展露无遗。依托数万款 Android

丰富软件的便捷推送服务，智能 MP4 可以满足网页浏览、新闻订阅、邮件收发、日程同步、文字处理、语音翻译、SNS 社区互动、Flash 在线视频、聊天、在线地图、GPS 导航定位、3D 游戏、创意小工具等一系列丰富软件应用，享受优酷、土豆、Youtube、微博、QQ、MSN、Skype、G-talk 以及 3D 绚丽游戏的精彩娱乐。展望未来，智能 MP4 产品将搭载 3G 高速网络的快车，通过内置 3G 通讯模块与 3G 信号进行对接，同时加强各种智能 MP4 之间的互联，拓展智能 MP4 的移动互联空间，让智能 MP4 更加智能。

5. 广电与移动运营商合作，大力发展手持电视终端

传统的电视都是面对家庭用户固定收看，局限性较大。随着通信技术的发展，固定收看向移动收看转变是大势所趋。

在此背景下，国家广电总局根据长期的技术积累和研发，从 2005 年开始组织移动多媒体广播技术标准的技术研发和产业化应用。2006 年 10 月 24 日，国家广电总局正式颁布了中国移动多媒体广播 CMMB（China Mobile Multimedia Broadcasting，即中国移动多媒体广播的简称）行业标准，确定采用我国自主研发的移动多媒体广播行业标准。

CMMB 是国内自主研发的第一套面向手机、PDA、MP3、MP4、数码相机、笔记本电脑多种移动终端的系统，利用 S 波段信号实现"天地"一体覆盖、全国漫游，支持 25 套电视节目和 30 套广播节目。截至 2010 年 12 月，全国已经有 337 个地市级以上城市做到了 CMMB 信号良好覆盖，全国经济百强县平均做到基本覆盖；到 2011 年 12 月，全国 337 个地市级以上城市和百强县将做到优质覆盖，覆盖 5 亿以上城市常住人口，加上流动人口和郊区人口将超过 7 亿。

CMMB 的业务定位和它的标准名称"移动多媒体广播电视"是一样的，这个名称包含了几层含义。第一，它是面向小屏幕移动终端的；第二，它是多媒体的表现方式，是新媒体的业态。它不仅仅是广播电视，而是在广播电视的基础上更新的业态形式；第三，它是利用广播电视的网络，利用广播电视的体系，对移动终端提供多媒体广播电视服务。根据移动多媒体广播电视的特点和业务发展需要，CMMB 业务平台主要由公共服务平台、基本业务平台、扩展业务平台三个平台构成。

（1）公共服务平台是向用户提供公益服务的移动多媒体广播电视业务平台，主要由公益类广播电视节目和政务信息、紧急广播信息构成。CMMB 公共服务平台播出的内容和开展的业务，为向合法用户提供的无偿服务。

（2）基本业务平台是向用户提供基本数字音视频广播服务和数据服务的

业务平台，包括卫星平台和地方平台传送的数字音视频广播服务和数据服务。CMMB 基本业务平台向合法用户提供的服务为有偿服务。

（3）扩展业务平台是根据用户不同消费需求向用户提供扩展广播电视节目服务和综合信息服务的业务平台。

提供的服务主要由四方面构成：一是经营类的广播电视付费节目；二是经营类的音视频点播推送服务，利用系统闲置时间将用户订制的广播电视节目推送到用户终端；三是综合数据信息服务，主要有股票信息、交通导航、天气预报、医疗信息等；四是双向交互业务，主要有音视频点播、移动娱乐、商务服务等。目前，CMMB 主要以音视频服务为主，扩展服务中综合信息、双向交互等服务将随着业务的发展逐渐推广应用。CMMB 扩展业务平台向合法用户提供的服务，为有偿服务。

在今天，移动设备与传统电视的融合已经成为事实。随着 CMMB 网络的进一步扩大和优化，随着 CMMB 节目的多样化，随着相关产品的不断丰富，随着广电厂商与移动运营商以及相关移动设备生产商合作的进一步深入，我们会看到更多支持移动电视业务的手机、智能 MP4、移动 DVD、导航设备。

（二）国外"媒体融合"的技术选择

国外媒体对媒介融合的实践早于国内，其在技术革新上也比国内媒体先行一步。但"万变不离其宗"，媒体的技术变革也主要集中在采编系统和信息发布终端上。

1. 加快全媒体新闻中心的构建

与国内仅有数家媒体集团在构建"新闻信息中心"不同，国外很多媒体集团已经着手打造面向报纸、电视、网站、手机等众多媒体的"新闻信息中心"。这其中又以坦帕媒介综合集团（Media General）、BBC 为代表。

2000 年 3 月，媒介综合集团（Media General）在佛罗里达州坦帕市建造了"坦帕新闻中心"，并将旗下的报纸、电视台、网站等媒介集中在该中心办公。新闻中心对旗下报纸、电视台和网站的记者编辑进行了重组，他们可以共享彼此的信息线索、创意甚至设备，并根据不同媒介的特点对新闻素材进行再加工，然后进行信息发布。

BBC 在媒体融合的探索方面迈出的步伐则更大。BBC 于 2005 年启动了名为"创意未来"计划，该计划旨在从根本上改组内部机构，使 BBC 超越传统广播电视模式，实现广播、电视、网络包括手机的一体化，每周 7 天、每天24 小时，为用户提供所需的信息和服务。

"创意未来"计划是 BBC 第一次从战略的高度来认识和规划自身在数字时

代的发展问题。在计划中首次提出"360度全平台"传播理念，在这项理念带动下，BBC实施了多项重大举措，例如建立了多媒体编辑中心、整合了BBC受众资源、为用户生产的内容提供发布平台等。新的技术架构和业务流程不仅为BBC节约了新闻成本，也可以使其更好地利用视频、音频、图片等多种手段将新闻在电视、广播、网络、手机、互动电视等多个平台上传播，以适应技术变革带来的市场"碎片化"和受众需求多样化的要求。

2. 加快适应"媒介融合"环境的媒体数据库建设

国外媒体向"媒介融合"转型之初就非常重视资源数据库的建立。《纽约时报》在1999年就建立了较为强大的数据库：用户不仅可以按照专题、栏目等方式阅读，从媒体提取特定资讯创建一份自己的个性化"纽约时报"，还可以将相关的资讯通过电子邮件发送给好友、进行RSS订阅、在博客中引用。2006年8月，纽约时报公司又投入3 500万美元收购了基础线影音系统（Base-line Studio Systems），这是一个服务于电影和电视产业、进行在线信息发布的数据库。同年9月，该公司再用90万美元买下卡路里计算网站（Calorie-Count.com），该网站专门提供减肥工具信息和各种营养性食品信息。纽约时报公司希望通过对这些网站的收购，构建面向多媒体信息的数据库，同时在数据库中不断增加本地生活类信息。

美联社（Associated Press）则更注重对已有数据资源的深度挖掘和再利用方面的探索。2009年5月18日，其推出按月更新的"经济压力指数"（Economic Stress Index）和"经济压力互动地图"（Economic Stress Maps），为媒体利用数据创造附加价值提供了一条新的思路。"经济压力指数"有三个变量：失业率、抵押止赎率和破产率。根据这些变量在全美不同地区会计算产生不同的数值，通过不同分值可以供用户判断、衡量不同地区的经济状况。这些分值还可以被用作测量未来经济复苏的情况，勾画出经济的变化的图景。伴随分值更新的还有一系列支撑性文字报道、图片、视频等。

3. 研制多种媒介融合终端

国外媒体在研制开发各种信息接收/发送终端方面比国内走得要快，不仅相关IT厂商在开发，报纸、电视等传统媒体也在积极进行尝试，相关产品也较为丰富。现在，能融合报纸与互联网、广播与电视、通讯社与移动媒体等媒介的产品正在浮出水面，下面这些产品就是代表。

由亚马逊开发的Kindle电子书包阅读器前面已经介绍过，这里不再赘述。除了该产品外，纽约时报研究开发中心正在与微软公司（Microsoft Corporation）合作，联合研制能在计算机上创造出一种标注页码、表现形态类似报纸、特别适合于手持式计算机阅读的媒介产品——时报阅读器（Times Reader，见图4-9）。这种产品将提供给读者阅读和体会纸质报纸的感受，同时也提供给读者记笔记和在页面上进行搜索的功能。2006年，该产品又给使用者提供了共享下载及双向互动的功能。为了使该产品更快地为读者所接受，《纽约时报》决策层意识到必须构建新的价格和商业运作模式，即对普通新闻实行免费阅读，而对专栏作品和其他额外内容进行收费。此外，《纽约时报》还计划与苹果公司合作，开发与苹果MAC操作系统兼容的"MAC"阅读器。

图4-9　Time Reader

最近，将互联网服务与数字电视融合在一起的联网电视（Web Connected TV，又称iTV）的研制工作也取得了重大进展。2008年8月，互联网内容提供商雅虎（www.yahoo.com）与计算机硬件制造商英特尔公司（Intel Corporation）基于"TV Widget Channel"（电视窗口频道）技术，展开合作，旨在将互联网信息嵌入数字电视。目前这项技术可以通过连接互联网和电视机的数字机顶盒实现，而将来具备该功能的芯片会直接嵌入电视机。该数字电视在不影响用户观看电视节目的情况下，可以提供互联网应用服务。目前，已经有厂商开发出集成网络应用的硬件芯片及预装网络软件的数字电视。或许在不久的将来，人们收看电视节目的同时，屏幕下方或侧面会显示与新闻相关的文字、图片、视频等内容供用户选择。观众还可以使用遥控器或无线鼠标键盘直接在电视机上书写发送电子邮件、使用 QQ 聊天或下载最新的电影电视剧等。

2010 年初，美国苹果公司发布了让业界高度关注的产品"iPad"（见图 4-10），这是一款集大成的多媒体信息终端。iPad 的多触点超大屏幕让网页完美地呈现，无论以横向或纵向模式显示，页面上的所有内容都一览无余，便于阅读。该产品配备了高分辨率的超大屏幕，非常适合观赏各种视频，轻点两下可在宽屏和全屏之间进行转换。由于 iPad 实际上就是一块大屏幕，没有传统电脑的键盘鼠标等设备，能让用户完全关注于内容。目前，专门针对 iPad 开发的应用程序已经达到 140000 个，从游戏、互联网服务到商务应用无所不包。在产品发布当天，*The New Yorker* 杂志和《纽约时报》都为其设计开发了相关应用。

图 4-10　iPad

另外，美国互联网络公司谷歌正联合日本索尼、英特尔、罗技等公司，联手开发新一代家庭电视终端。

2010 年 3 月 17 日，谷歌、英特尔和索尼宣布联合开发一个名为"谷歌电视"（Google TV）的平台，该电视内置英特尔芯片，通过新一代电视和机顶盒将网络内容引入电视。

传统互联网电视早就已经出现，即在电视机或机顶盒上插上网线，利用电视机内置或机顶盒的芯片处理音视频、网络等多种内容，向家庭用户提供多种服务，融合 PC、数字电视和互联网的功能。与传统互联网电视不同，谷歌电视是一个基于 Android 操作系统的开放平台，应用开发商可以像在手机平台上那样为消费者研发应用。Google TV 是将网络和电视结合在一起的家庭娱乐系统，内置了 Chrome 浏览器，可以浏览所有你喜欢的网站，当然这也意味着用户可以在电视的大屏幕上观看视频网站了；该电视还融合了 Google 的整合搜索技术，输入简单的文字即可在电视节目、网络、YouTube、订阅的视频网络里查找某个视频。除此之外，Google TV 还是一台照片浏览器，一台游戏机、一台音乐播放器等。Google TV 从不同网站跳转就跟电视换台一样容易，搜索框使大屏幕电视得以与互联网广阔的内容相连接，可以收看"一百万个频道"。

除此之外，Google TV 还搭载了 Intel CE4100 处理器，支持 Wi-Fi，并具备 HDMI 高清视频接口和红外接收器，自动控制卫星信号接收机顶盒。

在发布会上，索尼首席执行官霍华德·斯金格（Howard Stringer）宣布，索尼秋季将开始销售配置英特尔芯片、运行 Google TV 的电视机和蓝光影碟机；罗技公司将销售一款连接卫星、有线电视机顶盒和电视机的产品，除播放电视节目外还能访问网络信息；美国第二大卫星电视服务商 Dish Network 将在部分机顶盒上运行 Google TV；思买将销售运行 Google TV 的产品。

4. 为记者编辑装备新设备，打造全媒体记者

新技术最终都会落实到人——落实到记者编辑身上。从 2004 年起，美国报业联合会总编辑协会（APME）开始组织各类培训性质的讲座和研讨会，让美国各媒体的新闻记者接受新媒体技术的培训。密苏里新闻学院不仅已经设置了"媒介融合"专业，培养未来的新型记者编辑，还针对在职的记者编辑推出了相关的新闻采编新技术短训班。波恩特学院也为在职媒介人员设置了"使用音频和影像进行在线报道"、"使用视频进行多媒体报道"、"数字化照片编辑"、"多平台新闻学"等短期培训课程。

与此同时，各媒体开始为记者配备各种新装备。汤森路透通讯社近期大量购置一种供记者外出使用的便携式多媒体手提箱。该"手提箱"主要由摄像机、麦克风、照明灯、三脚架和监控器构成。该通讯社将在美洲、欧洲和亚洲的约 60 个分支机构首批使用这一工具箱。使用该"手提箱"，记者们就可以通过网络向最近的编辑部传输音视频等多媒体稿件。

第三节　未来媒介融合技术发展前瞻

综上所述，我们可以看到，媒介融合是动态的、发展的。在不同时期和不同阶段，媒介融合的程度和表现都各不相同，但媒介融合的大趋势是不以人们

的意志为转移的。那么，未来的媒介融合发展态势如何？从技术层面看，还会出现哪些具有前瞻性的技术变革呢？

一、媒介融合技术发展的目标与原则

国内学者彭兰认为，媒介融合大致会经历三个阶段：第一阶段大致是从 20 世纪末到 2009 年，主要表现为媒体陆续开始跨媒体业务拓展，不同媒体间开始合作；第二阶段大致从 2010 年开始，表现为新型媒介产品不断涌现，传统传受关系的再造；第三阶段，随着媒介终端技术的持续快速变革，整个媒介产业都将产生深远而巨大的变化，所有媒介都将迎来全新的发展机遇。

媒介融合的各个阶段有自己的发展目标。与此相对应，媒介融合技术在各个阶段也有自己的发展目标。

在第一阶段，为了配合和满足媒介业务大规模扩张以及媒介间加强合作的需求，媒介融合技术发展的目标是以互联网、移动通信网和电信网络为依托和基础，在三网融合的技术条件下，通过对传统媒体生产技术的数字化、网络化改造和升级，实现不同媒体产品都能通过网络呈现，受众能通过互联网和移动通信网终端浏览、阅读、收听和下载各种传统信息产品。

在第二阶段，为了激发用户的"潜能"，彻底改变以传者为中心的单向信息传播格局，媒介技术发展的目标应该是抛弃过去以新闻为媒介主要产品的思路，媒介产品应注重新闻与其他产品并重，重点开发社区、游戏、搜索、娱乐、通信、商务等产品，而社区产品或许是连接各种产品的枢纽。目前腾讯公司开发的即时通信工具"QQ"已经具有了这样的特点。2011 年 2 月，美国新闻集团针对苹果 iPad 平板电脑开发的"The Daily"网络电子报纸已经引起了人们的广泛关注，有可能在媒介终端产品方面形成新的突破。

未来，媒介形态一定将发生更大而彻底的变化。我们现在还很难用具体而准确的语言去描述那个情景，但可以预见的是，在将来媒介一定会无处不在，媒介的数量将是极其丰富的，媒介终端是易于携带且功能强大的，其数量将是极其庞大的。弗里德里克曾做过这样的预言："假如人能够在宇宙的一棵树上眺望遍及世界的新闻和信息流动，就会发现它完全类似于人体的血液循环系统。换句话说，世界已经成为一个又一个川流不息的信息所连接起来的多重有机体。它血管中充满了不可胜数的数据，连接大陆的海底电缆和相互接通的卫星网络构成了它的动脉。每天充满了血管的是数百小时计的电视节目、数百万计的个人电话和数兆比特的信息。带有银翼的雪茄状飞行体越过辽阔的海洋和天空，将数不清的人运往世界各地，右上角附有彩色标志的小小的纸质物体穿越高山大海，畅通无阻地从发件人那里传达到收件人手中。"[1]

第三阶段媒介技术的发展目标应重点体现在高速无线通信、信息终端智能化、便携化与柔性化、数据智能输入输出等方面。这方面，国内外科研人员都在努力并力争取得先发优势。由我国华南理工大学曹镛院士的研发团队首创，用水溶性发光材料发明了环保型发光界面材料制作显示屏新工艺，解决了采用全印刷方法制备"柔性"显示屏这个世界性技术难题。运用这项成果，不仅可以使显示屏随心所欲地折叠弯曲，成本也大幅度降低。采用这项技术，可预见将来手机、上网本、电子书、iPhone、iPad 这些产品都可以像纸一样折叠、卷曲起来，或者直接缝在我们的衣服袖子上，而且价格也能为普通人所接受。

无论是媒介融合的哪个发展阶段，媒介融合技术的发展应体现出以下原则：

1. 可靠性与可用性

即媒介采编系统及设备的高可靠性和系统的高可用性。它要求关键部件可以实现冗余工作，可以在线更换（插拔），故障的恢复时间在秒级间隔内完成。在多级容错设计基于单个设备高可靠性的基础之上，进一步提高系统的可用性。

2. 智能性和可扩展性

从媒介采编系统到用户的信息终端，到各种媒介的显示设备，都应该是智能易用的，甚至支持学习功能，能根据不同的用户习惯进行调整，以更好适应和满足用户需求，提高用户的使用效率。媒介网络还要具备可扩展性要求，包括现有设备硬件的扩展能力以及网络实施新应用的能力。

3. 规模与用户

在设计网络的方案时，应该从满足现有规模媒介用户的需求出发，同时考虑到媒体未来业务发展、规模扩大的需要，系统应具有灵活的扩充能力。

4. 安全性

互联网络及通信的安全性对网络设计是非常重要的。合理的网络安全控制，可以使应用环境中的信息资源得到有效的保护，可以有效地控制网络的访问，应从系统设计、软硬件开发、用户使用等方面加强安全意识，保证用户信息使用的安全可靠。未来的媒介终端，不仅是用户的信息接收和发布终端，还包含个人身份信息、金融账户信息等个人隐私，安全性是不可忽视的

---

① Frederick, Howard H. *Global Communication and International Relations*, p. 61.

重要问题。

5. 可管理性

媒介网络中的任何设备均可以通过 Web 平台进行控制，设备状态、故障等都可以通过多种手段进行监控，使用计算机、笔记本电脑、手持设备均可以登录管理平台，以方便随时进行管理工作。

6. 标准性

网络软硬件系统应采用开放技术、支持标准协议，提高设备的互联互通与可操作性。网络设计所采用的设备要求采用主流技术、开发的标准协议，具有良好的互操作性，既能够支持同一厂家的不同系列产品，又能与不同厂家的产品实现无缝连接与通信。

二、相关关键技术的突破

媒介融合技术要达到以上要求，需要在相关的关键技术上获取突破，如"三网融合"、超高速网络技术、云计算与云存储技术、大数据技术等。

（一）三网融合

1. "三网融合"的基本概念

三网融合是一种广义的、社会化的说法，在现阶段它并不意味着电信网、计算机网和有线电视网三大网络的物理合一，而主要指高层业务应用的融合。其表现为技术上趋向一致，网络层面上可以实现互联互通，形成无缝覆盖，业务层面上互相渗透和交叉，应用层面上趋向使用统一的 IP 协议，在经营上互相竞争、互相合作，朝着向用户提供多样化、多媒体化、个性化服务的同一目标逐渐交汇，在行业管制和政策方面也逐渐趋向统一。

数字技术的迅速发展和全面采用，使电话、数据和图像信号都可以通过统一的编码进行传输和交换，所有业务在网络中都将成为统一的"0"或"1"的比特流。光通信技术的发展，为综合传送各种业务信息提供了必要的带宽和传输高质量，成为三网业务的理想平台。软件技术的发展使得三大网络及其终端都通过软件变更，最终支持各种用户所需的特性、功能和业务。

最重要的是，统一的 TCP/IP 协议的普遍采用将使得各种以 IP 为基础的业务在不同的网上实现互通。统一为三大网都能接受的通信协议，从技术上为三网融合奠定了最坚实的基础。

2. 三网融合的发展

我国三网融合的实施，主要存在技术方面的障碍和政策方面的障碍。技术方面主要指电信网、互联网和电视网在最初构建时，由于采用的协议、技术标准不统一，为后期的融合造成了诸多困难。政策方面的障碍主要指国家不允许电信、广电、互联网等部门彼此进入对方业务领域，从事对方业务。随着技术的不断发展和趋于统一，原有的技术壁垒正在瓦解；而政策方面，我国政府也明确表示支持三网融合。

与发达国家相比，我国数据通信中传统的数据通信业务规模不大，比起发达国家的多协议、多业务，包袱要小得多。因此，我们可以尽快转向以 IP 为基础的新体制，在光缆上采用 IP 优化光网络，建设宽带 IP 网，加速我国 Internet 网的发展，使之与我国传统的通信网长期并存，既节省开支又充分利用现有的网络资源。

2001 年 3 月 15 日通过的十五计划纲要，第一次明确提出"三网融合"："促进电信、电视、计算机三网融合。"

2006 年 3 月 14 日通过的十一五规划纲要，再度提出"三网融合"："积极推进'三网融合'。建设和完善宽带通信网，加快发展宽带用户接入网，稳步推进新一代移动通信网络建设。建设集有线、地面、卫星传输于一体的数字电视网络。构建下一代互联网，加快商业化应用。制定和完善网络标准，促进互联互通和资源共享。"

2008 年 1 月 1 日，国务院办公厅转发发展改革委、科技部、财政部、信息产业部、税务总局、广电总局六部委《关于鼓励数字电视产业发展若干政策的通知》（国办发〔2008〕1 号），提出："以有线电视数字化为切入点，加快推广和普及数字电视广播，加强宽带通信网、数字电视网和下一代互联网等信息基础设施建设，推进'三网融合'，形成较为完整的数字电视产业链，实现数字电视技术研发、产品制造、传输与接入、用户服务相关产业协调发展。"

2009 年 5 月 19 日，国务院批转发展改革委《关于 2009 年深化经济体制改革工作意见》的通知（国发〔2009〕26 号），文件指出："落实国家相关规定，实现广电和电信企业的双向进入，推动'三网融合'取得实质性进展（工业和信息化部、广电总局、发展改革委、财政部负责）。"

2010 年 1 月 13 日，国务院总理温家宝主持召开国务院常务会议，决定加快推进电信网、广播电视网和互联网三网融合。会议上明确了三网融合的时间表：2010 年至 2012 年广电和电信业务双向进入试点，2013 年至 2015 年，全面实现三网融合。

3. 三网融合带来的好处

（1）信息服务将由单一业务转向文字、语音、数据、图像、视频等多媒体综合业务。

（2）有利于极大地减少基础建设投入，并简化网络管理，降低维护成本。

（3）将使网络从各自独立的专业网络向综合性网络转变，网络性能得以提升，资源利用水平进一步提高。

（4）三网融合是业务的整合。它不仅继承了原有的语音、数据和视频业务，而且通过网络的整合，衍生出了更加丰富的增值业务类型，如图文电视、VOIP、视频邮件和网络游戏等，极大地拓展了业务提供的范围。

（5）三网融合打破了电信运营商和广电运营商在视频传输领域长期的恶性竞争状态，各大运营商将在一口锅里抢饭吃，看电视、上网、打电话资费可能打包下调。

（6）三网融合应用广泛，遍及智能交通、环境保护、政府工作、公共安全、平安家居、智能消防、工业监测、老人护理、个人健康等多个领域。"以后的手机可以看电视、上网，电视可以打电话、上网，电脑也可以打电话、看电视。三者之间相互交叉，形成你中有我、我中有你的格局。"北京邮电大学教授曾剑秋说。

汉能投资董事、总经理赵小兵很生动地描述在三网融合的背景下用户的消费生活："未来，我们可以用电视遥控器打电话，在手机上看电视剧，随需选择网络和终端，只要拉一条线、接入一张网，甚至可能完全通过无线接入的方式就能搞通信、电视、上网等各种应用需求了。"

随着三网时代的到来，必定也是广电媒体、互联网网络媒体和移动通讯媒体高度融合的时代。

（二）超高速网络技术的发展

现有互联网技术基于美国国防部于20世纪50年代开始构建的"阿帕网"。经过几十年的发展，现有互联网技术相对比较成熟，是现代信息社会的重要基础。但现有的互联网也存在带宽不足、IP地址极其有限等问题，难以适应媒介融合时代对信息高速传输的要求。

媒介融合时代必然是各种无线设备、终端百花齐放的时代，用户可以非常方便地使用各种手持式、嵌入式设备，随时随地获得或发布信息。这就要求高速有线及无线网络技术取得突破性的进展。从20世纪90年代开始，世界许多国家都在从事下一代互联网技术的研究工作，很多国家甚至已经取得了令人瞩目的成就，为媒介融合的最终实现奠定了坚实的基础。

目前，全世界广泛使用的是第一代国际互联网，相应的IP地址协议是IPv4，即第4版。IPv4设定的网络地址编码是32位，可提供的IP地址为2的

32 次方，大约 43 亿个。目前，它所提供的网址资源已近枯竭。下一代互联网采用的是 IPv6 协议，它设定的地址是 128 位编码，能产生 2 的 128 次方个 IP 地址，地址资源极端丰富。

1996 年 10 月，美国政府宣布启动"下一代互联网 NGI"研究计划，其核心是互联网协议和路由器。目前，它的项目提出机构——Internet 2，已发展成为由 200 多所大学、政府及商业企业共同参与的网络技术研发组织，目的是开发及部署先进网络技术及应用，加速网络技术的发展。Internet 2 的高性能主干网传输速度达到 10G，桌面连接速度为 100M，并提供对 IPv6 的支持。其主要目标是：建设高性能的边缘网络，为科研提供基础设施；开发具有革命性的 Internet 应用技术；促进新的网络服务及应用在 Internet 上的推广。

无线网络方面，近年来相关技术也取得了重大进展。包括中国在内，全球已经有 100 余个国家地区部署了 3G 网络。与 2G 及 2.5G 技术相比较，3G 技术拥有更快的传输速率，在全球范围内更好地实现无线漫游，并能处理图像、音乐、视频流等多种媒体形式，为人们使用手机上网提供了较好的体验。

但 3G 技术还无法适应媒介融合时代对数据传输的需求。目前全球最快的 3G 网络商用在香港，其下载速率理论值仅为 21Mbps，还无法胜任人们对无线高清视频的要求。相关技术厂商也注意到了这一点，并已经开始新一代无线通信技术——4G 的研发。

有人说 4G 通信的概念来自其他无线服务的技术，从无线应用协定、全球袖珍型无线服务到 3G；有人说 4G 通信是一个超越 2010 年以外的研究主题，4G 通信是系统中的系统，可利用各种不同的无线技术。不管人们对 4G 通信怎样进行定义，有一点人们能够肯定：4G 通信可能是一个比 3G 通信更完美的新无线世界，它可以创造出许多消费者难以想象的应用。4G 最大的数据传输速率超过 100Mbit/s，这个速率是移动电话数据传输速率的 1 万倍，也是 3G 移动电话速率的 50 倍。4G 手机可以提供高性能的汇流媒体内容，并通过 ID 应用程序成为个人身份鉴定设备。它也可以接收高分辨率的电影和电视节目，从而成为合并广播和通信的新基础设施中的纽带。此外，4G 的无线即时连接等某些服务费用会比 3G 便宜。还有，4G 有望集成不同模式的无线通信——从无线局域网和蓝牙等室内网络、蜂窝信号、广播电视到卫星通信，移动用户可以自由地从一个标准漫游到另一个标准。

4G 通信技术并没有脱离以前的通信技术，而是以传统通信技术为基础，并利用了一些新的通信技术，来不断提高无线通信的网络效率和功能的。如果说 3G 能为人们提供一个高速传输的无线通信环境的话，那么 4G 通信会是一种超高速无线网络，一种不需要电缆的信息超级高速公路，这种新网络可使电话用户以无线及三维空间虚拟实境连线。

2009 年，一项名为 "802.11ac" 的无线局域网技术浮出水面，很有可能改变人们将来上网的方式。802.11ac 的核心技术主要基于 802.11a，继续工作在 5.0GHz 频段上以保证向下兼容性，但数据传输通道会大大扩充，在当前 20MHz 的基础上增至 40MHz 或者 80MHz，甚至有可能达到 160MHz。再加上大约 10% 的实际频率调制效率提升，新标准的理论传输速度最高有望达到 1Gbps，是 802.11n，300Mbps 的三倍多。

其实 802.11ac 项目早在 2008 年上半年就已经着手开始，当时被称为 "Very High Throughput"（甚高吞吐量），目标直接就是达到 1Gbps。2008 年下半年，项目分为两部分，一个是 802.11ac，工作在 6GHz 以下，用于中短距离无线通信，正式定为 802.11n 的继任者；另一个则是 802.11ad，工作在 60GHz，市场定位与 UWB 类似，主要面向家庭娱乐设备。

不过 802.11ac 标准甚至还没有进入草案阶段，到 2008 年 11 月 10 日才初次确定了基本轮廓，未来还充满变数。按照预计，新标准草案将在 2011 年年底可用，最终正式规范则在 2012 年 12 月完成。

在下一代标准诞生之前，现有的 802.11n 也会进行过渡性升级，支持三路乃至四路 MIMO（多输入多输出）数据流，理论速度可从当前双路的 300Mbps 提升到三路的 450Mbps、四路的 600Mbps。Intel 5300 芯片组、苹果 AirPort Extreme（2009 年 10 月升级版）等，实际上已经支持三路 MIMO 数据流，连上新设备即可提供 450Mbps 的理论传输速度。

（三）云计算与云存储技术的发展

1. 云计算概述（如图 4-11 所示）

云计算是分布式处理（Distributed Computing）、并行处理（Parallel Computing）和网格计算（Grid Computing）的发展，是通过网络将庞大的计算处理程序自动分拆成无数个较小的子程序，再交由多台服务器所组成的庞大系统，经计算分析之后将处理结果回传给用户。通过云计算技术，网络服务提供者可以在数秒之内，处理数以千万计甚至亿计的信息，达到和 "超级计算机" 同样强大的网络服务。

云计算系统的建设目标是将运行在 PC 上、或单个服务器上的独立的、个人化的运算迁移到一个数量庞大的服务器 "云" 中，由这个云系统来负责处理用户的请求并输出结果，它是一个以数据运算和处理为核心的系统。

云存储是在云计算（Cloud Computing）概念上延伸和发展出来的一个新的

图 4-11　云计算

概念，是指通过集群应用、网格技术或分布式文件系统等功能，将网络中大量各种不同类型的存储设备通过应用软件集合起来协同工作，共同对外提供数据存储和业务访问功能的一个系统。当云计算系统运算和处理的核心是大量数据的存储和管理时，云计算系统中就需要配置大量的存储设备，那么云计算系统就转变成为一个云存储系统，所以云存储是一个以数据存储和管理为核心的云计算系统。

与云计算系统相比，云存储可被当作一个配置了大容量存储空间的云计算系统。

从架构模型来看，云存储系统比云计算系统多了一个存储层，同时在基础管理上也多了很多与数据管理和数据安全有关的功能，在两者的访问层和应用接口层则是完全相同的。

随着云计算和云存储技术的发展，未来媒体的数据信息或许并不会都存储在媒体自己的中心数据库中。记者、编辑等只需将信息上载到自己的计算机系统，然后将该系统通过高速网络设置为媒体云存储的一个节点，便能够方便其他人调用、下载和使用该资源。可以想象，这样的存储系统是一个何等巨大的数据资源系统。

目前，基于云计算的服务已经被国内外一些企业采用。将来除了企业外，还会有更多的媒体和个人采用云技术来改进工作效率。

2. 云计算应用案例

北京讯鸟软件公司推出的"启通宝"产品，是国内最早的基于云计算技术的软件，它主要是基于呼叫中心技术的客户获取和客户保留应用。一个

"启通宝"软件包含以下服务：一个全国统一的"400"号码资源，以及来电弹屏、沟通管理、客户管理、报表等一系列应用功能。软件的终端是电脑，安装之后，只要用户接入互联网，就可以实现在特定单一办公地点（如在总公司）、异地多办公地点（如在各分公司）或出差（如在酒店）时使用"启通宝"。与此同时，它还支持传统固话、手机的互动方式，而且支持Web 呼叫、Web 文本交流、短信等沟通手段。简单地说，通过"启通宝"，只要在互联网覆盖到的地方，客户联络中心就可以建立，不受办公地点的约束。

这种基于云计算的软件服务对企业来说其价值是显而易见的：企业建设一个呼叫中心需要支付的初期的设备费、建设费以及后期的维护费用都转嫁到云产品的提供公司，企业只需支付软件使用费和服务费。依靠这种规模效应，每个企业的整体成本将下降90%。企业添置正常办公所用的计算机、网线、麦克风后，根据自己需要使用的时间长度和业务量，按月向云服务提供商支付几百元的产品使用费用，就可以拥有一个基于"互联网的客户联络中心"。另外，"启通宝"还提供电话过滤、电话自动转接等服务、对各服务部门、服务人员的工作状态、工作内容进行实时监控和实时记录等服务。

著名电子商务公司阿里巴巴公司就是"启通宝"软件的使用者，并且以该软件为基础打造了强大的企业呼叫中心服务。阿里巴巴呼叫中心主要负责阿里巴巴旗下"诚信通"、"淘宝网"、"支付宝"、"口碑网"等网上交易的主动销售和客户服务工作。呼叫中心以杭州为中心，北京、杭州、上海、成都、广州、青岛为分中心点。利用呼叫中心，阿里巴巴可按照目标客户的需求，主动向客户推介量身定制的产品或者服务，进而提高公司的运营效率。利用呼叫中心，阿里巴巴公司还可以更好、更快地获取客户的反馈和需求，以提供更具个性、更精细的服务。企业只要接入互联网即可使用这样的服务，而不必在意提供服务的设备、硬件处于何处，不必对硬件设备进行维护管理。这样的呼叫中心软件系统就是云技术的典型应用。

3. 云计算在媒体的应用

未来媒体提供的新闻信息服务必定是"小众化"的，能精确目标受众群，按照客户的需求将相关产品和服务发布到用户的信息终端。从信息内容细分、个性化新闻订阅这个角度看，云计算将发挥出更大的作用。受众可以根据个人不同的需求实现定制化阅读，既可以是某个热点话题讨论，也可以是行业新闻，还可以是音视频内容。未来媒体在丰富多样的内容和庞大客户群细分基础上，可以把细分的内容推送给不同的电子终端，比如电子书、电脑、手机和交互式电视等。对媒体来说,这些复杂的分类和内容的组织、不同终端格式的转换,包括不能数信息内容的定向推送,都在云计算中完成。另外,云计算还可以和客户交互,接收客户的反馈和请求。

我们在前文中已经提到,2012 年 5 月 17 日,《京华时报》推出"中国第一家云报纸"——《云周刊》,开了国内云报纸的先河。在内容方面,云报纸通过对云平台上数据库里信息的实时更新,摆脱了纸质报纸发行周期对时效性的限制。云报纸读者可以在不同时间拍摄云报纸上的同一张新闻图片,通过链接云端数据库,即可了解到该事件即时更新的最新进展。由此,很多原来报纸不能及时报道的内容,现在可以实现跟踪展示。这一特性在 2012 年欧洲杯期间的《京华时报》云报纸上得以充分体现:6 月 9 日凌晨,第十四届欧洲杯开幕式在波兰拉开战幕,开场 17 分钟,波兰队的莱万多夫斯基头球打入本届比赛的第一球。读者通过第二天的《京华时报》不仅可以看到精彩的瞬间图片,也可以通过拍摄图片联通云端信息库,欣赏到整个比赛过程和精彩进球的视频内容。《京华时报》利用该技术,在之后的伦敦奥运会报道中,通过实时更新现场赛况,为读者送上最新的体育新闻,深受读者的好评。

云报纸通过新闻内容的多媒体格式的立体化呈现,突破了纸质版面对内容形式的限制。以前读者在报纸上看到一条新闻,只能了解报纸有限版面内所登载的内容,而现在通过云技术连通后端数据库,可以让报纸的静态内容活起来,了解更多的新闻信息。

云报纸的出现还有效提升了读者的参与度,初步实现了从传统的"受众"到如今"用户"概念的转变。云报纸不再局限于传统概念上单方面内容的呈现,而更为注重用户的个性化体验,更多地强调了读者与报纸、读者与新闻当事人、读者与广告客户之间的交互性,实现了报纸从单向传播向多向互动、从大众化向个性化的转变,可谓传统纸媒拓展自己新的信息服务方式的重大尝试。[1]

随着云计算的应用,媒体将更了解受众和客户,媒体的运行成本会更低,客户的广告投放会更精准,而且必定会产生更多新的媒体盈利模式。

(四)大数据技术

大数据泛指巨量的数据集,因可从中挖掘出有价值的信息而受到重视。2013 年被称为"大数据元年"。麦肯锡公司的报告指出,数据是一种生产资

---

[1] 宋建武、李华英:《"京华云拍":传统媒体入"云"的探索之旅》,载《新闻爱好者》2013 年第 1 期。

料，大数据是下一个创新、竞争、生产力提高的前沿。世界经济论坛的报告认定大数据为新财富，价值堪比石油。因此，发达国家纷纷将开发利用大数据作为夺取新一轮竞争制高点的重要抓手。

1. 大数据技术概述

大数据（Big Data），或称巨量资料，指的是所涉及的资料量规模巨大到无法通过目前主流软件工具，在合理时间内达到撷取、管理、处理，并整理成为帮助企业经营决策更积极目的的资讯。

早在 1980 年，著名未来学家阿尔文·托夫勒便在《第三次浪潮》一书中，将大数据热情地赞颂为"第三次浪潮的华彩乐章"。不过，大约从 2009 年开始，"大数据"才成为互联网信息技术行业的流行词汇。美国互联网数据中心指出，互联网上的数据每年将增长 50%，每两年便将翻一番，而目前世界上 90% 以上的数据是最近几年才产生的。此外，数据又并非单纯指人们在互联网上发布的信息，全世界的工业设备、汽车、电表上有着无数的数码传感器，随时测量和传递着有关位置、运动、震动、温度、湿度乃至空气中化学物质的变化，也产生了海量的数据信息。

大数据技术的战略意义不在于掌握庞大的数据信息，而在于对这些有意义的数据进行专业化处理。换言之，如果把大数据比作一种产业，那么这种产业实现营利的关键，在于提高对数据的"加工能力"，通过"加工"实现数据的"增值"。

随着云时代的来临，大数据（Big Data）也吸引了越来越多的关注。《著云台》的分析师团队认为，大数据（Big Data）通常用来形容一个公司创造的大量非结构化和半结构化数据，这些数据在下载到关系型数据库用于分析时会花费过多时间和金钱。大数据分析常和云计算联系到一起，因为实时的大型数据集分析需要像 MapReduce 一样的框架来向数十、数百或甚至数千台电脑分配工作。

对于"大数据"（Big Data），研究机构 Gartner 给出了这样的定义。"大数据"是需要新处理模式才能具有更强的决策力、洞察发现力和流程优化能力的海量、高增长率和多样化的信息资产。

"大数据"这个术语最早期的引用可追溯到 Apache Org 的开源项目 Nutch。当时，大数据用来描述为更新网络搜索索引需要同时进行批量处理或分析的大量数据集。随着谷歌 MapReduce 和 GoogleFile System（GFS）的发布，大数据不再只用来描述大量的数据，还涵盖了处理数据的速度。

从某种程度上说，大数据是数据分析的前沿技术。简言之，从各种各样类型的数据中，快速获得有价值信息的能力，就是大数据技术。①

大数据的4个"V"，或者说特点有四个层面：第一，数据体量巨大。从TB级别，跃升到PB级别。第二，数据类型繁多。前文提到的网络日志、视频、图片、地理位置信息等，都属于此。第三，价值密度低，商业价值高。以视频为例，连续不间断监控过程中，可能有用的数据仅仅有一两秒。第四，处理速度快。1秒定律。最后这一点和传统的数据挖掘技术有着本质的不同。业界将其归纳为4"V"——Volume、Variety、Value、Velocity。

物联网、云计算、移动互联网、车联网、手机、平板电脑、PC以及遍布地球各个角落的各种各样的传感器，无一不是数据来源或者承载的方式。

2. 大数据应用的领域

大数据技术可运用到各行各业。宏观经济方面，IBM日本公司建立经济指标预测系统，从互联网新闻中搜索影响制造业的480项经济数据，计算采购经理人指数的预测值。印第安纳大学利用谷歌公司提供的心情分析工具，从近千万条网民留言中归纳出六种心情，进而对道琼斯工业指数的变化进行预测，准确率达到87%。制造业方面，华尔街对冲基金依据购物网站的顾客评论分析企业产品销售状况；一些企业利用大数据分析实现对采购和合理库存量的管理，通过分析网上数据了解客户需求、掌握市场动向。有资料显示，全球零售商因盲目进货导致的销售损失每年达1000亿美元，在这方面，数据分析大有作为。

在农业领域，硅谷有个气候公司，从美国气象局等数据库中获得几十年的天气数据，将各地降雨、气温、土壤状况与历年农作物产量的相关度做成精密图表，预测农场来年产量，向农户出售个性化保险。在商业领域，沃尔玛公司通过分析销售数据，了解顾客购物习惯，得出适合搭配在一起出售的商品，还可从中细分顾客群体，提供个性化服务。在金融领域，华尔街"德温特资本市场"公司分析3.4亿微博账户留言，判断民众情绪，依据人们高兴时买股票、焦虑时抛售股票的规律，决定公司股票的买入或卖出。阿里公司根据在淘宝网上中小企业的交易状况筛选出财务健康和讲究诚信的企业，对他们发放无需担保的贷款。目前已放贷300多亿元，坏账率仅为0.3%。

在医疗保健领域，"谷歌流感趋势"项目依据网民搜索内容分析全球范围内流感等病疫传播状况，与美国疾病控制和预防中心提供的报告对比，追踪疾病的精确率达到97%。社交网络为许多慢性病患者提供临床症状交流和诊治

---

①　引自百度百科"大数据"词条。

经验分享平台，医生可借此获得在医院通常得不到的临床效果统计数据。基于对人体基因的大数据分析，可以实现对症下药的个性化治疗。在社会安全管理领域，通过对手机数据的挖掘，可以分析实时动态的流动人口来源、出行，实时交通客流信息及拥堵情况。利用短信、微博、微信和搜索引擎，可以收集热点事件，挖掘舆情，还可以追踪造谣信息的源头。美国麻省理工学院通过对十万多人手机的通话、短信和空间位置等信息的处理，提取人们行为的时空规律性，进行犯罪预测。在科学研究领域，基于密集数据分析的科学发现成为继实验科学、理论科学和计算科学之后的第四个范例，基于大数据分析的材料基因组学和合成生物学等正在兴起。

麦肯锡公司2011年报告推测，如果把大数据用于美国的医疗保健，一年产生潜在价值3000亿美元，用于欧洲的公共管理可获得年度潜在价值2500亿欧元；服务提供商利用个人位置数据可获得潜在的消费者年度盈余6000亿美元；利用大数据分析，零售商可增加运营利润60%，制造业设备装配成本会减少50%。①

2011年，英国《自然》杂志曾出版专刊指出，倘若能够更有效地组织和使用大数据，人类将得到更多的机会发挥科学技术对社会发展的巨大推动作用。

3. 大数据技术与媒体

大数据反映舆情和民意。网民在网上产生的海量数据，记录着他们的思想、行为乃至情感，这是信息时代现实社会与网络空间深度融合的产物，蕴含着丰富的内涵和很多规律性信息。通过分析相关数据，可以了解媒体用户的需求、诉求和意见。本书第三章已经对此进行了介绍，媒介融合时代媒体为用户提供更为精准的信息服务，必须学习和借助大数据技术。

目前，大数据技术的运用仍存在一些困难与挑战，体现在大数据挖掘的四个环节中。首先在数据收集方面。要对来自网络包括物联网和机构信息系统的数据附上时空标志，去伪存真，尽可能收集异源甚至是异构的数据，必要时还可与历史数据对照，多角度验证数据的全面性和可信性；其次是数据存储。要达到低成本、低能耗、高可靠性目标，通常要用到冗余配置、分布化和云计算技术，在存储时要按照一定规则对数据进行分类，通过过滤和去重，减少存储量，同时加入便于日后检索的标签；再次是数据处理。有些行业的数据涉及上百个参数，其复杂性不仅体现在数据样本本身，更体现在多源异构、多实体和

---

① 邬贺铨：《大数据时代的机遇与挑战》，载《求是》2013年第4期。

多空间之间的交互动态性，难以用传统的方法描述与度量，处理的复杂度很大，需要将高维图像等多媒体数据降维后度量与处理，利用上下文关联进行语义分析，从大量动态而且可能是模棱两可的数据中综合信息，并导出可理解的内容。最后是结果的可视化呈现，使结果更直观以便于洞察。目前，尽管计算机智能化有了很大进步，但还只能针对小规模、有结构或类结构的数据进行分析，谈不上深层次的数据挖掘，现有的数据挖掘算法在不同行业中也难以通用。[①]

大数据是新一代信息技术的集中反映，是一个应用驱动性很强的服务领域，是具有无穷潜力的新兴产业领域。媒体要从战略上重视大数据的开发利用，将它作为推进媒介融合的有效技术抓手。

三、未来资讯产品形态及使用方式预测

（一）移动数字媒体终端

随着东芝公司 2009 年初高调发布世界上第一款配备 1GHz 频率 CPU 的智能手机——TG01 以来，手机的性能越来越接近电脑，手机的功能越来越丰富，正在成为个人的移动数字媒体终端。

1. 高画质图像拍摄

随着技术的进步和成熟，现在越来越多的手机具备拍摄高画质图像的功能。从诺基亚 N82、LG KU990、索尼爱立信 K858 等带有自动对焦系统 500 万像素高画质的拍照手机的推出，到千万像素拍照手机的面世，无不预示着拍照手机将要取代卡片数码相机的趋势。

这些近期发布的拍照手机的共同特点是都带有自动对焦系统，并且对焦速度和对焦性能都已经远远超过当年索尼爱立信 K750 的水平，多个对焦点的系统也开始出现在拍照手机上。与此同时，手机拍照的画质和色彩的还原都有了质的飞跃。毋庸置疑，未来手机一定可以拥有和卡片数码相机相抗衡的实力。将来，人们一定会看到越来越多的记者在三脚架上架着手机进行拍摄。

2. 高质量视频拍摄

2010 年年初，日本 NEC 电子发布了用于手机的拍摄芯片 CE151。该芯片拥有 1300 万像素的静态照片以及 1920×1080 像素高清视频的图像处理能力，达到了高清视频水平。这意味着从 2010 年开始，手机将可能拥有 1080P 级别的视频拍摄能力。另一家手机制造商 HTC 不仅在手机中加入 1080P 全高清视

---

①　邬贺铨：《大数据时代的机遇与挑战》，载《求是》2013 年第 4 期。

频录制和播放功能，还从雅马哈购买了相关的技术，在 2010 年年底之前在手机上实现 5.1 声道音频输出。

这使得未来记者可以抛弃以往笨重的摄像机，直接用手机进行电视新闻拍摄，并可以利用高速无线通信网络，将拍摄的视频素材及时甚至实时传输至媒体，实现手机高清视频直播。另外，高清音视频输出也使得用手机和多声道耳机组建迷你家庭影院成为可能，手机的娱乐功能将更加强劲。

3. 远程高速控制

随着 IPV6 技术的普及，未来几乎任何设备都可以联网。通过手机终端，利用高速通信网，就可以实现对远程设备的控制。最具代表的例子就是智慧家庭的实现。在家里的相关位置安装网络摄像头，利用手机就可以实现实时监控。具备网络功能的空调、电视、音响等家电，包括汽车中的电子设备，也可以使用手机终端进行远程控制。作为记者，甚至可以用手机远程调用媒体数据库中的文字和音视频电子文档，实现在线编辑等操作，而且操作的速度非常快，让人感觉不到是在进行远程操作。

4. 高速网络 3D 游戏

早期的手机由于受到网络速度及本身硬件性能的制约，游戏主要以贪食蛇、五子棋、黑白棋等画面简单的单机益智类游戏为主。近年来，以 NVIDIA 公司和 ATI 公司为代表的图形芯片制造厂商也加快了进军手机图形芯片的步伐。例如，2010 年年初 NVIDIA 推出的 Tegra 2 处理器，采用 40nm 工艺，拥有支持 Full HD 高清视频的编码、解码芯片，并且配备了独立的 2D/3D 图形引擎。与上一代 Tegra 相比，Tegra2 的整体性能提升了 4 倍，是普通智能手机处理器性能的 10 倍左右。强大的硬件和技术支持使得 Tegra2 不仅可以完美渲染 3D 游戏画面，还能保持很好的温度情况。

随着 3G 及更高速的通信网络的使用，手机本身的硬件性能也有了巨大提升，未来手机游戏的主流必将是高速网络 3D 游戏。

(二) 网络互动数字终端

与移动数字媒体终端不同，网络互动数字终端的位置相对固定，很难取代家用电视机、车载及机载电视等媒体。随着有线电视网、通信网与互联网的融合，嵌入式芯片技术的快速发展，未来数字电视与电脑的界限将越来越小，集成 CPU、图形处理芯片、微存储器、通信芯片的数字电视，打开电源即可选择上网或观看电视节目。传统的电视机遥控器将变成带键盘和鼠标功能的无线遥控终端。另外，自带摄像头和感应设备的电视机，使得人们坐在客厅沙发上即可实现远距离视频通话、远程医疗、网络体感游戏等新型网络应用。

这样的终端设备除了在家里使用，在汽车、轮船和飞机上也将越来越多地看到它们的身影。未来媒体设备将层出不穷，其共同的特点是双向互动、多媒体多应用、支持各种体感设备的信号输入。

（三）数字媒体管理系统（如图 4-12 所示）

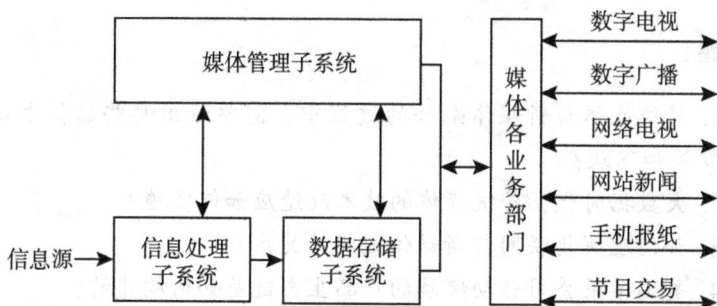

图 4-12　数字媒体管理系统架构图

数字技术和媒介融合的快速发展，使得媒体面对快速增长的数字媒体内容，一方面需要投入更多的资源对媒体资产进行存储、管理和发布，另一方面还需要对数字媒体内容进行版权保护，以确保数字内容的安全发行与使用。将来，新型的数字媒体管理系统必将成为媒体的核心服务/管理系统，也将极大地提高媒体产品的生产效率，提高媒体的核心竞争力。

从数字媒体管理系统架构图可以看出，将来媒体的资源管理系统，可以发挥如下作用：

1. 实现对各种媒体资源的统一管理。系统可以处理任何媒体数据，包括音视频、各种办公文档、图像、数字地图、二维和三维动画、XML 网页。

2. 统一工作标准和业务流程。可以使系统内部各媒体处理过程标准化，在更大范围实现多员工在线协同工作。

3. 建立可扩展的信息发布平台。各媒体在数据库中根据各自的需要提取相应的数据文件，对该文件进行有针对性的修改、编辑，然后在对应的发布平台上进行节目发布。

4. 多入口、多出口。全媒体数字采编发布系统支持多渠道的内容录入——内部稿件录入、远程发稿、移动终端发稿、联盟稿件共享、读者网上投稿、数据库导入、互联网信息自动抓取、通讯社电稿接收等多种信息入口。同时，还提供内容导出标准，通过这一标准，可以将全媒体数据库里的内容输出到任何支持该标准的第三方系统。

5. 具备升级和业务更新的扩展模块。未来媒介的产品形式难以预测，为了更快地适应新的媒介产品形式，该系统还具备自我升级功能，可以及时更新业务模块。比如能快速适应将来的手机视频点播、轿车多媒体点播等业务。

思考题

1. 传统媒体与新媒体融合的过程中，需要运用哪些新技术以实现自身的发展和飞跃？

2. 大数据时代，传统媒体的技术改造应如何实施？

3. 如何理解物联网与新媒体之间的关系？

4. 美国苹果公司移动终端的产品生态链是如何构建的？

5. 我国传媒产业如何在国外厂商垄断媒介技术的态势下实现突围？

第五章　媒介融合的体制架构

无论是从新闻传播理论还是实践上来看，媒介融合都已经或正在成为新闻传播界的"新贵"，国内各家媒体争先恐后地上阵，纷纷采取各种措施来推动媒介融合。在这个过程中，如何使媒介融合体系完全地纳入媒体的日常运作从而更好地发挥其作用，是媒介真正实现"融合"的关键，也是各家媒体亟待解决的重要问题。而它们需要考虑的主要方面就是本章将要谈到的媒介融合体制架构，也即媒体如何建立系统的管理体系并通过恰当的管理方式来实现媒介融合的目标。

第一节　媒介融合体制架构的现状

体制架构是一个涵括众多方面的复杂体系，那么，我们就从以下几个方面分别了解目前国内实施媒介融合的媒体在体制架构方面进行了哪些探索：

一、媒介融合的组织体系

作为媒介融合体制架构的核心，组织体系也可称之为组织结构（Organizational Structure），即"表现组织各部分排列顺序、空间位置、聚集状态、联系方式以及各要素之间相互关系的一种模式。"① 也就是说，媒体在实施媒介融合的过程中，需要建立相应的组织与管理系统，按照一定的模式和规范以保障媒介融合的有序化、通畅化。其主要包括：

（一）媒介融合的组织模式

在媒体集团化的时代背景下，当前很多媒体实际上是拥有多家子媒体的传媒集团，媒介融合随之也成为集团内部或集团与集团之间在各方面的融合。如何处理这一系列纷繁芜杂的关系，就需要通过相应的组织模式来进行。

从国内现状来看，媒介融合基本上是以传媒集团为主体来进行的，而且一

---

① 杨文士、张雁：《管理学原理》，中国人民大学出版社 1998 年版，第 176 页。

般都是异质型的传媒集团，即由多种类型的媒体所组成，这也符合"媒介融合"和"全媒体"概念的题中应有之义。此外，随着以网络为载体的新媒体的日渐兴起，一般组成集团的子媒体都不可避免地包括网络，并表现为"报+网"、"报+广电+网"、"广电+网"以及"+手机"等多种形式。按照集团内部、集团与外界的关系和非集团媒体三种形态，我们可以将目前国内媒介融合的组织模式进行如下划分：

1. 从集团内部来看，具体可以分为：

（1）"集团领导"的宽泛模式。由集团统一领导所属子媒体的运作，不同子媒体的记者在集团的统一安排和调度下从事采访、报道、编辑等活动。

这一模式的典型是成都传媒集团。该集团成立于 2006 年 11 月 28 日，由原成都日报报业集团和原成都广播电视台合并组建而成，是国内首家、也是目前唯一一家在中心城市成立的，涵盖报刊、广播、电视、网络等多种媒体形态的综合传媒集团，可以说是一种全新的探索与大胆的尝试。

从其组织体系来看，集团成立伊始便确立了"事业集团、企业化运作"的管理模式，按照"扁平设计、垂直管理、层次清晰、责权明确"的总体思路，实行党委领导下的总编辑、总经理负责制。其具体架构是：集团设党委会，报业、广播、出版社、杂志社的领导都融入这个集团党委，后者成为真正的领导核心和决策中心，形成"一体两翼、双轮驱动"的领导模式——"一体"指集团党委会，"两翼"指集团编委会和经委会，"双轮"指新闻事业和传媒产业；同时设立董事会，党委会成员与董事会成员完全覆盖；此外，依照"采编与经营两分开"的原则，由上述编委会和经委会分别负责采编及经营工作。同时，集团总部的管理职能部门还将报业和广电两大板块人员进行有机重组、合理配置，设立集团党委办、行政办、编委办、经委办、人力资源部、财务中心、总工办、监察室等 8 个公共职能部门。目前，随着集团化建设的深入，总部管理部门也在不断对上述部门进行精简、合并及调整。据介绍，成都传媒集团采用这样的设计方式，有几个突出特点：一是与广播电视台、报业集团三块牌子、一套人马合署办公，集团化运作；二是集团所有的机构和干部取消了行政级别，再也没有正局级单位、正局级干部的说法。三是要求统一执行企业会计制度，实行事业单位、企业化经营和管理的模式，这是对广电板块的根本性改变①。

---

① 冯文礼：《成都跨媒体融合一年新变之路径 报业广电合并传媒走向融合》，http：//www. stanchina. com/fwl. htm，2015-2-1。

而从集团的外部管理体制上看，成都传媒集团成立以后，市管干部由成都市委组织部管，其余干部由集团党委管理；新闻导向由市委宣传部管；国有资产的保值增值由市国资委管；广电局和新闻出版局对其进行行业管理。集团实体运行，成都日报报业集团和广播电视台依然保留牌子，同集团并行不悖，以对接行业管理部门，此举没有改变广播电视台的设立主体和隶属关系，也没有在局台之间增加管理层级。

特别值得一提的是，为有效推动媒介融合，传媒集团在成立之初就设立了以《成都商报》为主导，包括报纸、电视、广播、网站、期刊等不同形态媒体在内的"媒体融合试验田"，意在依托不同媒体之间的有机组合、优势嫁接、集约运行、资源打通等方式，形成各媒体的核心价值，为更大层面的融合进行先期探索。

"试验田"已形成"七剑下天山"（七种媒体、统一指挥）的融合模式，《成都商报》主营业务收入突破 8 亿元大关，市场竞争力和地位进一步增强，一度持续低迷的成都电视台经济资讯服务频道的收视率和市场业绩都稳定增长。该集团更于 2009 年 5 月全面启动了"媒体结对运行、部分新闻联动"的模式，形成新闻联动的长效机制。

目前，成都传媒集团在岗员工 9000 余人，下属约 30 家生产单位，拥有丰富的媒体资源，分别有：

报刊板块——四报五刊，包括《成都日报》、《成都商报》、《成都晚报》、《蓉城周报》、《天府成都》、《先锋·居周刊》、《公司·地产商》、《时代教育》、《青年作家》。同时在 2007 年，集团致力打造"先锋系"期刊品牌，推出了《慈善》、《评论》、《调查》等有影响力的精品杂志。

广播板块——五个频道，包括广播新闻频道、交通文艺频道、文化休闲频道、音乐频道和环球资讯频道。

电视板块——九个频道，包括电视新闻综合频道、经济资讯服务频道、都市生活频道、影视文艺频道、公共频道、少儿频道五个电视频道和美食天府频道、每日电视购物、地面移动公交电视三个数字频道。

经营实体板块——即被誉为"中国报业第一股"的博瑞投资控股集团公司，已经探索出媒体开展现代资产经营项目有代表性的投资运作模式。

（2）"部门负责"的集中模式。在集团内部成立专门负责媒介融合的部门，该部门记者可以在集团其他子媒体的协助下从事采访、报道、编辑等活动。

广州日报报业集团、烟台日报传媒集团、佛山传媒集团是该模式的典型代表。《广州日报》是中国第一家成立"滚动新闻部"的媒体。2007 年，《广州日报》以"6·15"九江大桥坍塌事故的报道为契机，成立滚动新闻部，在全国媒体中最早发布塌桥这一惊人消息，在激烈的新闻竞争中拔得头筹。6 月 15 日上午 9 时 40 分左右，滚动新闻部记者从《广州日报》前线记者那里获得事故消息后，迅速通过广州日报大洋网率先发布，并不断地与前线记者进行连线，滚动发布最新消息，接着又通过广州日报无线平台用手机短信方式向数十万手机订户发出消息，也不断地滚动播发最新消息，同时还通过"广州日报·3G 门户"发布。在这次塌桥事故报道中，《广州日报》的公信力与权威性，与网络媒体和手机媒体的海量性、互动性、即时性有效地结合了起来。此后，在北京奥运会期间，滚动新闻部还将报网直播室搬到了北京，产生了不错的效果。其基本流程如图 5-1、图 5-2 所示：

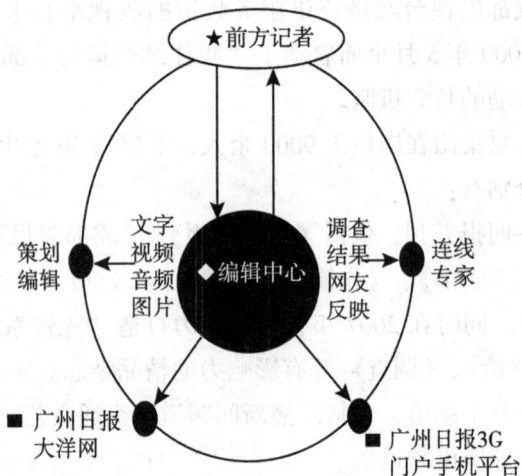

图 5-1　"滚动新闻部"基本流程示意图①

烟台日报传媒集团则成立"全媒体新闻采编中心"，与各系列报并列，包括《烟台日报》在内的各系列报事实上成为编辑部。"全媒体新闻采编中心"

①　申凡、谢亮辉：《我国媒介融合发展的问题与对策——以〈广州日报〉滚动新闻部为例》，载《新闻前哨》2009 年第 4 期。

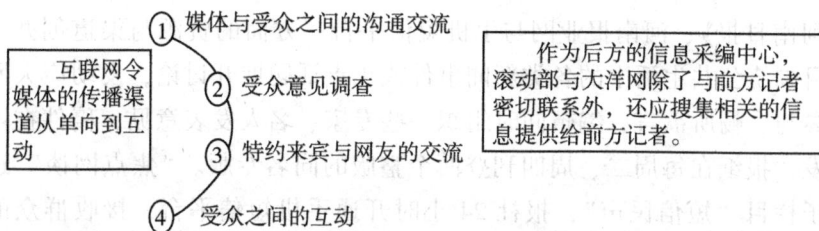

图 5-2 "滚动新闻部"与受众互动示意图①

记者以多媒体方式采集新闻，并通过网站、手机报、传统报纸、数字报刊，以及多媒体视屏实现多级发布。其架构由三部分组成：一是采访部门，负责日常采访工作，其中分为市政新闻部、热线新闻部、城市新闻部、县域新闻部、财经新闻部和文体新闻部；二是综合部，在新闻中心内起指挥作用，在子媒体间起协调作用；三是信息部，负责背景资料搜集、针对大事件的前期资料整理以及音视频素材的编辑整理。总之，通过该模式，打通了集团各报之间的界限，多媒体记者隶属于整个报业集团，由报业集团相关机构统一指挥，网站成为功能较单一的新闻编辑和发布机构。

2007 年，佛山传媒集团的新闻中心总部大楼落成，作为该市新城区的标志性建筑之一，被当地媒体以"百舸竞发、列阵扬帆"为标题加以报道。不过，其实情并没有报道中的那么美好：集团三大媒体（包括若干子报子刊）搬进去后，仍是分区独立办公，真正的"融合"尚未实现。尽管如此，该集团对媒介融合的探索依然在进行，该集团的下一步目标是将驻广州记者站改造成一个多媒体新闻中心，用以采集符合集团各类媒体需要的广东重要新闻。

（3）以栏目、节目或报道为单元的松散模式。即主要围绕某一个或若干个栏目、节目或报道进行媒介融合实践。

上述"集团领导"的宽泛模式和"部门负责"的集中模式都表明媒介融合已经成为媒体的常态化、组织化行为，相对而言，松散模式则只是在某一个或若干个栏目、节目或报道中进行了媒介融合实践。例如，曾获得中国

---

① 申凡、谢亮辉：《我国媒介融合发展的问题与对策——以〈广州日报〉滚动新闻部为例》，载《新闻前哨》2009 年第 4 期。

新闻奖首届网络新闻名专栏的"焦点网谈"栏目，由河南日报报业集团整合《河南日报》、河南报业网与手机短信平台三方面的资源与渠道创办。这个栏目围绕公共生活中的各类新闻事件或焦点话题展开讨论，发动广大网民踊跃参与、畅所欲言，编辑同时组织一些专家、名人发表意见，稿件在网站上首发，报纸在每周二、周四刊登两个整版的同名专版。"焦点网谈"还设立了子栏目"短信民声"，报社24小时开通手机短信平台，接收群众的建议与投诉、收集新闻线索。对于群众反映的问题事无巨细，党报编辑都要向有关部门调查核实，促使问题得到解决，并将结果及时在网站与报纸上对社会公开。这样的一种模式，体现出了全新的新闻传理念和报道思路，获得很好的社会反响。

2. 从集团与外界的关系来看，可以将其称为"集团-外部"的松散模式。即在某一系列或某一次报道中，根据具体情况，集团与其他外部媒体之间进行合作报道。

3. 从非集团媒体来看，可将其称为"单一媒体-外部"的松散模式。即某一媒体和其他媒体之间的随机性或区域化合作等。

以《上海证券报》为例，在该报的规划中强调要充分利用新技术来推进报网融合，促进形式创新、管理创新和机制创新等，并与中国证券网全面融合，实行一个班子、一套架构。不设重叠机构，对报网统一业务生产流程、统一考核，把报社的营利模式从比较单一的信息披露收入扩大为内容产品收入、活动产品收入和互动产品收入。

此外，除了以上对媒介融合实施得比较系统而彻底的媒体外，还有其他媒体已经和正在进行不少"准媒介融合"的实践，主要体现在以下方面：

第一，报网融合。这是最早和最传统的媒介融合方式，目前国内大部分报纸都有了各自的网站和电子版。

第二，报报合作。主要体现为报业联盟。2001年，《三秦都市报》、《兰州晨报》、《新消息报》、《西海都市报》、《新疆都市报》西北五省区的五家都市报组建成互动联盟，在新闻宣传、广告经营、报纸发行等方面进行合作，成为国内第一个报业联盟。此后报业联盟经历了逐步扩大化、主流化、常态化的演变过程，成为具有普遍意义的报业经营策略和发展趋势。目前已经形成"全国主流媒体教育联盟"、"中国汽车媒体大联盟"、"珠三角报业广告联盟"、"浙江省地市级强势媒体广告联盟"、"东北副省级城市党报集团联盟"、"齐鲁报业联盟"等。

第三，报电融合。2006 年 1 月 22 日，大连日报社主办的北方体育报联合大连数字电视教育频道、大连沿海传媒有限公司创办北方体育报电视版，标志着我国第一家专业报纸电视版项目启动。

第四，电网融合。即电视台和网络的融合，我们通常称之为"网络电视台"，这一方式目前也日益兴盛。2009 年年底，中央电视台旗下的中国网络电视台上线。2010 年年初，安徽电视台宣布获国家广电总局正式批复同意省级电视台开办网络电视台的"首张绿卡"——安徽网络电视台开播。据悉，开播当天，安徽网络电视台即与优酷网、酷 6 网签署了战略合作协议，安徽网络电视台将与其在内容建设、品牌推广、版权运营、广告营销等方面展开全面合作。据安徽网络电视台负责人介绍，其母体即安徽电视台的内容资源比较强大，包括影视、新闻、综艺等，而他们希望在网络版权上发力，与优酷网、酷 6 网进行版权合作，包括联合购买版权、置换版权、联合制作等。

第五，其他媒体融合方式。如手机报、手机电视等。2009 年元旦，荆楚网与《湖北日报》共同开辟"记者手机快报"栏目，驻湖北全省 17 个市州记者站记者，每天以手机短信方式发回报道，在报纸、网站和手机报同步呈现。同时还有报电网与图书出版业的融合、不同网站之间的合作等多种方式。

表 5-1 是目前国内实施"媒介融合"的主要传媒集团情况一览表。

(二) 媒介融合的管理方式

如果说媒介融合的组织体系是从宏观上对媒介融合体制架构的分析，那么，管理方式所涉及的则是媒介融合实践的具体操作问题，其直接影响到媒介融合的实现程度与效果。

1. 媒介融合的宏观管理与微观管理

从管理的立足点与广度上，我们可以把媒介融合的管理方式分为宏观管理和微观管理。宏观管理（Macromanagement）指的是从全局性和总体上对管理对象及其活动进行组织、规划、指挥、协调和控制，以最大限度地发挥其功能，从而达到预期目的；微观管理（Micromanagement）则与之相对，是指通过对人和事的管理，促成人际协调、人事匹配，充分发挥人的潜能，计划、组织、指挥和控制人的各种工作活动，从而实现组织目标。

表 5-1　　　　　　　　　国内主要媒介融合集团一览表

项目\媒体		广州日报报业集团	烟台日报传媒集团	佛山传媒集团	成都传媒集团
媒介融合模式		"部门负责"集中模式	"部门负责"集中模式	"部门负责"集中模式	"集团领导"的宽泛模式（2006年，国内首家、也是目前唯一一家在中心城市成立的，涵盖报刊、广播、电视、网络等多种媒体形态的综合传媒集团）
	部门名称	滚动新闻部（2007年，国内首家）	全媒体新闻采编中心（2008年）	佛山新闻中心（2007年）	
组织结构		隶属于广州日报编辑部，在信息发布时，更多是与大洋网联系	由日报、晚报、晨报三报记者从各报中心独立出来所成立。其主要由三部分组成：一是采访部门，负责日常采访工作，其中分为市政新闻部、热线新闻部、城市新闻部、县域新闻部、财经新闻部和文体新闻部；二是综合部，在新闻中心内起指挥作用，在媒体间起协调作用；三是信息部，负责背景资料搜集、针对大事件的前期资料整理以及音视频素材的编辑整理	当地报纸、广播、电视三大媒体"分区独立办公"	由原成都日报报业集团和原成都广播电视台合并组建而成，合并后原报业集团和原广播电视台的牌子继续保留，对接行业管理部门，同时保留广播电视的呼号。主要分为： 报刊板块——四报五刊，包括《成都日报》、《先锋·居周刊》等。 广播板块——五个频道，包括广播新闻频道、交通文艺频道等。 电视板块——九个频道，包括电视新闻综合频道、经济资讯服务频道等

项目 媒体	广州日报报业集团	烟台日报传媒集团	佛山传媒集团	成都传媒集团
操作流程	采编部、滚动部和大洋网策划（确定专题和关注点）→采访部、滚动部的前方记者传回采访内容（文字/音频/视频，通过手机/手提等）→大洋网新闻中心编辑和审核内容→发布到大洋网及手机平台→滚动部做网络调查，收集网友关注焦点→提供给前方记者作写稿素材	中心记者以多媒体方式采集新闻→通过网站/手机报/传统报纸/数字报刊/多媒体视频实现多级发布		于2009年全面启动"媒体结对运行、部分新闻联动"模式，形成新闻联动长效机制。为推动媒体融合，传媒集团成立之初就设立以《成都商报》为主导，包括报纸、电视、广播、网站、期刊等不同媒体形态在内的"媒体深度合作试验田"，目前形成"七剑下天山"（七种媒体、统一指挥）的融合模式
著名个案	2007年，《广州日报》以"6·15"九江大桥坍塌事故的报道为契机，成立滚动新闻部，在全国媒体中最早发布塌桥这一惊人消息，在激烈的新闻竞争中拔得头筹。北京奥运会期间，滚动新闻部将报网直播室搬到了北京，产生了不错的效果		2008年，作为国内地市级媒体首次越洋采访美国总统大选。派出一行六人的联合采访组，由集团所属报纸、杂志、电台、电视台等各媒体的记者编辑组成。短短十天时间，横跨美国东、西部，向后方编辑平台发回文字稿、图片、视频、音频共计两百多条，仅花费四万美元采访经费。而后方子媒按照各自定位，在统一的工作博客上各取所需，对采访内容进行重新编辑包装，以融合媒介的新闻实践实现了新闻价值最大化	

续表

媒体项目		广州日报报业集团	烟台日报传媒集团	佛山传媒集团	成都传媒集团
产生效果		加强了报纸与网络之间的资源共享和互通关系，使网络和报纸相互发挥各自的优势。其首要特点是快，它克服了报纸的出版时限，将刚发生或正在发生的新闻通过大洋网、手机无线平台发布给读者，抢得了新闻的第一发布权	各岗位的工作内容和角色定位发生细微变化	发挥了跨媒体的优势，从过去"共同采访、各用各稿"的阶段，真正进入媒体深度融合阶段	目前《成都商报》主营业务收入突破8亿元大关，市场竞争力和地位进一步增强，一度持续低迷的成都电视台经济资讯服务频道收视率和市场业绩稳定增长
存在问题		管理的架构不明确；缺少对网友的互动和关注；视频手段的应用有待商榷；滚动新闻稿件版权维护问题	集团新媒体业务"经济效益并不明显"；在盈利模式尚不清晰的现实下，全媒体运作最重要的一个问题就是如何控制风险	没有形成常态化、规范化的模式	

　　媒介融合的宏观管理主要体现在传媒集团通过制定一系列相应的文件、规章、制度等，从整体上对本集团媒介融合的发展方向、改革路径、操作原则等战略性问题进行统筹规划与全盘掌控，主要解决"方向感"的问题，其涉及的实质实际上是媒介融合的指导和领导工作（Directing and Leading）。正如马克思所言："一切规模较大的直接社会劳动或共同劳动，都或多或少地需要指挥，以协调个人的活动，并执行生产总体的运动——不同于这一总体的独立器官的运动——所产生的各种一般职能。一个单独的提琴手是自己指挥自己，一个乐队就需要一个乐队指挥。"①

---

① 《马克思恩格斯选集》（第2卷），人民出版社1972年版，第367~368页。

　　媒介融合的微观管理则是在宏观目标与方向的指导下，通过对媒介融合日常运作、业务流程和人员配备等方面的管理，促进媒介融合实践的顺利进行与不断完善，主要解决"执行力"的问题。

　　在媒介融合的微观管理中，除了对日常运作、业务流程等方面的管理之外，更为重要也更为复杂的是对人即新闻工作者的管理，这是媒介融合管理的核心与关键。其主要包括两个方面，从上至下称之为决策和控制与平行之间称之为沟通与联络。前者主要体现在媒介融合的宏观管理上，后者则属于媒体内部的平行传播。如果按照"编码—译码"的传播流程，可以将沟通和联络的过程展示如图5-3所示：

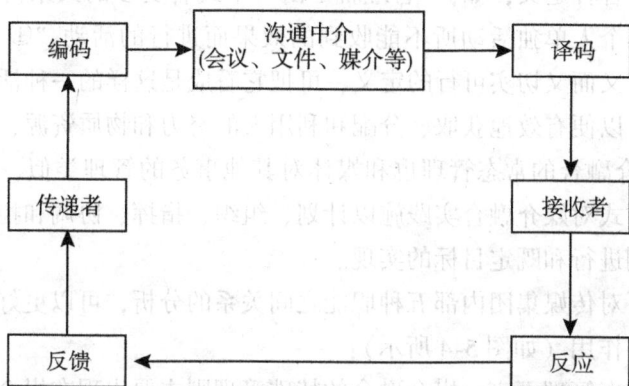

图5-3　沟通联络过程示意图

　　在媒介融合实践中，由于需要不同人员之间合力完成多媒体、跨媒体的协作，因此对人的管理中还包括实施恰当的人员配备（Staffing），使人尽其才、才尽其用，共同完成媒介融合的多项任务。简而言之，人员配备可以概括为"选人、评人、育人"，它是一个具有内在逻辑关系的系统过程，受到媒体内外众多因素的影响与制约。

　　从目前国内来看，有些传媒集团针对目前新闻出版和广播电视"分业管理"的格局，探索运用干部交流任职和岗位制度来实施人员管理，具有一定的创新意义。典型的如成都传媒集团，一是采取干部交流任职制度，即部分原报业集团中层负责人到电台、电视台任频道总监，部分原广电系统负责人到报社担任责任人，以这种"交叉安排"的方式，使领导能力得到很大程度的锻炼与发挥；二是将原来的"身份管理"转为"岗位管理"，有意识地淡化行政级别观念，细化之就是集团总部、频道和中心实行全员聘用制，保留在编人员

203

身份，取消档案工资，以事定岗，以岗定薪。通过这样的方式，显著调动与激发了集团各部门、各层次的积极性和创造性。

2. 媒介融合的常态管理与特殊管理

从管理所针对的事物形态来区分，我们可以把媒介融合的管理方式分为常态管理与特殊管理。前者指对媒介融合正常事务的管理，采取的是一般化、正常化的管理方式；后者则主要针对媒介融合环境下出现的突发性、特殊性事务，多采取非常态的管理方式。

作为人类生产社会化的产物，管理及其学科发展在现代社会日益引起关注。常态管理广泛存在于今天人类生产与创造的方方面面，不少学者也相应地对管理作出了各种定义，如："管理就是由一个或者更多的人来协调他人的活动，以便收到个人单独活动所不能收到的效果而进行的活动。"① 或者："给管理下一个广义而又切实可行的定义，可把它看成是这样的一种活动，即它发挥某些职能，以便有效地获取、分配和利用人的努力和物质资源，来实现某个目标。"② 媒介融合的常态管理也和媒体对其他事务的管理类似，主要是按照管理的常规方式对媒介融合实践施以计划、组织、指挥、协调和控制，确保媒介融合的顺利进行和既定目标的实现。

通过以下对传媒集团内部五种职能之间关系的分析，可以更好地看出管理在其中的重要作用（如图5-4所示）：

相对于常态管理而言，媒介融合的特殊管理则主要出现在媒介融合的某些特殊情况下，为了适应突发性事件或满足某种特别目标而实施的管理方式，一般呈现个别化、零散化的特征，且多与具体事件相联系。如前述佛山传媒集团于2008年10月派出6名记者赴美采访美国总统大选这一事件，所采取的实际上是特殊管理方式，将所属报纸、杂志、电台、电视台等各媒体的记者、编辑等各类工作人员组成临时合作团队，统一指挥、统一管理，彼此合作、各取所需，在合理使用经费开支的前提下，不仅圆满完成报道任务，更借此良机打出了佛山传媒集团的名声，可谓一举多得。

再如成都传媒集团，其管理的"聚合精锐模式"具有一定特色，突出表现在集团各媒体之间的默契配合与联手合作上。典型的如"深度报道课题

---

① ［美］小詹姆斯·H. 唐纳利等：《管理学基础》，中国人民大学出版社1982年版，第81页。

② ［美］丹尼尔·A. 雷恩：《管理思想的演变》，中国社会科学出版社1986年版，第2页。

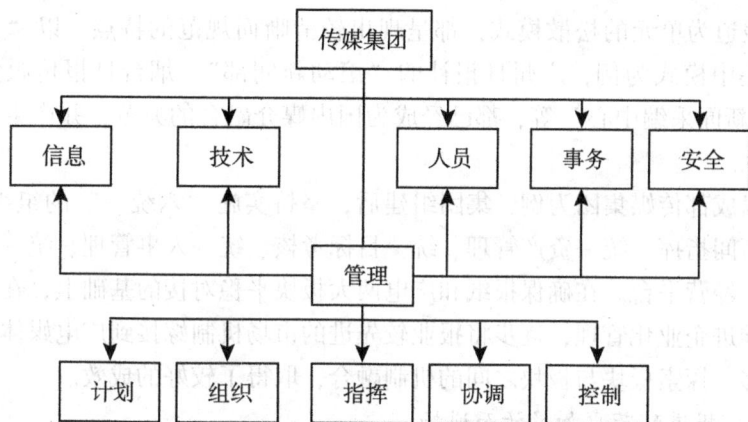

图5-4　传媒集团五种职能之间的关系示意图

组"，即围绕中心工作或重大新闻事件，统一抽调不同类型媒体中的采编人员，作出快速反应，迅速推出深度报道，经过编辑后在不同形态的媒体上以不同的形式进行刊播，产生出强大的协同效应。又如，在对《双面胶》、《岁月》等重点电视剧的报道中，集团各媒体纷纷上阵，轮番宣传，形成了很好的舆论强势与传播效果。此外，在节目策划、资源整合等方面，集团也非常注重纸质媒体与广电媒体的优势互补，如将《成都商报》的"热线"与广电媒体共享，共建新闻线索平台，达到了"1+1>2"的目的。

第二节　媒介融合前后体制架构的比较

国内媒介融合实施与推广的时间并不是很长，对体制架构的建设也还在探索之中。那么，我们不妨对媒介融合前后的体制架构情况加以比较，以更清楚地看出媒介融合给媒体带来的变化：

一、媒介融合前后的组织体系之比较

从国内新闻界来看，媒介融合的出现不过是2000年以后的事，其组织体系的构建也正在进行之中。那么，通过比较各媒体在媒介融合前后的组织体系，我们大致可以得出这样的几点结论：

（一）组织模式更为清晰而规范

如前所述，目前国内媒介融合的组织模式基本上可以归纳为几大类，无论

是"集团领导"的宽泛模式，还是"部门负责"的集中模式，抑或以栏目、节目、报道为单元的松散模式，都呈现出较清晰而规范的特点。以"部门负责"的集中模式为例，广州日报社的"滚动新闻部"、烟台日报传媒集团的"全媒体新闻采编中心"等，都已经成为国内媒介融合的典范，并产生了不少著名案例。

再以成都传媒集团为例，集团组建后，坚持实施"六统一"的组织模式，即统一新闻指挥、统一资产管理、统一目标考核、统一人事管理、统一财务管理、统一经营平台。在确保报纸和广电两大板块平稳对接的基础上，在广电板块全力推进企业化管理，逐步将报业较先进的市场机制嫁接到广电媒体，实施制度迁移，探索板块与板块之间的机制融合，取得了较好的成效。

（二）报道环节更加灵活而通畅

毫无疑问，媒介融合旨在破除原有业务环节中存在的藩篱，从而实现媒介融合下的"大一统"局面。在这一理念指导下，国内各传媒集团在践行媒介融合的过程中，都非常注重对已有业务分工、流程的重新组配和整合，使之形成合力，以更好地实现真正意义上的媒介融合。"融合新闻"就是集中体现这种业务水平的"产品"。以报业为例，国内有学者提出，传统报业向数字报业的转变呈现出三个"渐进式"：联动、互动、融合，而从互动转向融合，其重心在于通过组织和制度的重构，对新闻资源加以合理配置与充分开发，生产出别具一格的"融合新闻"，去拓展市场，赢得竞争。

（三）以媒介融合为核心展开多种探索

作为确保媒介融合得以顺利进行的"领头羊"，组织体系的设计与构建是关键所在。因此，国内不少传媒集团纷纷结合自身的实际情况，围绕媒介融合展开多种探索，并取得一系列卓有成效的收获。如佛山传媒集团于2008年10月派出6名记者赴美采访美国总统大选，成为国内首家越洋采访美国总统大选的地市级媒体。这个联合采访团队由佛山传媒集团所属报纸、杂志、电台、电视台等各媒体的记者、编辑组成，他们是《佛山日报》总编辑宋卫东、佛山电台台长助理诗华、佛山期刊社编辑王薇薇、佛山电视台记者何绮玲、佛山电视台摄像记者肖润伟、《珠江时报》摄影记者谢志彪，其中既有文字记者，又有摄影记者和摄像记者。所不同的是，这次联合采访并不像以往那样各自为营，而是互相合作，将所搜集的稿件、视频、音频内容放在一个平台上，供后方媒体各取所需。短短十天时间，他们的采访横跨了美国的东西部，向后方的编辑平台发回文字稿、图片、视频、音频共计200多条，仅花费了4万美元采访经费。而后方各子媒体按照其不同定位，在统一的工作博客上各取所需，对采访内容进行重新编辑、包装，以融合媒介的新闻实践实现了新闻价值的最大化。

二、媒介融合前后的管理方式之比较

随着媒介融合程度的不断加深与拓展，其融合前后的管理方式也逐渐显示出很大的差别。主要体现在如下方面：

（一）管理内容更为复杂多变

媒介融合呈现出的多媒体、跨媒体、融媒体的特征使媒体在实施管理时所面向的对象日益复杂化、多样化，管理内容也随之变得纷繁复杂。在媒介融合之前，管理内容大多按照不同业务环节和部门加以区分，比如对采访事务的管理、对写稿与编辑的管理、对新闻发布的管理等；而在媒介融合之后，业务环节与部门的整合所带来的，是管理对象和内容的彼此交织、重叠，特别是在内部各种关系尚未完全厘清时，尤其会给媒体管理带来一系列前所未有的难题。

（二）管理手段更加具体精细

虽然从表面上来看，媒介融合实现了不同类型的媒介、不同事务的部门之间从"割据"到"抱团"的转变，但并不意味着媒体管理由此将变得大而化之。恰恰相反，这"抱团"之中所蕴含的千丝万缕、盘根错节的关系，使得管理手段非但不能变得模糊与粗糙，反而应当更加具体而细微地深入媒介融合的各个细节之中，成为连接每个环节的有机链条，将不同类型的媒介、不同事务的部门、不同职责的人员这些分散的"点"结合成动态而统一的"面"，共同完成媒介融合的预期目标。

再以成都传媒集团为例，其在新闻宣传方面的突出做法就是形成了"新闻宣传统一指挥、不同媒体分类指导"的管理制度。比如，平面媒体提前宣传、推广新播主旋律电视剧、主题晚会，广电媒体则不断放大平面媒体所策划的重大宣传活动的宣传效果，而出版社出版的优秀图书也会在平面与广电媒体中加以推荐和推广，通过这些"交叉宣传"的方式，降低了生产成本，增强了宣传效果。在此基础上，传媒集团顺势而为，将旗下定位相似、形态各异的媒体进行调整和重组，推出"媒体联动"模式——在"联动体"内部建立运行通畅的管理、运作和保障机制，在信息的采集、制作环节实施资源共享，尤其在传播表达环节，不同形态的媒体统一采用"媒体联动"专用标识，结尾则用"某某时间成都传媒集团的某某媒体还将推出事件的相关详细报道"的这一形式对下一媒体的活动进行预告，下一媒体同样以"昨日我集团某某媒体对某某事件作了报道"进行呼应，从而形成协同效应，而且这种方式已经成为不同媒体在集团统一调控下的内在和自觉的行为。在"5·12"抗震救灾宣传报道中，这种"媒体联动"模式表现得淋漓尽致：传媒集团快速整合新闻报道力量，实行大规模"兵团式"作战；统筹危机传播的全部环节，整合信息传送平台，传递赈灾信息，印发"号外"，广电同时直播，构建出全方位、多层面、交叉式、互动性的传播网络。

（三）如何使特殊管理常态化成为新问题

常态管理是媒体日常管理的自然状态，是媒体实现顺利运转的有力保障。媒介融合固然缺少不了常态管理，但目前的现实却是，特殊管理开始在媒体管理中占据越来越重要的地位。这一点是和当前媒体生态与市场竞争密切相关的。所谓媒体生态，意指媒体是始终处于运动状态的有机体，"与社会系统中的其他部分产生互动，达到一种相对的平衡及和谐"①。我国媒体处于社会急剧变动的时期，在自身不断探索改革突破口的同时，也不可避免与社会有机体的其他子系统产生联系。从社会的发展阶段来看，我国目前正处于转型期，即一种社会形态向另一种社会形态的转化时期，这是一个渐进而非突变的过程，其中可能伴随很长时间内旧有形态的碎片化残留以及新形态的艰难建立。在这样的一段时期，旧制度与新体制之间的冲突与磨合不断，随之产生各种让人目不暇接的新现象、新问题，而作为最能动态而直接地观照现实的新闻业来说，更是首当其冲地参与到对这些事件的报道、传递甚至"制作"中来。那么，对这些事件的新闻化、媒介化，从媒介融合的角度看就是一种特殊管理。简言之，社会事件、新闻事件层出不穷的现状使特殊管理不再"特殊"，而成为渐趋常态化的管理方式与手段，如何实现"特殊→常态"的转变，就成为媒介融合管理中需要面对的新问题。

三、媒介融合前后的业务分工之比较

媒介融合旨在实现不同类型媒介之间的互补和协作，反映到媒体的日常运作中，所涉及的就是业务分工的问题。一般我们将媒体的业务流程概括为"采"、"写"、"编"、"评"等环节，如果说以往媒体在业务分工上主要呈现出各司其职、各自为政的局面，那么，由于媒介融合具有打通不同媒介、不同工作环节的特点，使得它在具体操作时的业务分工上具有很大的特殊性，其主要体现在：

---

① 郑瑜：《媒介生态与科学发展》，载《当代传播》2008年第6期。

（一）业务分工的矛盾性急剧增强

当旧的业务流程被打乱而"重新洗牌"进入新的媒介融合体系中时，原有的工作模式、方法和规则等很可能与媒介融合所要求的统一、协调与通畅相冲突，并随之引发一系列新的问题。以采访这一业务环节为例，以往记者外出采访可能只需要携带采访本、通讯录（顶多再带上摄影记者或自己兼任），而在媒介融合已成大势所趋的背景下，只做采访、记录的单一行为已远远难以应对新闻业发展和媒体竞争的压力。记者必须成为身兼数职的"多面手"，正如美国近年来流行的"背包记者"（Backpack Journalists）——这一形象化称呼所表示的是，这样的一类记者掌握了全面的多媒体技能，能单凭一己之力出色地完成文字、图片、音频、视频等报道任务，这类记者在重大活动、赛事或突发事件中最能发挥出特殊作用，而这样的记者在当前国内媒体中可谓"一将难求"。

但是，以"背包记者"为代表所集中体现的新闻实践环节的整合与贯通，与原有的分阶段、分条块的业务链条之间不可避免地存在着一定的矛盾，如每个具备不同功能的环节如何连接成顺畅而协调的"一条龙"，又如何从普通的文字记者、摄影记者、编辑之中培养出集十八般武艺于一身的全能型记者等，都是需要面对的难题。

（二）业务分工的协调性亟待提高

尽管媒介融合在业务分工上仍存在着一些纠葛和困难，但是从总体上而言，新闻业务分工的一致与融通是媒介融合发展的基本态势。媒介融合的题中应有之义不只是媒介之间"1+1＝2"的简单相加，而应当是"1+1＞2"的有机组合，而各业务环节和板块之间的互补、协调正是实现这种放大效应的有力保障。从众多国内传媒集团的媒介融合实践可以得出这样的结论：它们基本上都已通过摸索找出适合自己的一套方式，在新闻业务的分工上实现了较深层次的协调与合作，从而产生了强大的集聚效应。

例如，拥有《南方都市报》、《南方周末》等知名媒体的南方报业传媒集团一直致力于媒介融合的实践，在2009年10月《南方日报》创刊60周年之际，由南方报业传媒集团管委会主任、南方日报社社长杨兴锋先生主编的《南方报业之路》一书出版，该书首次详细披露了南方报业聚合战略的运作模式，对报业如何转型这一问题做出了生动回答。杨兴峰认为，为了配合全媒体的发展目标，传统媒体必须进行流程重组，实现信息采集、制作、发布、销售的全媒体运营，也就是说，在记者采访这一环节，集团要有重点地推动部分记者成为全媒体记者，采编结合的制作环节和发布环节也要通过培训来实现全媒体的制作能力和发布能力，广告经营等二次销售要实现全介质开发和销售能力。而在品牌运营和市场推广上，除了沿用传统平面媒体的推广手段，还要将重点放在全媒体全方位的品牌传播上，如该集团的"南都报系"在这一方面就走得较远，其推行的"南都无处不在"是很有益的尝试。总体看来，南方报业传媒集团在实现从报业集团转为全传媒集团的过程中，主要实施了以下"四步走"战略：第一步是要求每家报纸都有自己的相关网站，推出滚动新闻，实现报网互动；第二步是整合网络平台；第三步是采用公司制的方式运作新媒体；第四步是媒介融合，将新闻从信息发到统一的编辑平台，加工之后转到不同的平台进行发布和传播。目前，第一步已经走完，第二步和第三步正在走，第四步正准备走。

第三节 绩效评定：媒介融合体制架构中的"金钥匙"

所谓绩效（Performance），顾名思义是指成绩和效益，是某一组织或个人在一定时期内的投入、产出情况，投入是指人力、物力、财力、时间等，产出是指工作任务在数量、质量及效率等方面的完成情况。其对组织和个人的发展都至关重要。随着近年来国内众多公司、企业对绩效评定的日益重视，新闻传播界也开始在改革旧有评价制度的基础上逐步建立现代化的绩效评定机制。对于旨在促进组织效能最大化的媒介融合体制架构建设而言，绩效评定无疑是其中的一把"金钥匙"，运用得当的话，必将极大地促进媒介融合的发展。

一、媒介融合绩效评定的意义

正如有学者所云，绩效是一门科学，更是一门艺术，用得好可以削铁如泥。简言之，它对于媒介融合具有以下几方面的重要意义：

（一）通过绩效评定，能够检验新闻工作者的效率与质量

媒介融合绩效评定集中考察新闻工作者在媒介融合实践中的态度、行为、技能、业绩等多方面要素，并细化为具体的指标和数据，既能非常直观而详细地了解新闻工作者的工作效率与质量，又可以避免组织中经常容易出现的人浮于事、相互推诿等现象，为能者的脱颖而出提供了必要的制度保证。

（二）运用绩效评定，可以提高媒介融合的程度和水平

美国西北大学教授瑞奇·高登（Rich Gordon）对媒介融合的方式和含义作出了详细分类，认为媒介融合是如下六方面的综合：媒介技术融合、媒介所有权融合、媒介战略性融合、媒介组织结构性融合、新闻采访技能融合以及新

闻叙事形式融合。由此可见，媒介融合不单是一项技术上的融合，更是涉及媒体运作和发展的众多方面、不同角度的融合，同时，随着这种融合的范围不断扩大、程度不断拓深，需要媒体和新闻工作者具备比以往更为全面而复杂的技能。

在这种需求的驱动下，通过实施行之有效的绩效评定措施，可以在很大程度上激发新闻工作者的积极性与创造性，一方面他们会以更为主动、参与的姿态投入到媒介融合的实践和探索之中，另一方面，面对媒介融合这一尚未完全定型，且存在大量可伸缩空间的领域，新闻工作者的创造性具有非常广阔的用武之地。此外，经由新闻工作者个人所实现的团队和组织的效率提升，也将进一步加快与提高媒介融合的程度及水平。

（三）经由绩效评定，有助于实现媒体管理的协调与健康发展

媒介融合作为当前媒体运作的重点领域和突破方向，同样是媒体实施管理时的关键"着力点"。作为一项综合性的复杂工程，媒介融合管理中存在着不少亟待解决的难题，而绩效评定则成为一把解开这些"锁扣"的钥匙。运用绩效评定这根"指挥棒"，能够有效地协调与控制媒介融合管理，使之成为不断推进媒介融合的坚实保障的同时，更能作为媒体管理的组成部分，实现整个媒体管理的健康和有序发展。

对于正在媒介融合之路上摸索前进的国内媒体而言，绩效评定的方法也开始被提上议事日程。以成都传媒集团为例，在集团不同媒体的行业管理方面，形成了由成都市委宣传部牵头，广电局、新闻出版局、工商局等联动的管理机制，广电局对广电媒体实施管理，新闻出版局对纸质媒体进行阅评，工商局则负责对刊载广告加以监管，与此同时，集团还邀请了"第三方"即专家团队参与，及时对媒体的产品及活动质量进行考评。

二、媒介融合绩效评定的方式

既然媒介融合的绩效评定具有这样的重要性，那么，在实施媒介融合的过程中，采取绩效评定的方式以更好地促进前者的发展，已经成为众多媒体探索的焦点所在。

（一）媒介融合绩效指标的确定

媒介融合绩效评定的前提是评定指标的确定，即运用什么样的指标来衡量媒介融合的组织和个人。

1. 绩效指标的确定原则

与其他绩效评定类似，在确定媒介融合绩效指标时，应遵循"SMART"

原则。这一原则是如下 5 个英文单词首字母的缩写："S"即"Special"，是具体指标，指绩效评定要切中特定的工作指标，不能统而化之；"M"即"Measurable"，是可度量指标，指绩效指标是可量化或者行为化的，验证这些绩效指标的数据或信息是可以获得的；"A"即"Attainable"，是可实现指标，指绩效指标在付诸努力的情况下具有实现的可能性与可行性，避免设立过高或过低的目标；"R"即"Realistic"，是现实性指标，指绩效指标是实际存在、可以证明和观察的；"T"即"Timebound"，是时限性指标，指绩效指标是具有特定期限的。

此外，在制定绩效指标时，还应注意以下问题：

第一，评定内容要与媒体所倡导的核心文化与管理理念保持一致。实际上，评定内容作为对新闻工作者的行为、态度、业绩等方面的要求和目标，既是工作者的行动导向，也是媒体组织文化和管理理念的具体化、形象化，更进一步地说，是媒体对媒介融合的方向性指导。如成都传媒集团在推动媒介融合实践中所倡导的"媒体深度合作试验田"，这一指导性方向就应成为媒介融合绩效评定时的考虑因素。

第二，评定内容不可能涵括该岗位的所有工作内容，而应有所侧重。以多媒体、跨媒体形态存在的媒介融合，比以往的媒介形态更加具有复杂性和多面性。在这样的形势下，为了提高评定效率、降低评定成本，切实达到绩效评定的目标，就应当选择岗位工作的主要内容进行评定，让新闻工作者明确自身工作的重点和关键点，不可大而全或面面俱到。

第三，不要将与岗位工作无关的内容纳入评定之中。这就要求绩效评定只是对新闻工作者在工作领域的表现进行评价，其他领域的行为不应归入其中。比如新闻工作者在私人领域中表现出来的言行举止、个人癖好、生活习惯等都不宜作为评定内容出现，除非这些方面已经明显影响到相应工作的业绩和成效。

2. 绩效指标的分类

我们一般将媒介融合的绩效评定指标分为客观指标和主观指标两大类。客观指标是指可以量化和检测的工作指标，其突出优点在于便于观察与测量，但也具有一些缺陷。其最大的缺陷是缺乏信度，信度（Reliability）是指"使用相同研究技术重复测量同一个对象时得到相同研究结果的可能性"①。也就是

---

① ［美］艾尔·巴比：《社会研究方法》，邱泽奇，译，华夏出版社 2005 年版，第 137 页。

说，客观指标难以衡量媒介融合的工作绩效在时间上的稳定性。此外，客观指标还容易受到该组织的环境特性影响。

而在现实中，包括媒介融合在内的不少绩效评定采取的是主观指标，它有一些优点，也存在固有的不足，如由于太过依赖个体的主观判断，容易出现与判断过程相联系的某些错误，包括评价过松或过严、趋中倾向、光环效应、对比效应、近期效应、邻近性偏见（指在量表上邻近的项目比距离较远的特性相关高）等。此外，评定者与被评者之间的私人关系也是影响绩效评定的一个因素。

（二）媒介融合绩效评定的具体方法

由于当前媒介融合在媒体发展中还不够成熟和完善，因此其绩效评定同样存在很大的问题，突出表现就是"两层皮"现象，即管理设计与实际运作之间的差距甚至背离。那么，若想通过绩效评定提高媒介融合的效率与质量，就必须参考和引入先进的评定方法，主要包括：

1. 描述法

这一方法在很长一段时间内被运用于我国众多机关和企事业单位，以此对工作者在一定时期内（通常为半年或一年）的工作绩效进行评述。该方法运用到媒介融合实践中，即媒体绩效评定者对新闻工作者行为和绩效的优点、缺陷等加以描述。该方法没有固定的格式，通常评定者会从各方面对被评者的绩效进行评定。因其比较灵活方便，评价内容也比较全面和深入，所以在很大程度上能对改进工作、提高效率起到积极作用。

但是，描述法也具有缺陷，最大的不足之处在于无法进行不同工作者之间的绩效比较，即便是同一评定指标和内容，所评定的不同工作者之间也难以体现可比性。

为了对该方法进行改进，有学者提出了一种"结构描述法"，也就是在评定中加入若干个"小标题"，使评定能依据一定的绩效内容进行，也使得评定结果对于不同的被评者具有了一定的可比性。

2. 量表评定法

量表评定法已经成为绩效评定中最流行的方法，广泛运用于很多行业和组织中。该方法要求评定者对被评价者在一系列与工作相关的特征上做出程度的评定，如工作质量、工作态度、与工作有关的知识技能等。

该方法的优点在于简单明了，使评定者能很高效地完成评定；不足在于评定者自身的主观因素（如趋中倾向、光环效应等）会影响到评定结果。

3. 强迫选择法

该方法使用一些描述高绩效或低绩效的行为特征，要求评定者选出最适合被评者绩效的特征，然后再选出最不适合描述被评者绩效的特征。评定结束后，可以根据工作绩效中最符合和最不符合被评者情况的描述来计算每个被评者的指标值。

4. 强迫分布法

即在媒介融合绩效评定中，评定者依照事先定好的比例把被评定者分成不同的等级。一般来说，可以将被评价者的绩效等级分为低绩效、低于平均绩效、平均绩效、高于平均绩效和高绩效五种，并按照组织中员工绩效"中间多、两头少"这一假设前提，将各等级的比例分配为：低绩效者占10%，低于平均绩效者占20%，平均绩效者占40%，高于平均绩效者占20%，高绩效者占10%。

强迫分布法的优点在于可以控制出现标准过宽或过严、趋中倾向等评定偏差；缺点则在于，因事先分配好被评价者的等级比例，就必然要求有一定数量的被评价者，使每类保证有一定数量的人员并占到相应的比例，而当某一组被评定者的绩效不符合这一分布状态时，可能产生评定者将某些被评价者强行归入不适当等级中的情况。

5. 等级排列法

等级排列法作为最简单的绩效评定方法之一，在媒介融合绩效评定中也同样可以被运用。此该方法要求评定者把评价者按照某种要素从高到低排列，通常被用来评定总体绩效。其显著优点在于简单明了，不足则是当被评者人数较多时（超过20人），要将他们准确地按等级排列不仅费时费力，而且效果也未必好。同时，当许多工作者的绩效水平差距并不大时，人为地加以等级区分反而容易导致新的误差。另外，该方法尚不能反映处于不同等级的被评者之间的差距大小，那跨部门、跨企业的绩效评定就更难以比较了。

等级排列法有两种形式，即简单排列法和交替排列法。后者要求评定者首先将所有被评者的名单列在一张纸上，然后从该名单中选出最优者和最差者，接着再选出次优者与次差者，以此类推，直至把整个名单排选完毕。由于从某一群体中区分最优和最差者相对而言比较容易，所以在实际中交替排列法应用更为广泛。

6. 关键事件法

关键事件法的核心思想在于"从个别看一般"，就是通过分析与评价被评者在工作中极成功或极失败的事件来考察被评者的工作绩效。因为虽然单一事件并不能代表被评者的全部行为，但至少可代表被评者在有效工作和无效工作之间造成差别的行为。特别在当前社会事件、新闻事件层出不穷的情况下，媒介融合的众多实践都是经由一件件"关键事件"得以体现的，因此这一方法对于媒介融合的绩效评定非常适用。但因为不同被评者所实施的关键事件并不一定能进行直接比较，所以事先应当按照一定的标准对关键事件作出恰当分类；然后，再由媒体管理者将新闻工作者从事这些关键事件的行为记录备案，从同一段时期内来集中考察被评者的绩效。

7. 行为定位评定量表法

该方法将上述关键事件法与其他量化评定方法相结合，并运用一个体现好绩效和差绩效的特殊行为说明量表使评定更为客观有效。该方法的弱点在于比较费时费力，而且对于不同的工作必须采用不同的行为定位量表，它的应用范围也会因此受到一定的限制。

8. 工作样本和情境测验法

工作样本和情境测验法是一种特殊的绩效评定方法。工作样本指的是工作内容的有代表性取样，包括工作中的重要内容和工作难点；情境测验则主要用于对管理人员的评定中，如文件框测验、无领导小组讨论等。该方法能在很短的时间内较成功地测量出某一位工作者的实际工作能力，但无法反映人们的工作动机。

第四节　媒介融合体制架构的问题及解决对策

当前我国媒介融合集团在体制架构上已经和正在探索出一套行之有效的方法，并取得了初步成效。但是，由于媒介融合在我国发展得还不够成熟，加之我国新闻事业和实践中存在的其他痼疾，使得媒介融合在体制架构上还存在不少问题，必须从诸多方面加以积极改进。

一、媒介融合体制架构的现存问题

一方面，媒介融合在我国方兴未艾，另一方面，不少问题也相伴而生，反映在体制架构上，主要包括以下几个方面：

（一）体制壁垒依然森严，融合媒介之间的产权关系难以厘清

我国媒介融合发展的大背景是社会转型期和新闻事业改革，实际上，体制壁垒同样也是后者在推进过程中所面临的掣肘。经由新闻改革，基本上确立了"事业单位、企业化管理"的运行方式，即在保证党的新闻事业是党的耳目喉

舌的前提下，以企业管理的方法来经营新闻媒介①。这一运行方式看上去清晰易懂，但在具体实践中却经常遭遇"瓶颈"，其中最突出的表现就是产权关系不明。而这一点恰是旨在打破各类媒介之间藩篱的媒介融合最需解决的问题，又是最难解决的问题。

以国内最早成立"滚动新闻部"的广州日报报业集团为例，虽然该集团以滚动新闻部为龙头的媒介融合实践已经在国内产生了很大影响，但其面临的突出问题仍旧集中在管理的架构不明确上。再从同样以媒介融合闻名的佛山传媒集团来看，尽管早在2007年该集团的新闻中心总部大楼就已经落成，但事实上，三大媒体（包括若干子报、子刊）搬进去后，依然是分区独立办公，产权未能统一和整合。至于各媒体能否组成一个统一的编辑部，集团领导认为将各媒体的现有成熟模式打破重建会有很大风险；而且在现有体制中，媒体间的人员流动、干部调整乃至下岗减员等都涉及复杂的人事问题，因此暂不敢"妄动"。

更甚者，在当前新闻传播体制下，媒介融合集团还面临着所谓"合法与不合法"的尴尬困境：如国家广电总局曾下发《总局关于成都市广播电台、电视台并入成都传媒集团问题的意见》（广发〔2007〕87号），其中指出："成都市广播电台、电视台并入成都传媒集团，事先没有按规定报四川省广电局审核并报总局批准，这种做法违反了中央关于文化体制改革的政策和总局的相关规定，是错误的。"总局的依据来自《中共中央、国务院关于深化文化体制改革的若干意见》（中发〔2005〕14号）第36条中的明确规定——在文化体制改革中"重大问题及时请示报告，重大改革措施和政策调整按规定报批"。《广播影视改革工作实施方案》（广发〔2006〕27号）也明确提出："总局各单位和各地广播影视重大改革措施和方案的出台，必须严格按规定和程序报批。"但是，这些程序到了媒介融合集团这里却变得纠结起来：由于组建媒介融合集团，既涉及纸质媒体，又涉及广电媒体，那么，到底是分报刊和广电两条线向国家广电总局、新闻出版总署分别上报呢，还是由宣传部门层层上报？由于没有明确的上报程序和审批主体，使得已经组建并运作的媒介融合集团竟然在"合法性"的问题上受到质疑。

（二）媒介融合管理不够规范，难以发挥不同媒介的合力

目前国内媒体在媒介融合方面已经进行了不少探索，但从管理体制、方式和手段上而言，依然存在很多不够规范之处。加之媒介融合所涉及的各子媒

---

① 李良荣：《新闻学概论》，复旦大学出版社2004年版，第32页。

体、业务部门、新闻工作者之间错综复杂的关系，导致一方面管理上有很大难度，另一方面则由于媒介融合管理经验和技术尚未成型，导致各子媒体在协作上遇到重重障碍，其原本应具有很强能量的合力却无施展之地，这无疑将影响到媒介融合的纵深发展。

从媒介融合集团的外部管理来看，由于目前实行的是行业行政管理体制，而媒介融合集团的组建是从根本上打破了各媒体和行业之间的藩篱，因此，如何对这一新生事物实行有效的行业管理成为一道难题。有人说，新闻出版行政管理部门负责报刊、出版社的行业管理，广电行政管理部门负责对广播电视实施行业管理，两者并不矛盾；也有人认为，媒介融合集团的组建打破了广电系统的层级管理模式，使得其对广电系统无法实施管理，并有可能威胁到广电系统的安全。

此外，从媒介融合集团的自身管理来看，各媒体、各部门之间要实现真正意义上的深度融合，并不是一件容易的事。已组建的集团固然在进行着诸如资本融合的各种尝试，但在具体运作中如何推进，仍是一个难点。所以，进一步消除各种政策瓶颈、理顺管理体制、促进媒介融合集团的自身发展，进而推动传媒业真正形成跨地区、跨行业的局面，已经成为当务之急。

（三）激励机制尚未健全，媒介融合工作者缺乏足够的积极性

当前我国媒介融合中亟待解决的另一个重要问题是绩效评定即激励机制的问题。随着市场经济的不断发展，激励机制被引入企业和组织之中并得到广泛运用。从客观上看，国内媒体也开始采用一套初见成效的激励机制，但作为一个全新的领域，媒介融合如何运用激励机制以推动其发展，尚未取得较大的突破。这样一来，一方面是媒介融合人才的高度缺乏；另一方面，激励体制的缺位又让现有的新闻工作者没有足够的动力去提高自身的素质与能力，去适应融合新闻报道的现实需要。

二、媒介融合体制架构的解决对策

虽然国内媒体在媒介融合体制架构中面临着困境，但作为媒体发展的必然趋势，媒介融合在体制架的建设上必须继续推进，以更好地促进媒介融合实践的发展。那么，通过参考国外经验并结合国内实际，我们提出以下几方面关于媒介融合体制架构的改进思路：

（一）借助新闻事业改革之"东风"，努力实现产权归属等问题的解决

与我国社会转型和多领域的改革相伴随，约从 1996 年开始，新闻业终于自上而下、由外而内开始主动地进行战略性的大调整，先是报业而后是广播电

视业,从结构调整入手,以集团化为手段推进外部资源整合和内部制度创新(李良荣,2001)。可以说,很多难点一旦获得突破,就极有可能带来新闻事业长驱直入的发展。比如,在2005年,中共中央、国务院发布《关于深化文化体制改革的若干意见》,明确提出跨媒体资源融合、发展文化产业的主张,这无疑为媒介融合的进行提供了政策扶持与保证。那么对于媒介融合实践而言,就应该积极抓住这一契机,将自身发展纳入新闻事业改革的轨道,通过打破体制壁垒、解决产权归属来实现媒介之间的真正融合,并逐步推进融合的深度、广度。

(二) 运用先进的现代管理理念和手段,实现媒介融合的"无缝连接"

媒体作为一种特殊的社会组织,在我国长期被赋予宣传工具的单一角色。在改革开放的大潮中,新闻媒介的经济属性逐渐得到人们的认可并受到重视,传媒逐渐走向市场,进而提出"既是喉舌又是产业"的角色定位。[1] 从作为组织的媒体来看,运用现代管理理念和方法加以管理是一家媒体成功发展的必备条件,这里当然也包括被当做媒体重要发展战略之一的媒介融合。在媒介融合的实施过程中,通过各种先进的现代管理理念和手段,能够成为推进媒介融合的强力杠杆与润滑剂,从而实现媒介融合的"无缝连接"。具体而言,可以合理统筹和规划各类媒介、组织、个体,充分节约人力、物力及财力,使同一媒介资源的用途多样化,并实现不同资源之间的交叉共享与协同作用,而且还可以相互提升各子媒体的品牌效应。以媒介融合集团内部的具体架构为例,有学者提出要建立"大编辑部",如在报网融合之后,通过统一的编辑部门在采集信息、加工制作方面形成一致的生命线,统一调配各种资源,避免了因信息重复采集、产品质量参差不齐而形成的资源浪费,在最短的时间内达到最合理、最优化的资源配置,从而实现高效率、高产出(林如鹏、顾宇,2009)。

(三) 通过有效的绩效评定和激励机制,为培养"全能记者"创造有利平台

绩效评定和激励机制是任何一家企业或组织成功的"独门秘籍",对于媒介融合集团也是如此。在媒介融合的体制架构中,绩效评定是激发新闻工作者积极性与创造性的幕后动力,还将决定整个媒介融合活动的良性运转。

以成都传媒集团为例,该集团主要运用以下方式来实现对子媒体的激励和约束:一是在子媒体内推行预算管理制度;二是以预算制度为基础,建立与健全对子媒体的经营目标考核及激励机制;三是在探索建立符合现代企业制度的

---

[1]　孙旭培:《当代中国新闻改革》,人民出版社2004年版,第49页。

法人治理结构方面,设立了集团结算和审计中心制度,各部门和各子公司子媒体实行《企业会计制度》,推行全成本核算。不过,从整体上来说,面对风起云涌的媒介融合大势,并非所有的新闻工作者都能欣然接受并积极应对,而是出现了或兴奋、或疑虑、或彷徨、或担忧的多种心态,这种种复杂心理可能会阻碍其提升自我,因此难以顺利成为新一代的复合型记者。加上目前媒介融合体制架构中还存在诸多难题,使得创立并推行有效的绩效评定和激励机制成为当务之急,因为这样才能从制度上调动新闻工作者的积极性、主动性和创造性,培养出真正适应媒介融合需求的"全能记者"。

思考题

1. 成都传媒集团和广州日报报业集团的组织模式有何不同?
2. 如何理解媒介融合中的宏观管理?
3. 如何理解媒介融合中的微观管理?
4. 当前媒介融合的特殊管理主要体现在什么方面?
5. 与未进行融合之前相比,媒介融合后的业务分工有何特点?
6. 媒介融合绩效评定的具体方法有哪些?
7. 针对媒介融合体制架构所存在的问题,我们应采取怎样的应对措施?

第六章　媒介融合的国内外实践

2001 年 JP 摩根 H&Q 技术会议上，"美国在线"的创始人史蒂夫·凯斯（Steve Case）在演说中说道："每个十年都有与之联系的词。80 年代，这个词是个人电脑。90 年代，这个词是互联网。而接下来的十年，关键词将是融合。"① 技术的发展带来社会的变化。几年前，我们会说，传播新技术的发展冲击了传统媒体，如今却发现原本泾渭分明的报纸、广播、电视等传统媒体同互联网、手机等新兴媒体在全球范围内悄然融合。

根据创新国际媒体顾问小组（The Innovation International media consulting group）高级顾问 Martha Stone 的一项调查，几乎在所有大洲上的每个国家，媒体企业都在向多媒体融合化运作转变，国际报纸协会（WAN, the World Association of Newspapers）73% 的成员已开始探寻媒介融合的各种形式。② 传统媒体在经历了挑战后，尝试与互联网、手机媒体的合作互助，而网络媒体、手机媒体也努力在传统媒体上寻求与之优势互补的最佳契合点，媒介融合应运而生、应运而盛。世界范围内普遍展开的媒介融合实践令人目不暇接：海外媒体在做什么？国内媒体又在做什么？

第一节　媒介融合在国外的实践

网络技术进步引发了一场全球传媒行业的大变革，从互动新闻到多媒体新闻，从多媒体编辑部到全能记者，世界范围内的媒介融合实践如火如荼。

纵览全球，在媒介融合实践活动中具有代表性的国家主要是几个发达国家，如美国、英国、新加坡等。

---

① 转引自黄志祥：《探索中国化"媒体融合"新路径》，http：//media. people. com. cn/GB/40628/10489868. html，2010-3-12。

② Stone, M. Multimedia Integration is Here to Say, *Online Newspapers and Multimedia Newsrooms*, 2002（4）.

一、开疆拓土：媒介融合在美国的实践

美国可以说是媒介融合的开拓地。其媒介融合无论是理论上的发展还是实践上的创新都可以看做是媒介融合领域的先锋。美国既是媒介融合开疆拓土的地方，又是创新发展的国家。

媒介融合的早期尝试可追溯到 1994 年。这一年，《圣荷塞水星报》与美国在线共同推出《水星中心新闻》（*Mercury Center News*）的电子报服务，《纽约时报》在报道这一新生事物时，曾使用过"媒介融合"一词。但这只是短暂的两种媒体的结合，并未成为编辑部的常规流程。2000 年，佛罗里达州第四大报《坦帕论坛报》的母公司媒体综合公司（Media General Inc.）建了一个"坦帕新闻中心"，使之成为最早成功践行媒介融合的媒体。

媒介融合这一概念最早出现在美国。美国马萨诸塞州理工大学的浦尔教授最早提出"Media Convergence"，其本意是指各种媒介呈现出多功能一体化的趋势；媒介融合的核心思想是："随着媒体技术的发展和一些藩篱的打破，电视、网络、移动技术的不断进步，各类新闻媒体将融合在一起。"① 美国学术界和业界都在用实际行动演绎丰富多样的"媒介融合"。

（一）媒介综合集团——媒介融合先行者

美国媒介综合集团的雏形始于 20 世纪 70 年代中期。1975 年，美国联邦通信委员会禁止任何一家媒介公司同时经营报纸和电视台两种媒介产业，但授权《坦帕论坛报》、《坦帕时代报》和 WFLA 电视台组建坦帕媒介综合集团。这是美国现有较为认可的媒介融合模式，即"坦帕模式"。

1982 年《坦帕时代报》整合到《坦帕论坛报》中。

1994 年，《坦帕论坛报》开设 Tampa Bay Online 网站作为其网址；当时《坦帕论坛报》和 WFLA 电视台分别在各自的办公楼进行办公。

2000 年坦帕新闻中心成立。

2009 年 2 月公布的年度报告显示，截至 2008 年年底，该集团拥有 24 份日报和 250 多份周报、19 家电视台和 75 家网站。②

媒介综合集团作为美国最早应对传播科技发展而进行跨媒介融合的试验田，它的经营运作一直为传播学界与业界广泛关注。它的内部运营突出体现在

① 高钢、陈绚：《关于媒体融合的几点思考》，载《国际新闻界》2006 年第 9 期。
② http://www.mediageneral.com/about/history/history_2000.html，2010-3-16。

集中作业、资源共享、融合生产三个方面。①

　　美国迈阿密大学教授 Bruce Garrison 对媒介综合集团进行了详尽的个案研究，在其研究报告中给出了媒介综合集团—坦帕新闻中心媒介融合的模式（见图 6-1），该模式在一定程度上反映了媒介综合集团进行媒介融合的具体措施（技术融合、内容融合、经济融合、管理融合）和特性。

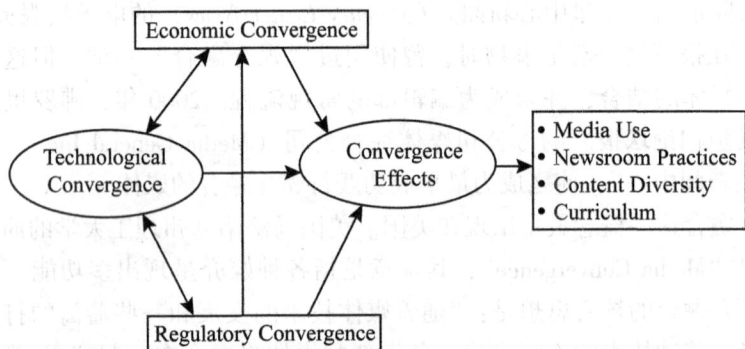

图 6-1　媒介综合集团—坦帕新闻中心媒介融合模式②

　　1. 集中作业

　　2000 年 3 月，媒介综合集团拨款 4000 万美元在佛州坦帕市建造了一座传媒大厦，取名"坦帕新闻中心"（见图 6-2）。将旗下的《坦帕论坛报》及其网站 Tampa Bay Online、WFLA 电视台还有集团网站 TMO. COM 的员工集中作业。该大厦一楼是 WFLA 电视台的两大生产棚，二楼是 WFLA 电视台和 TMO. COM 的新闻室，三楼是《坦帕论坛报》的新闻室和 TMO. COM 的总编室，四楼则是 WFLA 电视台的总编室。尤其值得一提的是，二楼有一间很大的"多媒体新闻编辑室"，办公室中央安放了一张圆形的"超级办公桌"，以便三家媒体的编辑们一起办公。这样做的目的是为了"便于公司通过各种媒介平台生产和发布新闻"③。

---

　　① 李红祥：《跨媒介经营：媒介融合下的传媒管理创新——以美国媒介综合集团管理经验为借鉴》，载《新闻界》2009 年第 3 期。

　　② Bruce Garrison, Michel Dupagne. A Case Study of Media Convergence at Media General's Tampa News Center. *Media Columbia*, 2003（3）.

　　③ The Media General 2008 Annual Report, http：//mediageneral. com/investor/anrpts/2008/MG2008ar. pdf, 2015-1-3.

图 6-2　坦帕新闻中心（Tampa News Center）①

2. 资源共享

坦帕媒介综合集团经营的最大优势就是资源共享，主要体现在两个方面：一是新闻资源共享。坦帕媒介综合集团的报纸、电视、网站的编辑记者通过日常性的互动相互分享对方的新闻线索、思想与创意；同时媒介间可以稍作修改甚至未经任何变动发布对方的内容产品。二是设备资源共享。集团内各媒介，对新闻中心的生产场地、机器设备共同使用，这样可以避免各媒介间的重复建设。通过资源共享，大大降低了生产成本，体现了跨媒介集团化运作的极大优势。②

要知道，在初接触媒介融合过程中，"分享"是最大的障碍，对记者或者编辑来说，很难把自己了解的信息同另外一个人分享，以往其他报道者是竞争对手，而坦帕新闻中心的出现慢慢消解了这种障碍。③ 正是通过这种合作共享，使报纸的深度、电视的及时和网络的互动融合在一起。

3. 融合生产

"坦帕新闻中心"将来自其旗下不同媒介的记者、编辑和其他从事策划、

---

① http：//www.mediageneral.com/about/history/history_2000.html，2010-03-16.

② 李红祥：《跨媒介经营：媒介融合下的传媒管理创新——以美国媒介综合集团管理经验为借鉴》，载《新闻界》2009 年第 3 期。

③ Bruce Garrison，Michel Dupagne. A Case Study of Media Convergence at Media General's Tamp a News Center. *Media Columbia*，2003（3）.

摄影、摄像的新闻工作人员重新组合成一个新的新闻团队，共同策划、采写、制作新闻。制成的新闻产品在相互合作的媒体间以不同的形式进行发布并获得最佳的传播效果。

与此同时，媒介融合还催生了新一代"全能记者"，他们要做媒体的几乎所有工作：采访、摄影、摄像、写作、编辑、制作、主持、播发等，用多媒体融合的新闻技能完成新闻信息采集，用最快的速度和多媒体的、与公众互动的方式完成对新闻事实的表达。

丽萨·格林（Lisa Greene）是《坦帕论坛报》一位35岁的记者，她具有15年的日报工作经验，但是从未在电视台工作过。当她为第二天的《坦帕论坛报》和TBO.com完成一篇关于全国铁路客运公司的报道以后，她会被邀请到电视八台的晚间新闻广播节目中，与女主持人进行一番简短的、现场直播的谈话，以提供自己对该事件的见解。科隆总结道："坦帕的这种方法似乎是第一次尝试将三种媒体放在同一地点和同一时间进行运作。"① 该事例说明了其编辑记者是如何为媒介总公司的媒介融合模式工作的。

美国媒介综合集团的实践即证明了这种媒介融合是成功的，一段时间后的市场调查数据显示，报纸的发行量增多，电视的收视率、网站的点击率具有不同程度的上升。如今，这种媒介融合的模式已被很多的媒介集团采用，如美国甘奈特报业集团、新加坡的《联合早报》等。"媒介融合在美国发展迅速，在欧洲、新加坡和我国的香港地区也已出现。"②

（二）《纽约时报》——媒介融合的示范者

《纽约时报》的媒介融合实践主要体现在报网融合，它较早进行报网融合实践并取得了不俗成绩。作为全美最具影响力的报纸，《纽约时报》在保持百年大报品质不变的同时，时刻把握传媒业发展的时代脉搏，紧跟传播技术跃进的步伐，锐意变革。③ 1999年，纽约时报公司又将旗下包括nytimes.com在内的50个网站整合成一个独立核算的数字纽约时报公司（New York Times Digital）。根据著名网络媒体测评机构尼尔森在线（Nielsen-Online）的统计，2008

---

① 章于炎：《媒介融合：从优质新闻业务、规模经济到竞争优势的发展轨迹》，载《中国传媒报告》2006年第3期。

② 蔡雯：《新闻传播的变化融合了什么——从美国新闻传播的变化谈起》，载《中国记者》2005年第9期。

③ Dominic Rashe. Success of Newspaper Sites is Really All a Matter of Opinion. *Sunday Times*, 2005（5）.

年2月"纽约时报网"用户已达1900万。① 目前，"纽约时报网"全美访问量最大，已经成为美国网络报纸的最大品牌。② 纽约时报公司在报网融合上取得的成功，无疑给世界各国报网融合实践提供了一个可资借鉴的范例。

在传统媒体与新兴媒体融合进程中，报纸与网络的融合互动无疑是最受人关注的，有人宣称报纸即将步入寒冬期，而有人则高呼网络的春天业已到来。无论是报纸还是网络，在经过融合后都将迈进报网蜜月期，共同分享甜蜜的利益果实。

1. 统一的融合理念

理念是报网融合的灵魂。《纽约时报》的历任当家人都注重坚守独特的品牌理念。从亨利·雷蒙德到阿道夫·奥克斯，再到阿瑟·苏兹伯格，《纽约时报》一直坚守其鲜明的新闻理想和独特的办报理念，始终把做成"一家独立的报纸，无所畏惧，不受外界影响，为公众利益无私奉献"作为努力追求的目标。现任总裁小阿瑟·苏兹伯格是时报史上的革新人物，也深知《纽约时报》的成功源于对传统的推崇和理想的坚持，所以在创办"纽约时报网"时秉承了《纽约时报》一贯的理念。他说："人们点击《纽约时报》不会是为了阅读博客，他们要找的是可信的新闻。"③ 因此，他仍将印在报纸左上角的阿道夫·奥克斯倡导的"刊载所有适宜刊载的新闻"（All The News That's Fit to Print）作为时报网页的广告，视为新媒体时代的宣言。"纽约时报网"的网页风格同样具有"档案记录"式的严谨稳重。

2. 精细的融合内容

如果说理念是灵魂，那么内容就如同血肉。报网融合的过程既不是报纸内容的网上转载，也不是报网内容的简单叠加，而是要充分发挥两种媒体在内容上的不同传播优势，取其所长，补其不足，塑造出内容的精品。④

传统报纸与网络在内容上各有优势。报纸内容的权威性和深刻性、更具有公信力的优势；网络信息的丰富性、时效性，更新速度快，互动性更强等特点也是得天独厚。然而，"内容为王"、"信息至上"的道理依然存在，"纽约时报网"秉承报纸在内容上精益求精的宗旨，取得了良好的传播效果。当然，

---

① http：//en-us. nielsen. com，2010-3-19.

② The New York Times Company Reports February Revenues，http：//www. streetinsider. com，2010-3-7.

③ 康慨：《〈纽约时报〉印刷版终将消失》，载《中华读书报》2007年2月14日。

④ 刘开骅、杨晓丽：《报网融合的优选进路——以〈纽约时报〉和"纽约时报网"为考察样本》，载《南京政治学院学报》2008年第6期。

报网融合中重要的一点是，网站的内容不是报纸内容的简单重复，网站上的内容可以更加丰富。"纽约时报网"除了刊载《纽约时报》记者采写的新闻外，还提供了来自美联社等其他新闻媒体采写的信息。遇到突发事件，网站还专门开辟"热点新闻"（Breaking News）抢先发布，之后报纸再进行深度解读和跟踪报道，在这样的互动合作中，报网的内容满足了受众的不同需求。《纽约时报》与"纽约时报网"在融合过程中承继"内容为王"的核心思想，并力求精细化的内容的做法，对报网融合进一步深化推进，无疑是极为有益的提示或启示。

3. 全能的融合人才

在报网融合过程中，人是最核心的因素，起着最直接的作用。以往，多强调人才的专能，然而，报网融合却要求人才的多能，甚至是全能。那些样样精通、技术全面的复合型人才将成为融媒时代真正的宠儿。《纽约时报》公司在实现媒介融合的进程中，十分注重全能型记者的培养，这也成为后来我国进行媒介融合借鉴的一个重要方面。

报网融合中尤其需要两种类型的人才：一是在传媒集团内部进行报网整合策划的高层次管理人才和融合媒介方面的经营专家；二是能够运用多种技术工具进行采写摄编播的全能型记者、编辑。① 纽约时报公司在实现报网融合的进程中十分注重对于融合型管理人员和全能型记者的挖掘与培养。"纽约时报网"在挑选管理经营人员时，着重选择对纸质媒体与网络媒体都较为精通的专家，而不是那些仅仅了解单一媒体运营模式的管理者。这些融合型管理人员不仅懂得新闻传播理论，熟悉报网融合技术，而且具有管理经营能力，擅长创意策划。"纽约时报网"的某些上层管理人士，虽然并非科班出身，但是由于具有报纸、电视、网络等多种媒介的工作经历而深受器重。

经过几年单独营运，2005 年 8 月，纽约时报公司又将网络和报纸新闻部门合组。2007 年 4 月开始，公司整体搬入纽约时代广场西侧的新办公大楼，利用这一契机，将网络制作人安置在新闻工作室的每一个办公区。这些做法绝不是简单的空间合并，传统报纸的编辑部中专门有人负责网站编辑，同时也选拔一些优秀编辑人员充实到网络运作部门，两类人才协同互补，就是希冀两种媒体能够更加有效、更为稳妥地融合。对于直接从事新闻业务的记者，纽约时报公司更是精挑细选。随着报网融合的深入，公司越来越器重技术多面手。他

---

① 杨晓丽：《媒介融合的先行者——〈纽约时报〉》，载《东南传播》2008 年第 9 期。

们希望旗下的记者不仅可以运用传统的提问、观察等手段进行采写，使用摄像机、照相机和录音机进行视听素材的记录，而且要会根据报网不同的特点做出适合各自平台发布的新闻，要学会在单篇报道中融合文字、图片、声音、录像、动画等多种形态，从而使得新闻在第一时间通过不同渠道、以不同形式进行发布成为可能。

除了直接吸纳高校培养的融合新闻专业人才，从其他网络媒体招兵买马以及广泛招募能力技术全面的多能人才，纽约时报公司还对现有人员进行技术培训，文字记者开始练习摄像技术，报纸编辑则学习音频视频编辑制作，他们将在报纸与网络的融合中大展拳脚。纽约时报公司在融合人才培养上的做法对我国传媒业发展具有借鉴意义。目前一些网站从报社高薪聘请资深传媒人士，同时也有一些网络专才受雇纸质媒体。这些做法当然能满足一时之需，解燃眉之急，但是毋庸讳言，不管是跳槽的纸媒专业人士，还是供职于网媒的技术高手，都还不是真正意义上的复合人才。培养高素质复合型媒介经营管理人才和新闻采编人才，已经成为中国传媒业改革与发展所面临的重要任务。①

除了以上两个案例之外，美国众多有影响力的媒体都已经加入媒介融合行列。如美联社、《华盛顿邮报》、《芝加哥论坛报》等。《华盛顿邮报》设立"时空"互动新闻地图，"时空"就像一架新闻时光机器，人们可以随意滑动时间轴，查看不同时间发生了什么新闻事件；也可以点击地图上不同的位置，看看在那些地方媒体报道了什么。并且，"时空"只是一个框架，人们可以根据新闻主题，生成不同的新闻地图，比如"选举时空"、"世界时空"、"就职典礼时空"等。"时空"的新闻整合了来自多家媒体的内容，覆盖范围广，内容丰富。例如，"世界时空"整合了《华盛顿邮报》、华盛顿邮报网站、《环球邮报》、《外交政策》杂志以及美联社、路透社的世界新闻。在地图上的热点地区，世界新闻以群组的形式呈现，用户点击任何一个群组，均可以看到新闻、博客、图片、视频甚至记者写的 twitter（类似于手机短信的短博客）。时间轴给出了新闻报道的峰值，允许用户以小时为单位搜索新闻。

华盛顿邮报网站执行主编吉姆·布莱迪说，"世界时空"为读者提供了一种新的追踪世界事件的方法，它颠覆了传统的金字塔形结构的版面设计，把所有世界新闻呈现在一张地图上，让读者掌握主动权，自己选择要深入了解的新闻。用户还可以把"世界时空"以网页"窗口小部件"（Widget）的形式嵌入

---

① 刘开骅、杨晓丽：《报网融合的优选进路———以〈纽约时报〉和"纽约时报网"为考察样本》，载《南京政治学院学报》2008 年第 6 期。

到自己的网站上。此外，它还具有分享功能，用户可以点击任意一篇报道的链接，并把链接发送给好友。

在用"时空"做专题报道时，《华盛顿邮报》往往派出专门的多媒体报道团队，全面采集第一手的原创内容。该报创新部主编史蒂文·金在博客中写到，为了制作"就职典礼时空"，他们派出 35 位摄影记者和摄像记者，分别在商场、游行路线等处拍摄，为不能亲身参与此次历史事件的受众提供全面的视觉体验。为了对就职典礼过程中的城市新闻进行报道，他们还从北卡罗来纳大学招募了一支多媒体记者队伍。这些学生记者和《华盛顿邮报》的摄影师们携带的装备包括摄像机、笔记本电脑、CPS 全球定位系统、无线宽带网卡等。

作为一家在全球颇具影响力的世界性通讯社，美联社从 2008 年开始重新调整编辑部的组织结构，计划在全球范围内建立 10 个地区新闻中心。2008 年 4 月，美联社在国内的第一个地区新闻中心在亚特兰大建成，报道范围覆盖美国 13 个州，直接向国内线路发稿。这一改革使处理新闻的时间最多缩短了 2 小时，同时处理稿件的编辑人数减少了一半，而独家新闻的数量增加了一半。更为显著的提升来自于多媒体新闻稿件，其数量超过了原来的两倍。美联社的第二个地区中心于 2008 年年底在费城建成，并将在芝加哥和菲尼克斯建立地区中心。美联社同时还扩展了在海外的地区中心，在约翰内斯堡建立撒哈拉以南地区编辑部，在开罗建立中东地区编辑部。

美联社的数字化转型规划始于 2003 年，当时叫做"e 美联"。它取代了传统采编体系，把美联社记者和用户引入了一个新的真正的多媒体时代。如今，多媒体内容管理及发布平台的核心部分已经开始运行，它提供类似门户网站的服务，是一种基于浏览器的有大型数据库支持的系统，用户通过密码授权进行个性化访问。MoJo（即 Mobile Journalist）的概念在国外炒得正热，各种相关培训也越来越火，都在于帮助记者、编辑适应数字化环境中媒介融合的发展变化。

(三)《芝加哥论坛报》

从 1847 年 6 月，邻近密歇根湖边的一个小印刷厂里首期《芝加哥论坛报》面市，到如今全美重要的报纸之一，论坛报公司已经是一家拥有报纸、广播、电视和网络的传媒集团，媒介的有效融合也是造就这份老牌报纸历久弥新的秘诀之一。

《芝加哥论坛报》作为论坛报公司的旗报，早在 20 世纪 90 年代就开始涉足网络，1993 年报纸内容上网；1996 年建立了自己的网络。

在报网互动方面，《芝加哥论坛报》的纸媒和网站采编人员是隶属于一个部门的，只有条线分工的不同，没有媒体分工的不同，同样的财经记者可以同时为报纸和网络采写稿件，当然根据媒体特性和表现的不同，稿件的侧重点可以有所不同。而在网站与读者的互动上，从评论到调查问卷再到视频和照片的分享，芝加哥论坛报网站也在不断做全新的尝试，为了拉近读者与媒体的距离，网站每个月都会组织几次活动，邀请读者与记者、编辑等报社工作人员一起在酒吧参加派对。

与此同时，报纸与电视的融合也在如火如荼地进行着。1993 年，《芝加哥论坛报》与当地的有线电视公司“芝加哥大地电视”（Chicago Land Television）进行合作（这对曾经各自为政的报纸和电视来说是首次重要的融合，之后还成立了第一个融合后的华盛顿分社）。

2010 年 6 月，在 2010 年最新新闻传播潮流和实操战略战术嘉兴高级研修班上，有着 12 年媒介融合或报网互动从业经历的《芝加哥论坛报》网站主任本杰明·伊斯提斯（见图 6-3）说：“媒介融合简单来说就是从不同的媒体取得有优势的部分，将它们融合在一起，而这样的融合必须最大限度地利用资源。”①

如今，芝加哥论坛报公司旗下拥有 26 个主要的电视台，包括美国国内超大电视台 WGN-TV（World's Greatest Newspaper），制作播出各种教育节目；2000 年 3 月，芝加哥论坛报公司宣布同时代镜报公司（出版《洛杉矶时报》、《哈特福德新闻报》、《纽约新闻日报》以及各种各样的杂志）合并，向更强大的集团迈进。《芝加哥论坛报》网站所属子网站已经实现较为成熟的市场细分，涉及社区、娱乐等多个方面。而整合报纸、广播、电视、网络等媒体资源优势，实现全媒体互动发展，更是大大提升了《芝加哥论坛报》的市场竞争力。

从 2004 年起，美国报业联合会总编辑协会（APME）开始组织各类培训性质的讲座和研讨会，让全美各地的报纸新闻记者接受新媒体相关培训。密苏里新闻学院、波恩特学院等推出了新媒体、多媒体新闻采编技能短训班，对在职记者进行培训。波恩特学院设置的“使用音频和影像进行在线报道”、“在线写作：赢得点击的用词”、“使用视频进行多媒体报道”、“数字化照片编

---

① 缪雨：《“新兴媒体造就报纸的消失与重生”——访芝加哥论坛报网站主任本杰明·伊斯提斯》，载《嘉兴日报》2010 年 6 月 6 日，第 2 版。

图 6-3　《芝加哥论坛报》网站主任本杰明·伊斯提斯①

辑"、"多平台新闻学"、"在线领导策略"等课程吸引了大批新闻从业者。与此同时，媒体开始为记者配备"新式武器"。

二、欧洲前沿：媒介融合在英国的实践

在探索媒介融合的实现途径方面，英国一直走在欧洲最前沿。在应该首先涉足媒介融合的并非大报或者大型媒介集团，而是"从小做起"。坦帕新闻中心投入使用后不久，英国主流媒体才开始探索融合之路。在英国媒介融合实践较有代表性的莫过于威尔士媒体（Media Wales）和英国广播公司（简称 BBC）。

（一）威尔士媒体公司（Media Wales）

2009 年 1 月 9 日下午 3 点，英国首相布朗在大批警察的护卫下造访威尔士媒体公司（Media Wales）的多媒体编辑部大楼。这是他在各地巡访过程中出人意料的一站。布朗参观的这个大楼，正是英国媒介融合的最新例证。

威尔士媒体公司实际上是一个小型地方报业集团，隶属于英国最大报业集团三一镜报集团（Trinity Mirror），后者旗下拥有 240 家报纸，其旗舰级报纸为伦敦老牌报纸《每日镜报》。三一镜报集团早在 2007 年便公开宣布，打算将其威尔士地区的三家报纸和一个网站合署办公，组成多媒体编辑部，实施媒介

---

① 图片来源：《嘉兴日报》2010 年 6 月 6 日，第 2 版。

融合。融合工作由三一集团威尔士分部的编辑部主任艾伦·爱德蒙负责。根据计划，每家报纸必须保留一位主编专门负责本报和所有电子媒体的内容供给。副主编们则必须每时每刻穿插于各媒体之间，监控编辑部的工作。三一镜报集团为实现该融合计划，在威尔士的卡迪夫港投资建造一座大楼。大楼同时作为威尔士媒体公司总部，于 2008 年 10 月投入使用。2008 年 11 月 8 日，威廉王子来到威尔士，在为一名已故著名卡通画家雕像揭幕之前，为这座多媒体大楼的开张剪彩。同月，三一镜报集团在威尔士的 ic Wales 网站更名为 Wales On-line。

英国主流媒体的"融合"行动起步于 2002 年。这一年，英国最大几家媒体如《金融时报》、《卫报》、英国广播公司、天空新闻电视（Sky News，欧洲最大的 24 小时新闻时事电视公司），均开始探索媒介融合之路。尽管多数媒体还是利用现有办公场所寻求编辑部的功能合并方法，仍有一些较激进的公司像上述三一镜报集团那样，采取果断措施，将各类媒体采编工作完全合在一起办公。①。

（二）BBC 的媒介融合——肩负"数字英国"使命

从 1999 年开始，肩负着带动英国数字化发展，打造"数字英国"使命的英国广播公司（简称 BBC）就走上了数字化生存的探索之旅。在这个跨媒体战略中 BBC 网站发挥了独特作用。②

伴随英国主流媒体的"融合"行动，BBC 也开始了它的媒介融合之路。

2005 年，英国广播公司 10 个不同部门的成员联合开展了一项为期一年的受众研究。该研究的主要内容有：2012 年的世界传播格局、受众的需要以及 BBC 该如何满足受众的需求？根据研究小组的建议，BBC 推出随后 6 年的发展蓝图——"创造性的未来"计划。在这一媒介融合战略指导下，BBC 网站也加快了建设步伐，以充分发挥网站的先导作用。2006 年 BBC 公开向全世界的网民征集网站新版的设计方案，并希望用户在设计时能参照 Flicker、You-Tube、Technocratic、Wikipedia 这样的 Web2.0 网站的功能和可用性。其目的一是要提升网站的导航功能，二是建立一个平台让用户自己创作和上传博客、播客和视频以及共享 BBC 的内容。2007 年 BBC 新版首页正式推出，新版首页明显有别于一般的门户网站和新闻网站，具有突出网站的导航功能、便于移动

---

① 辜晓：《媒介融合：做比说更重要》，载《中国记者》2009 年第 3 期。
② 付晓燕：《BBC 官方网站在媒介融合中的角色与作用》，载《中国记者》2009 年第 8 期。

设备浏览等特点。

BBC 提供点播服务，用户能够在任何时间、任何地点、以任何方式获取自己想要的媒介服务，BBC "个人电台"的设想也在一步一步变为现实。BBC 于 2007 年将广播新闻、网络新闻、培养全媒体记者与组织结构的调整、多媒体新闻的采集和发布相同步的是全媒体记者的培养。"移动记者"汤森路透的"便携式工作室"。

2007 年 11 月 12 日，新的多媒体编辑部办公楼正式启用，BBC 新闻网站、所有广播新闻开始在此运作。半年后，BBC 国际新闻频道及所有为 BBC 撰写文字新闻的记者也陆续搬入新编辑部。新任命的多媒体编辑部主任彼得·赫鲁克斯（Peter Horrocks）当天在博客中写道：

今天起，BBC 广播新闻、网络新闻和电视新闻这三大部门将不复存在，而代之以一个新的编辑系统……我们已经将三大部门的功能重组为两个部门：一是多媒体新闻部，它负责 BBC 新闻网、广播新闻（Radio1 除外）、BBC 国际新闻服务、BBC 新闻 24 小时、BBC 国际等内容；二是多媒体节目部，它包含"第五实况"（Five Live）、"今日"、"全球一体化"、"新闻时分"、"晚间新闻"等栏目……新的编辑部结构，将有助于我们提高工作效率，从而在改善 BBC 新闻方面节约投资。我们将开发更多的新闻需求，例如将内容制作的平台延伸到手机及移动电视方面，开创个人定向服务，为网络提供声音和视频支持。[①]

就在 BBC 新编辑部还在适应和磨合之时（很多员工暂时仍按传统方法工作，突发新闻部在近年内也将按传统方式运作，以保持应有的机动性），《卫报》新大楼也开始启用。2008 年 12 月 15 日，《卫报》全体员工搬入位于伦敦闹市 King's Cross 的新大楼。该报总编辑艾伦·拉斯布列杰（Alan Rusbridger）在讲到报社搬家的四大理由时，特别强调了印刷媒体与数字化新媒体的融合。他说："纸媒与数字传媒过去是分开运作的，如今在这里实现了大面积的融合。新的办公场地充分考虑了未来的工作环境。编辑大厅横跨报纸和网站两大领域，其中包括 7 个录音室和 24 个编辑小组。"[②]

同时，BBC 还强调用媒介融合思想指导内容建设、网站建设、人员管理等方面。如 2007 年 12 月 25 日，英国广播公司 BBC iPlayer 播放器正式上线，

① BBC News Reorganizes into Multimedia Newsroom, SIBERJOURNALIST. NET, 2007-11-15.

② UK：A look at the Guardian's New Building, *The Guardian*, 2008-12-15.

BBC首次从技术层面实现其广播、电视、网站、移动终端等传输渠道的大融合。同时，BBC还根据Web2.0时代受众需求的新变化，进行了整个公司的机构重组和新闻生产机制的改革。在这场改革中，BBC网站起到了重要的协调沟通作用。

众多媒体亦为记者配备"新式武器"，以适应全媒体作战。汤森路透近期大量购置一种便携式多媒体手提箱，由一架摄像机、麦克风、照明灯、三脚架和监控器构成。汤森路透在北美、拉丁美洲、欧洲和亚洲的约60个分支机构将首批使用这一工具箱。有了它，记者们可以通过网络向最近的编辑部传输音视频稿件。汤森路透还分发了100架Flip摄像机，并且正在试验其他新闻采集工具。

三、媒介融合在新加坡的媒体实践

新加坡的报刊也在2005年迈入了多媒体融合的时代，他们大多采用类似坦帕媒体综合集团的模式。要了解新加坡的媒体就要首先了解新加坡这个国家。

新加坡是东南亚的一个岛国，位于马来半岛南端，面积只有650平方公里，定居人口（包括新加坡公民及永久居民）330万，外来人口75万。新加坡是个多民族国家，在定居人口中，华人占76.8%（约为250万）、马来人占13.9%、印度人7.9%、其他人种1.4%。由于是个多民族、多语文的社会，同时是个与世界各国建立起密切经贸关系、高度全球化的城市国家，新加坡虽然有四种官方语言，却独尊英文，且以之作为团结和沟通各族的中立语言，以及行政、经济和教育的主要媒介语。根据2000年的新加坡人口普查，新加坡的定居人口中，通晓中文（看得懂中文报）的人数有149万，通晓英文的则为164万。

新加坡的媒体也反映了新加坡社会的多语言特色，无论是报刊、电视或电台都以四种语言出版或广播。新加坡的主要媒体集团有两个，一是新加坡报业控股有限公司（Singapore Press Holdings Ltd，简称报业控股），是家私营的上市公司；一是新加坡传媒公司（Media Corporation of Singapore，简称新传媒），这是一家官营企业。一直到2004年年中为止，报业控股只出版报纸和期刊以及开设以报章内容为基础的商业网站。新加坡的四种语言日报都是它旗下的出版物，其中最重要的是英文的《海峡时报》和中文的《联合早报》，以及以这两份报纸的内容为基础发展起来的亚洲网（AsiaOne.com）和早报网（Zaobao.com）；同样，新传媒只经营电视台和电台以及相关网站，新加坡的免费电视波道都是它经营的，其中最重要的是英语的第五波道及"亚洲新闻台"和华语的第八波道。新加坡传媒业有个有趣的现象：在印刷媒体中，英文报的销量和读者最多；在广播媒体方面，却是华语电视台和电台的收视率和收听率最高。

这种两大媒体集团在本地市场"独沾一味、各据一方"的偏安局面，终于在2000年改变了。2000年6月5日，新加坡新闻及艺术部长李玉全宣布，政府决定让这两个集团互相进入对方的业务领域，彼此竞争，同时积极进军互联网业务。为了让它们可以利用不同媒体平台进行有效的竞争，政府决定发执照给报业控股，经营两个免费电视波道和两个电台频道。同时发执照给新传媒，出版一份英文报纸。新加坡政府作出这个决定的背景是：在互联网进展一日千里的推波助澜下，国际媒体大整合和全球化的浪潮可说汹涌澎湃，当时几乎三天两头就有关于媒体大收购和大合并的消息传出。合并后形成的传媒巨无霸，以多媒体融合的姿态，挟着互联网那种无孔不入、无远弗届的威力，来势汹汹，展示了随时冲破国界、占领全球传媒市场的能力和雄心。

面对这一国际媒体整合的大趋势和全球化的严峻挑战，新加坡政府和传媒业者都认识到，向来采取开放政策和接受全球化趋势的新加坡，必须做好准备，巩固本国媒体的力量，加强本国媒体的竞争能力，如此才能在全球化媒体整合浪潮的冲击下屹立不倒；在面对国际传媒的竞争时，以丰富、充实的本地内容争取本地受众，先立于不败之地，再设法向外扩展。

在这样的考量下，政府决定让本地两大媒体集团跨出各自经营了多年、熟悉而舒适自在的核心业务圈，进入一个全新的领域，建立并发展起多媒体能力，并在多媒体业务上互相竞争，除了为受众提供更多样化的内容、更多的选择外，更希望借此使两大多媒体集团在竞争中得到锻炼，累积知识和经验，茁壮成长，以便在本国、甚至在区域上与国际媒体争一日之长短。

在这样的背景下，新加坡华文报身不由己地走上了多媒体融合之路。

（一）报业控股的媒介融合——一马当先，强势推进

政府一宣布媒体开放竞争，报业控股就立刻决定利用它拥有强大印刷媒体资源的这一大优势，接受挑战，进军电视事业，进入真正的多媒体时代。它成立了一家子公司，称为报业传讯公司（SPH MediaWorks），负责经营电视广播业务。报业传讯决定开设华语和英语两个电视波道各一，华语台称为"优频道"（Channel U），英语台称为"电视通"（TV Works）。率先开播的优频道是个综合性的波道，提供娱乐、戏剧、信息和新闻节目，其中的新闻节目就委托报业控股旗下的华文报以承包方式供应。而报业控股管理层就将这个任务交给

《联合早报》，由它牵头，连同集团下的另外两家华文报，即《联合晚报》和《新明日报》，负责制作电视新闻，供给这家新的电视台。

《联合早报》总编辑林任君说："对于我们这些只懂得办报的新闻从业员来说，这绝对是个全新的挑战。"① 他们以精简的编制配合既有的资源，发挥专线记者的优势，推出以本地新闻为主的电视新闻。在"精简编制"的原则下，除了向外招聘，设立一支由20名有经验的电视新闻编导和6名摄像人员组成的核心小组，负责电视新闻的编辑和制作以及难度较高的采访和摄像工作外，一切电视新闻的采访和拍摄工作，全由三家华文报现有的采访记者和摄影记者负责。

经过各种实践训练，讨论，交流，以及反复的演练和实习后，2005年3月，整个电视新闻采编和制作体系已经建立起来，并且能够顺利运转了。2005年5月7日，随着优频道电视的正式开播，新加坡华文报制作的电视新闻正式和观众见面了。从这一天起，报业控股华文报集团除了出版以《联合早报》为旗舰的印刷版以及以《联合早报》为基础、深受国际华文网民欢迎的早报网之外，也多了一个发布新闻信息的平台——优频道电视新闻。由三家华文报制作的电视新闻，除了为新加坡观众免费广播之外，也上了早报网，丰富了早报网的内容，并给它提供了不少实时新闻，使华文报集团内的多媒体融合更上一层楼。开播四个多月来，共有约一百名报刊记者参与过电视新闻的采访、撰稿、制作或现场报道及评述工作，其中有三十多位随时能够上阵，对着电视镜头作新闻现场报道。

从积极意义来说，让平面媒体记者（包括摄记）多掌握一种新技术，无论是对个人或公司来说，都是件好事。如果有人愿意，而且能够同时掌握平面和广播两种媒体的技巧和窍门，胜任两项职务，为什么不让他尝试、发挥呢？在新经济时代，这种通过知识、科技、管理和系统功能提高工作效率，实现"一人同时执行多种职务"（multitasking）的现象已经日益普遍。更重要的是，在互联网、无线传播技术当道的将来，懂得利用广播媒体作即时报道恐怕已经是不可或缺的技能了。

在采取了多媒体融合的作业方式后，新加坡的华语电视新闻水平其实是明显提高了。为了应付新台的竞争，新传媒第八波道建立起一支真正的采访队伍，不再完全依赖英语台供应新闻了，而优频道则利用众多的专线记者，提供

---

① 林任君：《新加坡华文报走向"多媒体融合"》，载《联合早报》2005年11月4日。

了内容丰富的本地新闻，给新加坡的华语电视新闻观众开拓了全新的视野。两家电视台的竞争，提高了华语电视的水平，受惠的是广大的电视观众。而新电视台若不采取多媒体融合的方式，是完全不可能在这么短的时间内顺利推出具有相当水平的新闻节目的。

新加坡媒体向媒介融合迈出一小步，目前所做的只是在报刊和电子报之外，加了一个广播平台，进行有限的电视广播，并通过各媒体之间的互相支持、回馈和促销，达到了互相造势和增值的作用。与国外少数几个先进的多媒体融合同业比起来，还有一定差距。它也许比其他地区的华文同业先行一步，但新加坡毕竟是个很小的国家，情况也很特殊，市场小和人才少，促使其在全球化背景下选择了这个模式。

新加坡的媒介融合可以说是另辟蹊径，寻求创新和发展，《联合早报》的媒介融合之路便是最好的体现。面对中文是新加坡"第二语言"（第一语言是英语，新加坡将汉语作为第二重要的语言）、本国华语报刊阅读群缩水的尴尬，《联合早报》对自身传统媒体进行改革，与信息社会接轨，对内部资源进行整合，既保持传统媒体的内容优势，又借助网路较早地结合了先进的信息传播方式，把目光投向全球华人特别是中国市场，为其在华语媒体界的发展赢得了先机。

四、媒介融合在日本的媒体实践

媒介融合在日本掀起涟漪还要追溯到 2005 年。当年，日本发生了两宗互联网公司收购传媒企业，以求与媒体融合的事件。3 月，利夫道尔公司（活力门公司）通过收购日本放送公司的股票，力求与富士电视台合作；10 月，东京电子街最大的网络公司——乐天公司收购东京广播公司（TBS）股票并呼吁与之合作。这两个事件都轰动一时。媒介技术环境的变化是全球媒介融合的原动力。日本媒体自然难以抗拒这个原动力的作用；另一方面，在《电波法》等法规的管制下，传统媒体，必须脱胎换骨地改造，接受市场规律，才能有效地生存下去。

随着 E-Japan、U-Japan 等信息化政策的实施，2006 年 1 月，日本政府的 IT 战略本部发布了"IT 新改革"战略，明确提出将建设"遍在网络社会"的目标——人们在任何时间和地点，通过多种介质向任何人或终端，便捷地实现信息交换。为了适应这一融合趋势、技术互通和普遍应用的发展趋势，日本新闻媒体作为主要的内容生产商，积极探索，呈现出媒介融合的发展态势。

日本是世界上报纸发行量最大、销售体制最为完善的国家之一。日本报业的发行量居世界发达国家的前列，但是近年来，随着阅读群体的变化和互联网的冲击，日本报纸的发行和广告收益处于下滑的状态。同时，截至 2009 年 12 月，日本的互联网普及率已达到 75.5%①，高度的互联网普及率带来的机遇与挑战摆在日本传统媒体面前。日本传统媒体如何尽快实施数字化转型战略，如何利用新媒体技术都成为他们在探索的问题。日本的媒介融合不囿于不同形式媒介间的融合，它们首先在报业与报业之间进行软件和硬件合作，整合报业资源；同时利用新媒体技术，强化各自优势，扩大影响力，实现融合共赢。

日本同志社大学（Doshisha University）新闻与大众传播学系教授渡边武达（Takesato Watanabe），在《关于日本媒介信息的转变与媒介融合》一文中认为在日本媒介融合通常被当做一个整体来讨论，其中常常出现 8 个词：有线电视、网络社会、数字化、信息通信、互联网、交互性、多波段与多媒体。该报告重点分析了日本电视、杂志的媒介融合实践。渡边武达教授的研究在一定程度上反映了日本媒介融合早期的特点。然而如今，日本媒体所进行的媒介融合实践已经超越以往，呈现出多元发展的趋势。

（一）报纸的媒介融合实践

1. 整合报业资源，实现合作共赢

在北海道、鹿儿岛的部分地区及大阪西成区，为节省经费，朝日新闻社和读卖新闻社开始了专卖店的合作，即一家专卖店既经营《朝日新闻》，也经营《读卖新闻》。2008 年 7 月，两社在首都圈内的群马·高崎、栃木·宇都宫两地区内也开始了晚刊的合作。这两家报社甚至在工厂翻新和机器购置方面也开始了合作。以前，报社为了扩大发行，在全国各地建立印刷工厂。如今，当工厂或印刷设备陈旧后，各报社不再像过去那样一味地重建工厂或购买新设备，而是委托附近其他报社的工厂印刷报纸，使彼此的设备得到高效率的使用。2008 年 10 月，朝日新闻社和读卖新闻社之间达成了一项协议，即朝日新闻社的千叶县船桥工厂可以印刷《读卖新闻》报纸，而读卖新闻社的香川县坂出工厂可以印刷《朝日新闻》报纸。②

朝日新闻社、读卖新闻社和日本经济新闻社三家报社之间还建立了重大灾难时期的印刷和发行方面的互助机制。实际上，如果某一家报社的印刷工厂出现故障的话，就可在附近的其他两家报社的工厂进行印刷，这一相互协作的方

---

① http：//www.internetworldstats.com/，2010-4-17.
② 韩景芳：《新媒体时代日本报业的困境及其变革》，载《当代传播》2009 年第 4 期。

法正在日本全国七个地区得到推广。①

2. 融合新兴媒体，夯实传统优势

随着互联网的深入发展，传统报纸之间的合作也上升为互联网合作。《日本经济新闻》、《朝日新闻》及《读卖新闻》为加强网络信息发送能力，建"日经—朝日—读卖网"。2008 年 1 月，朝日新闻社、读卖新闻社和日本经济新闻社的网络部门联手建立了名为"新的新闻"的网站，三家报纸的头版并列地呈现在页面，为读者提供了一份形式新颖的网络新闻。该网站所提供的三个头版为网民提供了或相同或不同的新闻，对于报道对象，网民可能看到不同的报道手法，而不同的报道对象更使网民看到议题设置的新角度。②

三大报合作主要是为提高报纸信息在网络的影响力，而能同时阅读三家报社不同新闻有助于提高各报社网站吸引力。这种合作使内容更加充实，能同时阅读比较各报报道，读者从这个共通网站移动到各报独立新闻站点，能阅读更详细的报道。该联合网站原则上免费，主要通过刊登广告获得收入。2009 年 2 月，三大报利用应用程序把报道、城市新闻、社论和照片传递给苹果智能手机的拥有者，让使用者在同一界面上浏览比较不同报纸的所有新闻报道。在此影响下，《北海道新闻》、《中京新闻》与《日本经济新闻》等也开始了报网联合的运营。

1995 年以后，很多报社陆续在网络上开设了网页，从最初对报纸内容的重复到建立真正的网络新闻，日本传统媒体对互联网等新媒体的使用在不断改进和成熟。各个报社在与新媒体融合方面各显身手，其中尤以读卖新闻社为突出代表，读卖新闻社希望打造一个有报纸、有网站、有手机服务业务的比较完整的信息产业链。

读卖新闻社网站，提供新闻信息和其他一些特定领域的收费信息服务。同许多大报一样，它有专门的电子版编辑人员，每小时更新内容，随时提供最新的信息，比如朝日新闻社就有近百人从事电子编辑工作，其报纸电子版的访问量也相当可观。也有报纸的采编人员通过下载互联网上的信息，来扩大报纸的信息量，与网络媒体的合作对报纸信息量和信息报道速度的提升都起到了有益

---

① http：//www. asahi. com/shimbun/honsya，2010-5-1。

② 韩景芳：《新媒体时代日本报业的困境及其变革》，载《当代传播》2009 年第 4 期。

的推动作用。①

读卖新闻社专门开展手机新闻业务，设立了专门部门进行运作。比如通过和电话公司联合开展的移动媒体业务（通过手机阅读读卖新闻网站）；目前还在和电视台联合开拓电视方面的业务。在盈利方面，主要的收益来源是与电话公司分成，广告很少。

除此之外，《日本经济新闻》专门设立了电子媒体局，通过电信网、互联网、数据库提供业务。《朝日新闻》利用移动电话发短信新闻，推出月费只需6.9 元人民币的短信新闻下载服务。

日本传统媒体融合多种新兴媒体，不断创新，抓住机遇，在共赢基础上夯实了传统媒体原有的优势，实现了新的发展。

3. 开发新技术，开创新优势

日本历来是一个不缺少创新的国家，日本媒体的媒介融合并未"融在当下"，他们更能放眼未来，不断开发新技术，力争开创新的优势空间。

日本的《产经新闻》在力推的一项网上信息服务方式。其基本思路是：将报纸的报道以声音的方式发送，以满足特殊用户的要求。《产经新闻》的设想是，不仅报纸，而且书籍都可通过这一技术实现"声音化"。目前，这一系统已粗具雏形：在电脑上，报纸的书面语报道通过一种翻译技术自动转换成口语，并以男声或女声的方式播报出来，用户可自己调节播报语速的快慢。②

在这点上，《读卖新闻》、《朝日新闻》和《每日新闻》已经迈出了第一步，三家媒体与奥林巴斯合作推出"M-Studio"，向手机用户传送各大报纸新闻的语音版。这些报社在对新闻二次利用开发移动发行业务方面均取得了巨大成功。以《读卖新闻》为例，这项业务所创造的年利润在 1 亿日元以上。

（二）广播电视的媒介融合实践

日本广播电视的媒介融合主要集中在国内较大的几家。2002 年 10 月，日本出现了新一代视频手机，它既可以接收文字、图片信息，甚至还可处理动画与声音。《朝日新闻》的朝日电视台，每天便通过其移动电话系统，向用户播发几分钟的视频新闻。目前，在手机上实现电视与数据广播的互动，已成为日

①　张艳、赵树旺：《金融危机下日本报业的困境与应对策略》，载《日本问题研究》2009 年第 1 期。

②　陈莹、吕萍：《日本传统报业与新媒体的整合》，载《外国问题研究》2009 年第 3期。

本几大主流媒体采用较为普遍的业务方式。日本最大的移动运营商 NTT Do CoMo 和 KDDI 自 2003 年就开始推出手机电视业务。2005 年 12 月 NTT Do Co-Mo 以 1.77 亿美元收购了富士电视台 2.6% 的股份，合作开发手机电视业务市场。KDDI 在 2005 年 12 月宣布，与美国高通公司成立合作公司，共同开发手机电视广播业务。①

目前，在手机电视上播出的主要涉及新闻快讯、气象服务、体育赛事、智力竞赛等方面的内容。手机电视使电视台在节目的播出形式上更加丰富多彩，不仅涵盖了传统的影像服务内容，而且更广泛地涉及了网络及增值服务和多项信息服务。

2006 年 4 月 1 日，在东京、大阪、名古屋三个都市圈，电视台开始向全国 8500 万手机和汽车导航仪等移动终端推出基于地面数字电视技术 one segment（单波）服务。它同时接收图像、声音和数据广播，真正实现了"广播与通信的结合"。② 这种节目在手机上主要由两部分组成：上半部分为与固定电视同步播出的免费节目，画面基本上接近于正方形，与电视台运营网链接；下面的数据内容是由电视台管理的手机网络内容，与移动网服务器连接。信息主要有三种：手机网诱导信息、收费信息和与本地区密切相连的信息。

及时获取新闻快讯、气象服务和体育赛事结果，引导用户参加体育竞猜、智力竞赛、记录和处理节目信息、提醒收看等服务都已在手机电视上实现。负责此项业务的东京广播公司（TBS）单波放送开发部部长汤川哲生说："数字广播是引导进入网络内容的领路人。在此基础上探索适合的商业模式，对不同对象进行针对性营销，如在电视播出汽车时，屏幕下面的内容则可以提供手机所在地销售商的相关信息，吸引受众进入查询，从而形成一个综合性的媒体平台。"③ 手机电视使电视台在传统影像服务外，越来越多地涉及网络增值服务和信息内容。

日本的媒介在政策指导下，内容生产者——技术服务商——移动运营商——终端生产者——消费者这一产业链条，正在全球融合趋势中，通过多种资本运作，相互促进与激活，有序共进，达到媒介融合的理想状态。

---

① 赵劲：《日本手机传播及媒介融合趋势考察》，载《国际新闻界》2006 年第 6 期。

② 翟娜娜：《日本："遍在网络社会"带动媒体融合时间》，载《中国记者》2006 年第 6 期。

③ 中国新闻代表团日本考察记，http://news.xinhua.net/zgjx/2007-01/03/cortent_5561986_11.html，2010-3-20。

在媒介融合趋势下，全球的媒体在进行着多样的媒介融合实践。目前国外媒介融合实践主体主要是以北美、欧洲以及日本、新加坡这些发达国家和地区。这一方面直接反映了媒介融合不平衡的发展轨迹；另一方面，随着印度、巴西、中国和俄罗斯等发展中国家不断融入全球市场经济体系，它们在媒介融合潮流中的发展进程将成为不可低估的力量。

在印度，"媒介融合"一词传播甚广，它不仅仅被看做是个技术问题，更被认为是向成熟信息社会实现跨越的关键，媒介融合以及未来的三网融合将改变人们的工作、娱乐和生活。① 在印度，媒介融合的速度远远超出预期，一些众望所期的网络服务已经在新德里和孟买实现，如先进的光纤铺设。在互联网技术较先进印度，媒介融合过程中内容依然是最关键的。技术融合随之产生的是显而易见的内容融合：连接了音频、视频、图片、文字、动画等多种元素的多元化信息内容。

英国曼彻斯特大学的斯蒂芬·哈钦斯教授（Stephen Hutchings）在 *Media Convergence and Russian Television*：*Remote Control Or "The Mouse and The Elephant"* 报告中讲到，在俄罗斯，电视依然在新闻信息资源中拥有优势地位，尽管在莫斯科和圣彼得堡等大城市新媒体的有所运用，但是整体上明显逊于西方发达国家。截至 2009 年 12 月，俄罗斯互联网普及率已达到 32.3%② ，随着互联网的快速普及，俄罗斯媒介融合速度不断加速，并且这种融合趋势继续保持。政府也着手进行快速的新媒体发展规划，从政府的日常工作到电视台逐步进行网络化。如今，媒介融合在俄罗斯已成为不争的事实，从信息生产到信息传播再到信息反馈，都融入了互联网、手机等新媒体。

然而，全球范围的媒介融合如今依然还处在探索阶段，但是随着 4G 时代的到来，"融合新闻"已经成为新闻传播的主流，传统新闻媒介走向网络化生存亦是大势所趋。从全球范围来看，媒介融合即是社会要求传播媒体多元化发展态势的表现。今天媒介的融合趋势，无论深度还是广度都已经超越以往。相信媒介融合必然会在曲折进行中成为一种媒介发展的必然趋势。

第二节 媒介融合在国内的实践

全球媒介融合的浪潮同样也波及中国，并对中国的报纸、广播电视、杂志

---

① Media Convergence，http：//rrtd. nic. in/MEDIA%20CONVERGENCE. htm，2010-4-16.

② http：//www. internetworldstats. com/，2010-4-17.

以及电信业和互联网行业、移动互联网行业都产生了重要影响。我国的媒介融合并未随着互联网等新媒体技术的发展而出现，而是技术政策先行，内容融合逐步跟进。

在我国，融合技术政策先行可追溯到1998年，当时就提出过"三网合一"的设想，但是终因种种原因无疾而终。随着技术的日益成熟和社会发展的需求，三网融合被正式提上日程，并被认为是大势所趋。2007年12月5日《中国新闻出版报》报道，12月4日新闻出版总署副署长李东东在全国报业创新与发展峰会上说，"报业优化产品结构和区域布局结构作为主线，积极推进以资产、资源为纽带，跨地区、跨部门、跨媒体的多种联合"，"要着力培养有实力、有影响力的新型市场主体，使传媒集团、报业集团、期刊集团等在现有区域性传统主营业务基础上，进一步确立跨地区发展、跨媒体兼营的战略方向，初步建立集团层面的新型市场主体，形成国内传媒业的战略投资者"。2009年7月29日，广电总局发出《广电总局关于印发〈关于加快广播电视有线网络发展的若干意见〉的通知》指出：加快广播电视有线网络发展，对于巩固和拓展党的宣传文化阵地、满足人民群众日益增长的精神文化和信息需求、推动我国广播影视改革和发展、推进三网融合、促进国家信息化建设，具有十分重要的意义。2010年1月13日，国务院总理温家宝主持召开国务院常务会议，决定加快推进电信网、广播电视网和互联网三网融合。会议上明确了三网融合的时间表。7月1日，国务院正式公布了第一批三网融合的12个试点城市名单。

随着政策的放开，一些电视台主动与电信部门合作，在互联网和手机终端上开通实时电视节目等。2004年5月，中国第一家网络电视——央视网络电视在北京开播。2009年12月28日中国网络电视台（www.cntv.cn）正式开播，它是中国国家网络电视播出机构，是以视听互动为核心、融网络特色与电视特色于一体的全球化、多语种、多终端的网络视频公共服务平台。我国的电信业管制也走出了垄断，逐步进入竞争性管制阶段。媒介融合在这方面的政策障碍会逐渐消除，这无疑会推动电信业与其他媒体企业之间的合作与交流，进而推动媒介融合在整个产业发展中的进程。①

目前国内许多通过合并、收购等方式组建的传媒集团，不断强调做大做强，其中一条途径就是新闻信息资源的开发利用水平，这与传媒集团的媒介融

---

① 徐沁：《媒介融合论——信息化时代的存续之道》，中国传媒大学出版社2009年版，第94~95页。

合方式与水平息息相关。单一媒介的核心竞争力是长期实践形成的，需要不断创新经营，媒介融合却可以综合利用多种媒介优势，缩短核心竞争力的形成积累过程。通过整合新闻信息资源、改善新闻业务流程，推动新闻资源的深度开发，从而提高传媒集团核心竞争力，满足做大做强的根本要求。虽然，目前传媒集团大多以本地受众市场为主，跨区域融合还未充分开展，但在跨媒介之后，跨区域融合发展也是大势所趋。如腾讯公司在不同地区与本地媒体合作成立的"大成网"、"大渝网"、"大楚网""大秦网"。如今，我国的媒介融合实践仍然处于模仿和探索的初始阶段，正在尝试"融合"和跃跃欲试者不在少数，然而真正能够实现相对有效的媒介融合的媒体不多。目前，国内成都日报报业集团、广州日报报业集团、佛山传媒集团、烟台日报报业集团等几家地方媒体集团强势出手，已经崭露头角；人民日报社、中央电视台和凤凰卫视也凭借自身的优势大张旗鼓地进军媒介融合领域。

一、新闻联动的"成都模式"——成都传媒集团的媒介融合实践

成都传媒集团可以说是国内媒介融合的代表性案例。成都传媒集团是成都日报报业集团与成都广播电视台于 2006 年 11 月合并组建的媒体集团。作为国内首家区域中心城市综合媒体集团，涵盖报刊、广播、电视、网络等多种媒体形态的综合传媒集团，它用创新实践对媒体融合这一概念进行着诠释和注解。成都传媒集团的在管理上其组织体系，是按照"扁平设计、垂直管理、层次清晰、责权明确"的总体思路来设置，实现有效管理。成都传媒集团能较为成功地实践媒介融合，得益于它丰富的基础传媒资源——四个板块：

报刊板块——四报五刊，包括《成都日报》、《成都商报》、《成都晚报》、《蓉城周报》、《天府成都》、《先锋·居周刊》、《公司·地产商》、《时代教育》、《青年作家》。在 2007 年，集团致力打造"先锋"系期刊品牌，包括《慈善》、《评论》、《调查》等有影响力的精品杂志。

广播板块——五个频道，包括广播新闻频道、交通文艺频道、文化休闲频道、音乐频道和环球资讯频道。

电视板块——九个频道，包括电视新闻综合频道、经济资讯服务频道、都市生活频道、影视文艺频道、公共频道、少儿频道和美食天府频道、每日电视购物、地面移动公交电视三个数字频道。

经营实体板块——拥有博瑞投资控股集团公司、兴网传媒公司、新闻实业公司、成都时代出版社和成都音像出版社等。集团成立后，又成立了先锋文化传媒有限公司和先锋影视有限公司，统一运营集团期刊资源，统一打造集团影

视剧制作品牌。

2007年年初，就在成都传媒集团的开局之年，集团董事长何冰就提出，"影响力、媒介融合、资本运作"是现代传媒集团发展的核心要素，也是做大做强的必由之路，并把媒介融合提到战略高度。在成都传媒集团"一五战略发展规划"中也明确指出集团愿景：成为中国第一家以跨媒体深度融合为载体、以文媒互动为增长平台、以上市融资为扩张支撑的国际化综合传媒集团。①

（一）报纸版块做依托，"六统一"融合机制做桥梁

在成都传媒集团的组织架构中，目前开展的媒介融合项目主要依托《成都商报》的优质资源和市场优势，其组建媒体集群也更多依靠《成都商报》的投入和付出来维系。2008年4月，经集团党委2008年第2次会议研究决定：聘用原《成都商报》编委会委员王奇，为成都传媒集团电视经济资讯服务频道总监；免去牛进生原成都传媒集团电视经济资讯服务频道总监的职务，调往成都传媒集团电视专家工作室任主任一职。从这场人事变动可以看出，报业板块在集团媒介融合项目的运作中所起到的支配和决定作用。②

成都传媒集团组建后，继续坚持深入实施报业集团时代的"六统一"，即统一新闻指挥、统一资产管理、统一目标考核、统一人事管理、统一财务管理、统一经营平台。在确保报纸和广电两大板块平稳对接的基础上，在广电板块全力推进企业化管理，逐步将报业较为先进的市场机制嫁接到广电媒体，实施制度迁移，探索板块之间的机制融合。集团企业文化融合，体现在表层的物质文化、中间层次的制度文化和核心层的精神文化三个层次。市场化制度文化的植入，对广电板块进行改革与重构，使市场化机制在传媒集团内部融会贯通，为板块间的精神文化融合铺垫机制基础。

（二）媒体融合工作室调配资源，联动模式构建内容融合

成都传媒集团组建了媒体融合工作室，统一调配采访和报道力量。通过对集团报纸、广播、电视、网络四种媒体形态资源的通力合作实现共享，全力打造传统媒体与新媒体平台，形成了报业系统、广电系统、出版系统和新媒体平台综合一体，面向国际前沿竞争、终端融合的大媒体生产格局。成都传媒集团

---

① 杨春兰、张明波：《在探索中发展—访成都传媒集团经委办主任马崇予》，载《传媒》2007年第11期。

② 李孝娴：《传媒集团的"媒介融合"研究——以成都传媒集团为例》，四川省社会科学院2008年硕士学位论文。

以内容生产为突破口打通媒介障碍，由单一形态单兵作战逐步转向全媒体运作，变革媒体的传统生产流程与传播方式。

成都传媒集团囊括了报纸、电台、电视、网站、书刊、新媒体等多媒体形态，在一个利益主体的统摄下，逐步探索根据不同形态媒体特性和受众特点对信息进行分类加工、集约生产、规模传播，发挥各自传播优势，有针对性地通过不同终端传播给特定受众，形成"新闻宣传统一指挥、不同媒体分类指导"的新闻管控体系，着力打造媒体复合影响力。目前其主要有两种内容融合模式。

一是聚合精锐模式。围绕中心工作或重大新闻事件，抽调不同形态媒体的采编人员，快速反应，推出深度报道，经过编辑后在不同媒体形态上以不同形式的刊播，突出体现在集团的深度报道课题组。集团把纸媒和电媒的优秀采编人员聚合为一个作战团队，围绕成都市推进统筹城乡、深化"试验区"建设的中心工作，统一策划、相互协调，统一行动、集中表达，各展所长、优劣互补，形成有分量的文字作品和电视制作。

二是媒体联动模式。成都传媒集团于 2009 年 5 月全面启动了"媒体结对运行、部分新闻联动"的模式，形成新闻联动长效机制，其主要内容包括[1]：

（1）锁定联动新闻内涵。这是联动的前提，因为联动只是传播形式的改变，而内容则是传播致效的关键，形式最终服务于内容。目前联动新闻共分两类：A 类内容，涉及党委政府中心工作宣传的新闻报道，媒体为扩大团队影响力、品牌影响力所推出的有新闻价值的活动报道；B 类新闻，即重大性、关联人群多的重大突发事件性新闻。同时规定，一旦本地发生影响全局的重大事件，则由集团编委会对所有媒体实施统一指挥。

（2）打破媒体介质壁垒。传媒集团将旗下定位相似、形态不同的媒体进行田忌赛马式的组合。第一组包括《成都日报》、成都电视台新闻综合频道、成都人民广播电台新闻频率、成都电视台网站，定位基本是时政要闻；第二组经过两年多的磨合，比较成熟，包括《成都商报》、成都电视台经-济资讯服务频道、成都人民广播电台音乐频率，定位基本是权威、时尚的都市媒体；第三组包括《成都晚报》、成都电视台公共频道、成都人民广播电台交通频道、电台网站，基本定位是民生化、大众化路线。

（3）构建联动基本流程。一是指挥判断。联动单元体的指挥人员从各单元体内的媒体主管新闻宣传的副总编辑、总监中产生，组成联动单元体指挥小

---

① 侯利强：《成都传媒集团全媒体运作探索》，载《传媒》2009 年第 6 期。

组，每月轮流值班。集团编委会对指挥官充分授权，赋予其绝对的新闻价值判断、联动指令下达的权力，在不干涉新闻信息具体表现形式的情况下，联动媒体必须无条件地严格执行，同时允许在探索中有"试错权"。二是联动执行。对 A 类新闻，联动单元体指挥小组要加强实施联动的前期策划。对需要联动的创新性策划报道，当月值班的指挥人员对联动诉求作出判断后，对"联动对子"内的媒体下达联动指令。联动媒体一般以"预告消息"的形式予以表达；如选题意义重大，也可以以相互"跟进"形式予以较深的表达。对 B 类新闻，单元体内各媒体的信息中心在发现值得联动的新闻线索后，第一时间以"菜单"形式向当月值班的指挥人员报告。指挥人员作出判断后，下达对该新闻进行联动的指令。首先安排在单元体内最快捷的媒体如电台、网站以"快讯"形式进行发布；同时安排电视台作好推出事件进程式报道的准备；报纸根据广播电视采集的资源和自身深度挖掘的背景信息，做好次日刊发深度报道和背景报道的准备。

　　(4) 建立配套保障机制。联动，涉及各媒体运作机制、报道思维习惯、信息资源共享、沟通协调等方面的转变。为确保联动的贯彻落实，集团确定一位副总编辑专抓此项工作，联动小组内的各媒体确定一名领导专司此事；单元体每月将联动值班指挥人员名单在上月底前报集团编委办备案，并将实施了联动的项目报集团编委办备查；集团编委办负责对新闻联动的项目进行登记，对新闻联动过程进行监督，对在具体执行过程中出现的问题进行协调，对新闻联动项目的效果进行评估，对优秀的联动项目提出奖励建议；对成效突出的新闻联动项目，年终集团编委会将提请集团给予专项奖励。

　　联动体内建立了确保运行通畅的管理机制、运作机制和保障机制，在信息的采集环节、制作环节资源共享，尤其在传播表达环节，不同形态媒体指定"媒体联动"专用 Logo，结尾用"某某时间成都传媒集团的某某媒体还将推出事件的相关详细报道"的形式对下一媒体进行预告，下一媒体也要以"昨日我集团某某媒体对某某事件作了报道"进行回应。这使得不同媒体在集团的统一调控下成为内在的自觉行为。

　　媒体联动模式已经成为成都传媒集团媒介融合的新闻生产的代表性模式。媒体协同效应得以充分发挥，在"5.12"抗震救灾宣传报道中表现得淋漓尽致，传媒集团快速整合新闻报道力量，大规模兵团式作战；统筹危机传播全部环节，整合信息传送平台，传递震灾信息，印发报纸"号外"，广播电视台并机直播，构建了全方位、多层面、交叉互动的强大传播网络。

　　在集团集中的战略指导下，集团内部各媒体立足于细分市场，在集团内部打造"资源情报超市",实施集团化作战,提高新闻宣传规模效应,充分发挥综合传媒优势,巩固了"围绕中心、同题竞技、差异表达、形成合力"的新闻指挥模式。① 一系列的实践证明成都传媒集团在朝着集团规划的方向迈进,其目标创建的"大媒体、大内容、大服务、大融资、大产业"五大运营平台,逐步实现。

成都传媒集团经过种种实践积累,试图走出一条符合成都传媒实际的媒体融合之路。毕竟,将现有媒体传统运作模式突然打破重建,纵使为了推动媒体融合、顺应发展趋势,但这种过程本身还是有着不可预知性。

2010年4月23日,在北京举办的2009—2010首届中国传媒融合高峰论坛上,成都传媒集团以独特的媒体融合"成都模式",荣获"中国最具传媒融合力十大品牌案例"②。此次入选案例推选标准主要是:第一,融合的深度和广度,即在媒介融合方面达到的程度和规模;第二,融合的技术和模式,即融合过程中研发和采用的先进技术或模式,对其他开展传媒融合业务的单位具有示范作用,具有市场推广性和广泛的适用性;第三,融合的效果和收益,即媒介融合方面所取得的成果和收益;第四,人物的代表性和开创性。

成都传媒集团成立三年多来,始终将媒体融合作为一项战略规划,通过设立"媒体融合体试验田"、探索内容生产与传播方式融合、以广告资源为纽带的产品融合、外部资源与产业融合等实践方式,逐步形成媒体融合的"成都模式"。在媒体融合力量的推动下,不断取得了社会效益和经济效益的双赢。"最具传媒融合力品牌"可以看作是对成都传媒集团媒介融合实践的一种肯定和认可。与此同时,广州日报报业集团也获此殊荣。

二、全媒体布局下的融合品牌——广州日报报业集团的媒介融合实践

作为中国第一家报业集团,广州日报报业集团也是国内最早建设网络新媒体的报媒。全媒体思路贯穿广州日报报业集团媒介融合实践过程,融合特点突出,社会效益和经济效益都较明显。

《广州日报》认为:报业集团发展全媒体传播的首要问题是如何布局全媒体。因为,布局的定位会决定全媒体的发展路径,决定报媒如何将固有资源合

---

① 李孝娴:《传媒集团的媒介融合研究——以成都传媒集团为例》,四川省社会科学院2008年硕士学位论文。
② 媒体融合成都模式:《中国最具传媒融合力》,载《成都日报》2010年4月24日,第4版。

理投入到全媒体建设，并最终影响报业集团的整体发展战略。全媒体布局涉及从"道"（集团战略规划）至"术"（战术具体执行）的全过程。广州日报报业集团并未像国内一些媒体企业一样急于跑马圈地，投入巨大资源进行媒介融合，而忽视对全媒体传播的通盘战略思考。广州日报报业集团全媒体布局之道，在于认清区域媒体环境及自身的集团实际，选择合适的全媒体模式，专注核心业务，为集团整体的未来发展布局全媒体；广州日报报业集团全媒体布局之术，在于运用集团资源培植全媒体快速成长，实现优势融合。

在奥运会期间，广州日报报业集团组建了"8 报 2 网及手机等媒介的联合舰队，实现了跨区域、跨媒体和跨部门的资源整合，在媒体的融合报道上进行了大胆的探索"。其主要做法是"编辑部和直播室前移"，即从新闻策划、采写、编辑、美编、评论、检校到传版等各个环节，在这里均可一站式进行全流程运作。最终真正实现了"做一份 24 小时不间断出版的报纸"的理念。这得益于它在组织上的优势——滚动新闻部。

《广州日报》是中国第一家成立滚动新闻部的媒体。建立滚动新闻部是广州日报报业集团主动探索传统报业与互联网、手机等新媒体相互融合、相互促进的重大战略举措。

（一）滚动新闻部：彰显全媒体传播威力

2007 年 6 月，《广州日报》滚动新闻部成立，成为《广州日报》印刷版和《广州日报》新媒体（包括互联网、手机和视频在内）的跨媒体平台，负责报纸、手机和网站三个部门的联动发稿。建立滚动新闻部是广州日报报业集团探索传统报纸与互联网、手机等新媒体相互融合的战略举措，使《广州日报》能够依托其网站展开每周 7 天、每天 24 小时全天候连续不断跨媒体传播，为网民提供更快捷立体的新闻内容和服务信息。

1. 滚动新闻部的职能

滚动新闻部领导层由《广州日报》编辑和大洋网管理人员组成。滚动新闻主要职责是与报纸采编部门进行日常沟通，只要有新闻发生，就可以随时在集团的新媒体平台上滚动报道。在这个层面上，滚动新闻部实际上是集团内部一个连接传统媒体和新媒体的沟通和协调部门。滚动新闻部的员工平时大部分工作就是向报社的采编记者要稿子，催促他们将刚刚写好并未见报的稿件发到滚动新闻部记者的手中，这些新闻经过简单的编辑，就能成为大洋网上即时滚动的最新新闻。滚动新闻部也并不只承担编辑和沟通的角色，在重要新闻事件发生的时候，滚动新闻部要派记者去第一线采访，实现滚动播报。报道方式不但有文字、图片，还有音、视频。报道内容一部分可以通过大洋网传播，一部分可以通过《广州日报》刊登。滚动新闻部的采访对象既有新闻事件的当事人，也可以将报纸采访报道的一线记者和编辑作为采访对象。①。

从《广州日报》滚动新闻部近几年的实践来看，滚动新闻的确增强了新闻报道的时效性，为读者提供了包括文字、图片、视频等丰富的新闻信息，一定程度上提升了报纸的市场竞争力。但从传统媒体编辑部的转型而言，滚动新闻部仅是报纸和网络的部分融合，是一个存在于报纸和大洋网之间的中间机构，它在一定程度上对编辑和生产流程起促进作用，但这种转变还未触及报社编辑部结构的根本，也不是媒介融合的高级阶段。

2. 滚动新闻部的运作模式

滚动新闻部不只是一个网站式的整合内容、编编写写的一个角色，而是有自己的第一线的采访记录。《广州日报》滚动新闻部主任吴国华认为："滚动新闻部的一大特点是作为传统媒体与新媒体间的桥梁，这就决定滚动新闻部必须带动报社和新媒体的力量共同参与运作。其形态大致可分为三种：重大突发新闻、日常运作和深度策划。"② 从运作的流程上看，滚动新闻部主要承担以下几类工作③：

（1）紧跟报料新闻。当报料中心接到报料之后，会在第一时间将新闻线索通报给值班记者和滚动新闻部，滚动记者随时与赶往一线的记者保持联系，并让记者在采集到新闻事件最新动向的时候用电话向滚动新闻部口述。滚动记者进行记录后，改写成新闻快讯，以最快的速度发布在大洋网和手机上。报料新闻的滚动报道经常采用全媒体发稿的方式。摄影记者通常在随同文字记者抵达现场拍摄图片时，也配备了DV，对适合视频报道的事件进行录像采集。滚动新闻部的记者负责将图、文、影、音资料整合到网络页面上。

目前，从报料中心到在网络上的呈现，滚动新闻的运作已经基本实现了程序化和时效性的有机结合，报料中心的工作人员无论在白天还是深夜，总能在接报后的第一时间把信息通报给滚动新闻部，跑报料的记者也总能在现场追踪新闻的同时，及时将第一信息反馈给滚动新闻部，对现场动态进行详尽的描述。

（2）重大突发新闻的报道。比较重要的突发新闻发生之后，报纸会通知

① 赵安然：《结合传统媒体与网络　广州日报强推滚动新闻》，http：//www.shm. com. cn/newscenter/2007-07/04/content_2134919. htm，2010-3-11。
② 吴国华：《滚动新闻：做什么、怎么做?》，载《中国记者》2009 年第 4 期。
③ 程征：《广州日报"滚动新闻部"的运作机制》，载《中国记者》2009 年第 8 期。

滚动新闻部，滚动记者会和《广州日报》的记者一起到达现场。报纸记者来不及发稿的时候，滚动记者就在前线用手提电脑发稿，进行滚动报道。滚动记者还负责拍摄、记录现场的信息，参与写稿。如果滚动新闻部的记者自顾不暇时，就直接打电话给网站，让网站发稿。对于非突发的重大新闻，报社会提前一天通知滚动新闻部。滚动新闻部的记者会和报纸记者一起到现场，不用报社记者发稿，滚动记者自己发稿。而对于更重大的新闻采访，双方会进行策划，滚动新闻部记者和报纸记者分工负责，进行滚动新闻报道。

（3）主动发现线索，深度策划。滚动新闻部也会从网上找一些新闻线索写稿，提供给《广州日报》，还会根据网上的一些报料热点，进行互动，为报纸提供线索。例如，滚动新闻部在大洋网鼓励网民就《广州日报》某一新闻热点事件上传图文视频内容，利用《广州日报》的报纸资源为中介，让网民说话，而网民说的话也就成了新闻内容。滚动新闻部还利用大洋网论坛、电子邮箱、手机互动平台等渠道，开设了"街坊点题"这一全新开放的读者互动栏目，与偏向突发新闻的读者报料形成某种程度的互补。

（4）制作访谈节目。除了文字、图片的滚动报道，滚动新闻部还有一个视频访谈直播室，专门负责制作大洋网日常的音视频节目。滚动新闻部利用《广州日报》的人脉和内容资源，将报纸的名牌栏目转换为视频访谈节目。2008年北京奥运会，广州日报社做出了将整个采编队伍前移至北京前沿的壮举，而更令业内同行为之惊叹的是，广州日报社在北京搭建了可以与电视台相媲美的奥运直播室，以网络直播访谈的方式采访了黄健翔、李承鹏、刘璇、白岩松、刘建宏、于丹、高峰、胡佳、孙淑伟、余卓成等几十位重量级嘉宾。另外，滚动新闻部也做一些新闻视频节目，比如地震、甲型H1N1流感等重大突发事件发生之后，滚动新闻部的记者会赴现场采集视频。

滚动新闻部的主任吴国华认为，滚动新闻部的最终目标是消灭自己。他认为："如果每位《广州日报》的记者都有全媒体意识，一边采访一边播报，并且意识到网络和手机只是与纸张不同的载体而已，广州日报和新媒体不再分离，真正融为一体了，那时滚动新闻部就可以取消了。"①

目前，《广州日报》滚动新闻部已经与报社各采编部门建立了联动传播机制，从制度上解决了发动报社记者为新媒体供稿的问题，但在实际操作中，简单的报网融合的手段和模式还是给滚动新闻部的运作造成了一定困难。

---

① 转引自《广州日报试求全媒体"滚动新闻部"运作机制探析》，编辑：张洪飞，http://media.sohu.com/20090828/n266295523.shtml。

3. 滚动新闻部的记者

滚动新闻部的运作模式对编辑记者提出了更高的要求。在《广州日报》滚动新闻部工作的史勇说:"滚动新闻部成立后带来的改变首先是记者,当我从一名报纸的体育新闻记者变身为滚动新闻记者后,我所面对的供稿对象不仅仅是传统的纸质媒体,还有走在时代浪尖的网络。重新踏上采访战线上的我,不再依靠一支笔,而是脖子上挂着相机,手里举着 DV,我的'栖数'也随着受众的要求增多了。"①

滚动新闻部的记者都是全媒体采访,外出采访时除了携带笔记本电脑外,还要携带数码相机、数码摄像机和录音笔等设备,以文字、图片、音频、视频等多种方式滚动报道。一方面通过滚动新闻部来带动,同时广州日报社也制定了《新媒体供稿激励机制》,从管理机制上鼓励报社记者向新媒体提供视频、音频、图文等多媒体内容并有适当的稿费激励,现在越来越多的部门记者也逐步开始用全媒体来采访了。

在传统媒体与网络媒体相融合的今天,记者也要随着时代的改变而改变。应从一支笔的记者,变成具有多样技能的滚动新闻记者。学会使用摄像机,掌握后期剪辑技巧,有时还需担当主持人;如今,一部 DV,一部手提电脑,一条网线,就可以完成一场新闻发布会的直播,这些都是传统的报纸记者所不曾接触的。

(三) 新媒体事业部:夯实新媒体根基

《广州日报》多年来投入巨大的资金和资源,扎实全媒体根基。继成立滚动新闻部后,2008 年 9 月,广州日报报业集团在集团的层面成立了"新媒体事业部"。足见广州日报报业集团对新媒体的重视程度,而且在体制机制上给予了相当的灵活度,此举可以看做是将新媒体的发展纳入到报业的主营业务范畴。

1. 新媒体事业部产生背景

《广州日报》在成立新媒体事业部之前,集团新媒体方面的主阵地是大洋网。大洋网作为集团新媒体发展运作的部门,一方面要自负盈亏、面向市场,是独立的市场化公司;同时新媒体发展项目需要进行投入,大洋网难以承担。再比如对集团新媒体的发展规划、投融资以及并购,还有技术研发的问题等,这些工作都应该上升到集团层面进行,而且大洋网作为集团下属单位,难以有

---

① 史勇:《多栖发展的"全能战士"——在广州日报滚动新闻部的采访实践》,载《青年记者》2009 年第 2 期。

效协调集团资源来发展新媒体。这将在一定程度上阻碍集团新媒体业务的战略布局和发展，需要在集团层面成立新媒体管理机构统筹新媒体事业的发展。因此广州日报报业集团经过充分论证后决定在集团层面成立新媒体事业部来全面负责新媒体业务的运营和业务拓展，而且新媒体事业部的工作由集团一把手直接分管。

2. 新媒体事业部的职能

新媒体事业部成立初期有 7 名员工，部分专职、部分兼职，不断根据新媒体业务发展的需要逐步扩充。作为集团新成立的一个内设部门，《广州日报》新媒体事业部将把新媒体作为集团的主营业务来发展，下面分发展规划部、技术研发、项目投资部、综合管理部等。具体负责集团新媒体业务的发展协调，每周召开集团新媒体业务协调会；分析新媒体的最新发展和未来发展趋势，制定集团新媒体业务的发展规划，并上报集团管理层；跟踪新媒体新的业务形态及技术的最新发展，研发新的业务和产品，条件成熟时进行市场化的项目运作；分析、搜寻、评估、筛选有发展潜力的新媒体项目，及时提出投资并购的建议等。新媒体事业部的成立不仅扩大了广州日报报业集团新媒体方面的影响力，同时也提高了新媒体经营方面的商业价值。

随着新媒体事业部的成立和传统媒体记者给网站供稿机制的落实，更从制度上凸显了集团对新媒体的重视，为《广州日报》新媒体的加速发展插上了腾飞的翅膀。《广州日报》新媒体事业全面发力，一方面继续推动报网互动和融合，提升了新闻影响力和网站访问量；同时也加大力度推进"报网联营"，深入开展新老媒体平台的整合营销，为广告主提供报纸、网络、手机全方位的营销服务，实现了新媒体运营的突破。另一方面，新媒体事业部全面整合集团的相关资源，大力发展新媒体的生活资讯内容，积极开展新媒体项目的投资并购，丰富了《广州日报》新媒体产品的业务线。与此同时，也引进一些互联网运营人才，进一步充实《广州日报》新媒体管理团队。

3. 新媒体事业部的价值

新媒体事业部的成立，夯实了新媒体发展的根基，为广州日报报业集团全媒体布局发展打下了牢固的基础。新媒体事业部逐步落实集团"应该将新媒体的发展纳入报业的主营业务范畴，并且以报业为代表的老媒体发展新媒体时，要引入风险投资机制，力争在新媒体第二轮发展过程中有所建树"的理念，努力实现将《广州日报》从一个传统的报纸平台转换成一个涉足互联网、手机、移动阅读器的全媒体平台。

（四）新媒体有限公司：全媒体布局花开满园

2009 年 4 月 16 日，继在国内率先推出滚动新闻部、新媒体事业部之后，广州日报报业集团在数字出版新媒体领域又迈出重要一步，投入超过 1.5 亿元重金发展数字出版新媒体，以大洋网、求职网为主体成立广州日报新媒体有限公司，承担集团数字出版发展规划、技术研发、对外投资并购等，以实体化运作从集团层面推动新媒体业务拓展，标志着新媒体发展已成为该集团未来主要发展战略。新媒体事业部是作为集团的一个管理部门，广州日报新媒体有限公司是一个面向市场的法人，通过这种方式来体现完全市场化的运作。广州日报新媒体有限公司的成立，是广州日报报业集团在制度上不断探索新媒体的发展路径。

新媒体有限公司的成立，大大鼓励了报业集团人员的斗志和热情，也为全媒体建设注入新的动力。

广州日报报业集团从 2005 年 8 月份开始做到现在，手机报纸形式多样，内容丰富。手机炫报、语音手机报纸、个性化专版、英文手机报纸，只要拥有《广州日报》手机报纸，这一切就能立刻为读者所有。① 目前，该集团已推出了彩信版、WAP 版、短信版和 IVR 语音版全方位的手机报纸产品，为读者提供及时的新闻资讯和全方位的生活信息。而方便快捷、功能强大的手机短信即时播报也成为《广州日报》滚动新闻报道的利器。

广州日报报业集团把《广州日报》的优势从平面媒体移植到网络平台，让大洋网、手机报还有"广州日报·3G 门户"成为华南地区最大的新媒体平台。2007 年 5 月 17 日，广州日报报业集团与手机上网门户 3G 门户达成合作，宣布共同推出手机网站"广州日报·3G 门户"，只要用户手机输入"dayoo. 3g. cn"，即可登录新诞生的华南无线资讯第一门户，它融合了音频、视频等全媒体新闻资讯，以及股票、违章查询等便民功能，更依托广州日报报业集团采编力量，刚刚"出炉"的热辣新闻，用户也可立刻在"广州日报·3G 门户"上看到。到 2009 年 10 月"广州日报·3G 门户"日均访问 PV 已超过 200 万，注册用户达到 300 万。② 迄今为止，依然可以说"广州日报·3G 门户"的推出是传统媒体与新媒体融合的又一成功举措。

2009 年广州日报锐意创新，根据技术革命带来的传播与阅读思维方式的

① 徐锋、彭广京：《解密广州日报企业化经营》，载《广州日报》2010 年 1 年 18 日。
② 赵琳琳、李名智、刘彦广：《广州日报报业集团：报业数字化看点迭出》，载《广州日报》2009 年 10 月 21 日。

改革，提出了"浅阅读+专题"的编辑思路，加强、加快传统媒体与大洋网等新媒体融合的步伐。①

2009 年 7 月，大洋网进行改版。改版后的大洋网成为珠三角地区强势的"新闻+城市生活资讯+电子交易服务+互动"的区域综合性门户网站，不断提升《广州日报》全媒体阵营的竞争力。此次改版不仅是版面的调整，更重要的是体现了广州日报将新媒体作为集团的发展战略，积极推进新媒体业务布局，加强报网互动与融合，深化本地资讯与民生内容建设，大力开拓电子商务市场，努力打造最强的本地区域新闻资讯生活门户，使《广州日报》向强势的全媒体品牌转型。② 此次改版《广州日报》将推行"手机大洋网"理念，打通互联网与手机之间的通道，手机资讯内容与大洋网实现同步传播，并加大报网融合力度，更加重视即时新闻的发布。

多年来，《广州日报》一直致力于新媒体的研发建设，锐意创新，目前已推出 Widget 手机报客户端，并推出支持 OPhone、Symbian、WM 等主流智能手机平台的多款移动媒体客户端；"广州日报 iPad 客户端、iPhone 客户端"已经改版上线。读者只要拿出 iPad、iPhone，轻触一下屏幕上《广州日报》的图标，即可将来自广州、珠三角、国内、国际的重大新闻尽收眼底。③ 依托广州日报报业集团强大的内容资源优势与资讯服务能力，秉承《广州日报》"追求最出色的新闻，塑造最具公信力媒体"的信念，为读者提供最全、最新、最权威的移动资讯服务与丰富多彩的移动应用体验，其全媒体传播模式赢得了市场的认可（见图 6-4）。

（五）新媒体数据指标全面领先

据艾瑞数据显示：大洋网月均覆盖人群在 1363 万人以上，网民结构优秀。截至 2009 年 12 月，大洋网全站日均 PV（编者注：page view，即页面浏览量或点击量）超过 6250 万，日均独立 IP 超过 380 万，在用户覆盖、用户忠诚度和黏性上都领先于区域对手。与此同时，广州彩信手机用户已经超过 136 万，手机客户端用户超过 550 万，日均 PV 超过 1000 万，《广州日报》3G 门户日

　　① 文远竹、何道岚：《追求最出色新闻 我们不能没有你》，载《广州日报》2010 年 6 月 22 日。

　　② 陈向军、彭诘群、郑金城：《大洋网 2009 大变脸》，载《广州日报》2009 年 7 月 29 日。

　　③ 肖显：《本报 iPad/iPhone 客户端改版上线》，载《广州日报》2010 年 7 月 17 日。

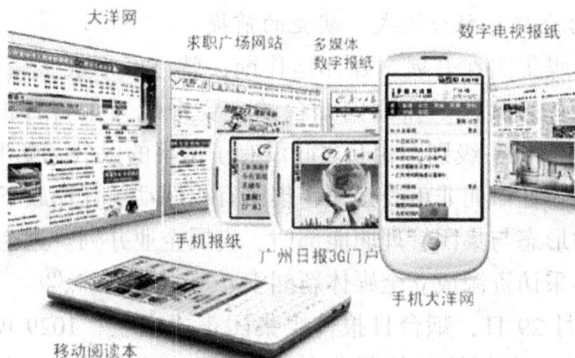

图 6-4　广州日报报业集团新媒体产品阵营①

均 PV 超过 1500 万。《广州日报》的新媒体表现出数据全面领先的健康态势。②

2010 年在北京举办的 2009—2010 首届中国传媒融合高峰论坛上，广州日报报业集团以其独创的全媒体布局融合优势，荣获"中国最具传媒融合力十大品牌案例"。广州日报报业集团近年来在各方面积极开展全媒体整合：在内容采编方面，邀请美国密苏里新闻学院的专家开展培训，打造"全媒体采编"队伍，先后出台了新媒体供稿激励机制、采编部门负责人担任新媒体协调人机制；在品牌传播方面，集团品牌战略运营方面，心指派专人负责广州日报全媒体的品牌管理；在广告经营方面，尝试"报网联营"、召集策划联席沟通。通过各种制度、手段，实现了全媒体平台真正融合。

三、流程再造，构建全媒体融合——烟台日报传媒集团的媒介融合实践

与其他传媒不同，烟台日报传媒集团的媒介融合从一开始就确定其"全媒体战略目标"。烟台日报传媒集团媒介融合是通过建立崭新的"全媒体框架"，再造生产流程，按媒体内在传播规律制作和发布新闻产品，实现从"报纸社"到"报道社"的转变。烟台日报传媒集团媒介融合过程循序渐进、稳扎稳打，逐步实现全媒体战略目标，整个过程大体可以划分为三个阶段：实验

---

① http：//www.dayoo.com/about/gywm/index.htm，2010-4-16.

② 梁振鸣：《广州日报报业集团——全媒体平台布局的道与术》，载《广告人》2010年第 4 期。

阶段、整合阶段和融合阶段。①

（一）"烟台全媒体融合模式"实施的前提

烟台日报传媒集团在开展全媒体运作前，就已经形成了较彻底的"集团办报"的组织架构：集团三张面向烟台的主要报纸《烟台日报》、《烟台晚报》、《今晨6点》同一级别，相互之间没有子母报的区分。党报《烟台日报》总编辑由媒体集团任命而非市委任命，集团有权调动、任命旗下各报总编。集团各报事业部的形态与集团管理职能部门、直属企业并列。这为烟台日报传媒集团整合各媒体采访资源成立全媒体新闻中心奠定了基础。②

2007年10月29日，烟台日报传媒集团正式成立"1029项目组"，启动"全媒体数字复合出版系统"的研发；2008年，"全媒体数字复合出版系统"成功；2008年3月，烟台日报传媒集团采用集团层面成立"全媒体新闻采编中心"，与各系列报并列，包括《烟台日报》在内的各系列报事实上成为编辑部。"全媒体新闻采编中心"记者以多媒体方式采集新闻，并通过网站、手机报、传统报纸、数字报刊，以及多媒体视屏实现多级发布。烟台日报传媒集团经过实验、整合、融合三个阶段，目前逐步形成了以"四个统一"为基础的"全媒体框架"，重塑起适合包括数字媒体在内的全媒体发展的集团化业务流程和运营体系。

（二）实验阶段——多次探索坚定融合信心

实验阶段历时3个月，从2008年3月，集团成立全媒体新闻中心筹建小组开始，开始了从传统报业到全媒体的运作方式、生产流程以及各种运营平台的探索。筹备小组按照全媒体战略的实施计划，采用集团研发的"全媒体数字复合出版系统"，进行"从集团层面再造采编流程，并实现内容集约化制作"的课题实验。目的在于实现三个转变：一是思想的转变，灌输全媒体理念，完成思想的统一；二是探讨解决同质化问题的基本方略，实现信息资源的介质转换和编辑的差异化处理；三是颠覆传统的采编流程，按新闻内在传播规律运作，使集团从"第一时间采写"向"第一时间发布，波纹信息传播"转变。③

————————

　　① 滕岳、纪会卿：《四个整合打造传媒工场烟台日报传媒集团全媒体新闻中心经验总结之整合篇》，载《中国传媒科技》2009年第2期。

　　② 张垒：《全媒体运作：条件、风险和挑战——来自烟台日报传媒集团的案例分析》，载《中国记者》2009年第5期。

　　③ 赵先超：《实验—整合—融合烟台日报传媒集团全媒体流程再造的实践报告》，载《城市党报研究》2009年第3期。

　　在全媒体新闻中心尚未正式成立的时候，烟台日报传媒集团采用虚拟组织模式——YMG（烟台日报传媒集团的英文简称）特别工场，综合利用集团现有采编资源，对新闻多层次开发和集团化采编流程再造进行实验。通过实验，形成集团化报道的规程，将集团采编流程再造推进一步。例如，YMG 特别工场在集团内部面向全体采编人员发出"YMG 奥运特别工场招募令"，还有在5.12 特大地震发生后，再次发出了"YMG 特别工场赴灾区志愿记者招募令"。全媒体新闻中心筹备组利用 YMG 特别工场这一虚拟组织，共进行了四次实验，分别从四个方面进行了课题研究，分别是：（实验一）滚动播报，个性编排；（实验二，见图 6-5）同一信源，层级开发；（实验三）整合资源，联体运作；（实验四）同题竞技，差异表达。

　　四次实验证明了通过多种技巧编排和资源整个等方法，全媒体新闻中心可以很好地完成全方位的报道任务。实验探索坚定了烟台日报传媒集团进行全媒体融合发展目标的信心。

图 6-5　实验二：赴西藏采访奥运圣火登顶和烟台援藏干部（同一信源，层级开发）

（三）整合阶段——形成舆论宣传合力

从实验起步的烟台日报传媒集团的全媒体战略，逐渐有意识地迈向整合阶段，主要包括资源整合、流程整合、策划整合和信息整合四个方面。①

1. 资源整合：成立全媒体新闻中心

2008 年 7 月 1 日，烟台日报传媒集团正式成立全媒体新闻中心，全面启用全媒体数字复合出版系统，实现了对记者资源和新闻资源的有效整合。原隶属于《烟台日报》、《烟台晚报》、《今晨 6 点》和水母网站的记者统一划归新成立的全媒体新闻中心。

集团所有的记者资源整合到全媒体新闻中心后，全媒体新闻中心相当于集团内部通讯社，为集团的系列媒体提供多媒体稿件。全媒体新闻中心正式运作之后，大大降低了采访成本，全媒体新闻中心记者不仅要善于运用文字、摄影、摄像等多种工具记录新闻，而且要具备报纸和网络"两栖"作战能力，并且通过虚拟采访组织"YMG 特别工场"可以随时跨部门统筹调配记者，提升了对于重大事件、重大选题的策划能力与采访水平。全媒体新闻中心下面三个部：综合部、采访部和数字信息部，各司其职。综合部在新闻中心内部起指挥作用，同时在新闻中心与子媒体之间起协调作用；采访部负责日常的采访工作，其中采访部又分为市政新闻部、热线新闻部、城市新闻部、县域新闻部、财经新闻部和文体新闻部；数字信息部完成对稿件的二次标引、背景资料搜集、针对大事件的前期资料整理以及视音频素材的编辑整理工作。

2. 流程整合：媒介信息互动

流程整合，使报网互动从过去的"自新闻表现开始"转变为"自新闻发现开始"，同时可以进行多次互动，并打通不同媒介的各个环节。记者在现场或者采访结束后，立即以快讯或者简讯等形式将获得的新闻信息及时发布到网络上，利用网络在速度上的优势及时传到全媒体新闻中心采编流程播信息，然后根据报纸对深度的要求进行梳理整合，为报纸提供所需的深度报道稿件。网络再次将报纸的深度报道发布到互联网上，真正实现报纸与网络、深度与速度的良好结合。

3. 策划整合：环节互通实现 1+1>2

为了适应新的全媒体流程，策划由于单边改为多边，使采与编、平面媒体与网络媒体，彼此嵌入，又互有分工，各有侧重，使印刷版与网络版两个平台

---

① 滕岳、纪会卿：《四个整合打造传媒工场烟台日报传媒集团全媒体新闻中心经验总结之整合篇》，载《中国传媒科技》2009 年第 2 期。

更紧密地结合在一起。采访环节有三级新闻策划，包括以新闻中心为主的全局策划、以部门为主的局部策划和以记者为主的点上策划；编辑环节可针对新闻中心来的"同一题材"进行不同策划，也可根据自身媒体特色做独家策划，交给全媒体新闻中心执行后特供给自己；在网络环节，可以策划大量的"互动访谈"、"视频新闻"等，平面媒体上还可以把访谈的内容整理成文字后刊登出来，形成内容的多次发布。

4. 信息整合：信息差异化处理成为可能

信息资源整合实现了集团新闻内容标签式管理、虚拟化搜索、永久性保留，实现了文、图、音频、视频全部入库存储，做到了各种信息，例如背景资料、当事人信息、专家资料库等的一体化管理。有利于集团统一进行新闻内容的多次开发、出版与销售（见图6-6）。

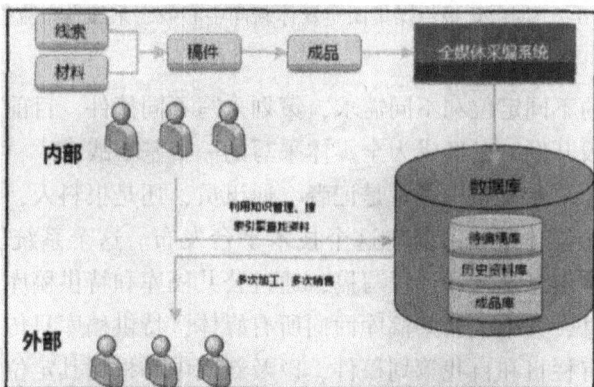

图 6-6　信息整合后的内容存储与使用方式①

在整合阶段，烟台日报传媒集团的全媒体采编流程逐步形成并明朗化（见图6-7）。

烟台日报传媒集团的全媒体采编流程主要由三大重要节点构成②：

一是开放式新闻采集。全媒体记者既拿笔、相机，也扛摄像机，可采写文字，拍摄图片，也可录制视频；全媒体记者以开放性视野，对新闻实施层级开

---

① 滕岳、纪会卿：《四个整合打造传媒工场烟台日报传媒集团全媒体新闻中心经验总结之整合篇》，载《中国传媒科技》2009年第2期。

② 吕道宁：《解读烟台日报传媒集团全媒体模式——访烟台日报传媒集团社长、总编辑郑强》，载《今传媒》2010年第4期。

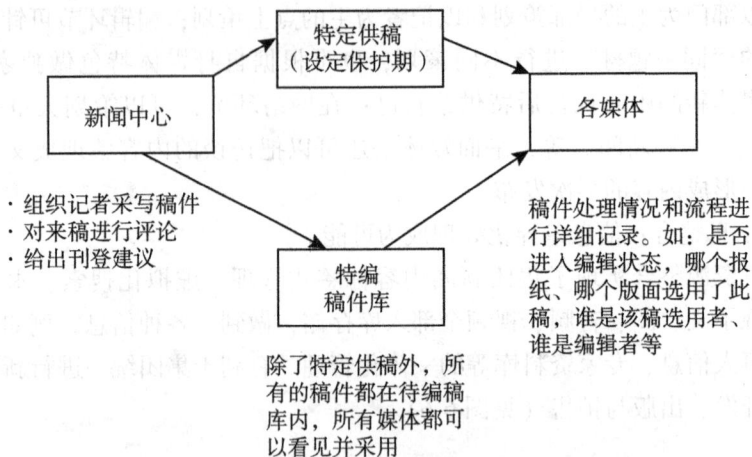

图 6-7　烟台日报传媒集团全媒体新闻中心数字采编发布流程

发，根据媒体的不同定位和不同需求，策划采写不同稿件。目前，对同一主题进行差异化层级开发，已经成为全媒体采写的一个基本战术。

二是同一个平台发布。不管是记者、通讯员，还是报料人，所有传来的信息，都通过"全媒体采编系统"这个技术平台发布。这个系统支持文图音视频、短信等多种信息录入和远程写稿，通过公共稿库和特供稿库两条线向集团各媒体传输信息，其中，公共稿库面向所有媒体，特供稿库只传一家。特供稿主要是媒体自有栏目和自我策划稿件，以及新闻中心根据其定位和特色单独开发的新闻产品。"全媒体采编系统"实施新闻滚动发布，根据媒介的各自传播规律，依次向集团手机报、水母网——电子阅读器——光速资讯网——纸媒——内参——出版社等发布信息，力求从"第一时间采写"向"第一时间发布"转变（见图6-8）。

三是编辑实行"前置化"策划和个性化编排。传统的报业采编，记者编辑各司其职。在全媒体背景下，受新闻事件复杂化、多元化等因素的影响，从现场到资料、到成文的整体过程，已经不是记者一个人所能完成，编辑需要提前策划、干预采访，拿到初步的新闻产品后，进行深入加工补充改造，直到编排出适合自己风格的新闻产品。

目前，烟台日报传媒集团每天上午11点，全媒体新闻中心召开全体部门主任会议，安排部署当天的重要新闻采写。会后，由新闻中心各新闻部牵头与各媒体编辑部进行稿件沟通。下午4:00—5:00，各媒体编辑部根据新闻中心来的新闻线索和初步稿件召开编前会，大体确定版面和稿件。会后，媒体编辑部和新闻中心各新闻部再进行补充式沟通，及时调整采写方向，或者做大做好重大题材。编辑和记者个人层面也有沟通，主要围绕具体稿件随时展开。

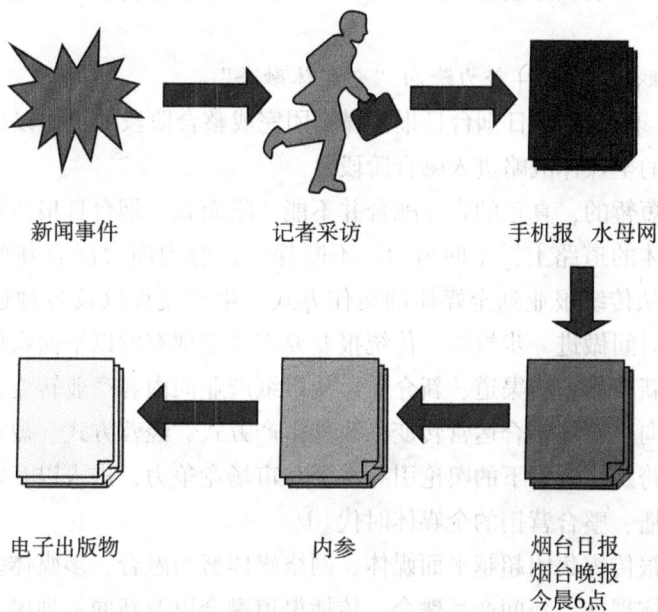

图6-8　烟台日报传媒集团实际操作中的新闻层级运作流程图①

新闻中心掌握的原则是"因事制宜"。大体分三种情况进行：一是重大新闻事件，由新闻中心指定一个团队全副武装完成采访，这个团队有人着重采访文字，有人着重拍照，有人着重摄像，有人负责出镜。这是一个密切配合的过程，也有着团队的默契，比如出镜者可能还负责现场发送手机短信和彩信，文字记者也可能抽空摄影，但一般情况下，摄像不再兼职其他工作。二是日常要闻采访，根据重要程度不同，由新闻中心指定几个人搭档，共同完成采访，一般是2~3人，如果有必要形成视频专题，再抽调视频主持人赶赴现场。当然，视频主持人也不是专职的，本身也是记者。三是普通新闻采访，适合单兵作战，一般由记者自行决定采取何种方式进行，比如有时只写文字，有时加拍图

---

① 滕岳、纪会卿：《四个整合打造传媒工场烟台日报传媒集团全媒体新闻中心经验总结之整合篇》，载《中国传媒科技》2009年第2期。

片甚至摄像。采访熟练了，一个记者就能把文字、图片和视频各项工作独自完成。

目前，在全媒体新闻中心，侧重摄影的记者有 10 多名，侧重视频的近 10 名，还有的擅长现场主持、视频制作等。新闻中心对记者的考核一视同仁，由于文稿、图片、视频考核量是互通的，记者就可以根据自己的兴趣游刃有余地采访。

（四）融合阶段——努力跨向"全媒体融合"

自 2008 年 7 月 31 日烟台日报传媒集团完成整合阶段的工作以后，烟台日报传媒集团的全媒体战略进入融合阶段。

整合是短暂的，真正的媒介融合并不能一蹴而就，烟台日报传媒集团目前仍然在全媒体的道路上，不断努力，不断探索，努力向"融合新闻、融合报道"转型。从传统报业到全媒体的运作方式、生产流程以及各种运营平台的效果还有待时间做进一步检验。传统报业要需改变现有的以平面媒体为中心的布局，借助新技术、新渠道、新介质，从报纸产业向内容产业转变，从传统报业独立作战向全媒体整合运营转变，改善生产方式、经营方式、盈利模式，提升集团化和跨媒体背景下的舆论引导水平和市场竞争力，进入以互联网为中心进行整合传播、整合营销的全媒体时代。[①]

烟台日报传媒集团超越平面媒体、网络媒体努力融合，多媒体多渠道新闻传播，主要体现在：新闻产品融合、传播渠道融合以及新闻策划融合。

在报道模式上，采用"全媒体原创+全媒介专题互动+滚动发稿"的报道方式，以互联网为中心呈现出"文字+图片+音视频+社区+互动"的五位一体形态，发布融合式新闻。例如，烟台日报传媒集团"烟台民意通"品牌，将以水母网"烟台民意通"频道为纽带，连接《烟台日报》、《烟台晚报》、《今晨 6 点》等平面媒体，报网互动共融。水母网"烟台民意通"频道专门设置"民意会客厅"、"报网互动"、"民意热点"等互动性栏目。《烟台日报》"党报热线"、"爱心释站"，《烟台晚报》"老于帮办"、"彩云在社区"、"生活帮"，《今晨 6 点》"社区大管家"、"七姐妹情感小屋"、"冰哥热线"等民生栏目，共同凝聚在"烟台民意通"品牌之下，形成一个"传递民情、纾解民

---

① 滕岳、纪会卿：《YMG 全媒体融合的经验——烟台日报传媒集团全媒体新闻中心经验总结之融合篇》，载《中国传媒科技》2009 年第 3 期。

困、共建和谐"的民生聚合体。①。

烟台日报传媒集团的全媒体流程再造，构建了新的"全媒体框架"，在拓展传媒媒体的资源优势、发挥新媒体的独特优势、形成舆论宣传合力等方面已经初见成效。烟台日报传媒集团的全媒体探索才刚刚开始，未来，它们还将在"融合新闻"方面积极探索，并准备建立以搜索引擎为前台的集团数据库和提供综合信息服务为目的的 YMG 呼叫中心（初步打算为扩建 96567 呼叫中心，形成"水母网烟台民意通频道+平面媒体八个栏目十 96567 呼叫中心"形式的全媒体民意通道，努力跟踪事关民生的每一个热点，与这座城市、全体市民在科学发展、构建和谐的过程中共同成长），为集团突围数字时代奠定长远支撑。②

四、融合新媒体，凤凰已展翅——凤凰传媒集团的媒介融合实践

"媒介融合"在凤凰并未被明确提出，然而其一切行动却实实在在证明了他们在一步步走融合发展之路。

2010 年 4 月 23 日，在北京举办的 2009—2010 首届中国传媒融合高峰论坛上，凤凰传媒集团成为受关注对象：凤凰卫视荣获"最具融合力的广电案例"，凤凰新媒体荣获"最具融合力的新媒体案例"。这两个奖项，是对凤凰传媒集团所进行的媒介融合实践的最佳肯定。

1996 年开播的凤凰卫视，以"拉近全球华人距离"为宗旨，凭借成功的扩展策略，得以发展成为一个在国际社会享有盛誉的跨国多媒体集团。集团旗下的凤凰卫视中文台、凤凰卫视资讯台、凤凰卫视欧洲台、凤凰卫视美洲台及凤凰卫视电影台透过 AsiaSat-3、Eurobird、Telsat-12、DirecTV、EchoStar、G3-C、Satmex-6 等卫星直播平台，覆盖亚太、欧洲、北美洲、拉丁美洲、中东及非洲 150 多个国家和地区。除电视外，集团还致力发展其他多元化业务，包括周刊、图书出版、新媒体和广播。与北京人民广播电台合作组建了"北京同步广告传播有限公司"，以拓展国内广播广告等经营合作市场。2006 年 6 月 8 日，中国移动（香港）集团有限公司入股凤凰卫视，与凤凰卫视结成战略联盟，共同开发、推广和分销移动内容、产品、服务和新媒体应用。凤凰新媒体

---

① 滕岳、纪会卿：《YMG 全媒体融合的经验——烟台日报传媒集团全媒体新闻中心经验总结之融合篇》，载《中国传媒科技》2009 年第 3 期。

② 滕岳、赵先超：《再造流程　推动报业战略转型——烟台日报传媒集团的全媒体实践与探索篇》，载《新闻与写作》2009 年第 7 期。

首创中国跨平台跨媒体的联动传播模式。一系列的跨媒介融合成就了今天凤凰传媒集团的风光，它成功地把自己的触角延伸到全球华人所在之处。

（一）多形态发展起步，开展渗透融合

凤凰传媒集团的"媒介融合"首先是借助其主力品牌凤凰卫视各大电视台，逐渐渗透其受众，转变为其网络媒体的用户。在2000年的上市招股章程中，凤凰集团将其业务目标描述为："成为具主导地位的内容供应商，透过卫星、有线电视网络及互联网为大中华区及世界各地的华人社区播送节目。"①其业务策略为"扩大其在中国收视户的渗透率、增加电视广告收益以及开辟新收益来源"②。这样一个战略目标序位的考虑决定了它们开展媒介融合活动的方向、重点与策略。

它们先后开发的凤凰门户网站、凤凰周刊等最初都是作为推广凤凰品牌而运作的。早期的国凤在线就是一个企业门户网站，而凤凰周刊则更多地起到节目预告的作用。其后，以凤凰网站为平台开发的宽频产品、短信产品，以及凤凰丛书、凤凰DVD等系列产品才开始强调利润目标，但更重要的是这些产品要为不能够收看到凤凰卫视电视节目或者是错过收看时间的受众服务，仍然强调其对凤凰品牌的贡献。凤凰美洲台和欧洲台在内容运用共享策略——新闻媒介融合一个具体策略——运营成本大大节约，这两个频道播出的主要节目并非自制，而是整合自中文台、资讯台的内容。③ 凤凰传媒集团在短短十几年时间里迅速成长为一个具有世界影响的传媒集团，媒介融合活动功不可没。

刘长乐说，凤凰的发展其实也是一个不断挖潜的过程。其媒介融合过程似乎也是按照这样"挖潜"的历程一路走来，多中形态的媒体，相互依托，互为渗透，逐步融合。有人把凤凰传媒集团的媒介融合模式称为"草根模式"，或许正是因为其媒介融合活动开展的过程，是一个自然显现性的"学习"过程与深思熟虑的"控制"过程的结合。④

凤凰的媒介融合过程离不开与外界媒体的合作。凤凰卫视自1996年成立以来，就一直在和国内外多家媒体合作，在业务上，它与多家媒体进行交流互动，跨媒介的合作报道、合作经营，逐渐推动其自身的业务改革。它通过国内

---

① 凤凰集团：凤凰集团2000年招股章程，第5页。

② 凤凰集团：凤凰集团2000年招股章程，第67页。

③ 吴海荣：《凤凰卫视媒介融合策略探析》，载《西南民族大学学报》（人文社科版）2006年第9期。

④ 吴海荣：《凤凰卫视媒介融合策略探析》，载《西南民族大学学报》（人文社科版）2006年第9期。

外其他报纸、广电媒介来获取和传播信息，以扩大自己的品牌影响力。凤凰集团内容产品的"全球华人的视角"决定了凤凰集团观察外在客体世界视野的不同，决定了其必须和国内外多家媒体合作。如凤凰卫视与央视合作推出《两级之旅》等节目，与西方 BBC 等媒体有着良好的合作。

（二）整合组织架构，融合实践逐步开展

凤凰集团为了实现媒介融合策略目标，在产业布局和平台开发方面采取了一系列措施，这就使得凤凰传媒集团的媒介融合实践在组织架构上有了保障的可能，便于统一部署和安排。自 1998 年起，凤凰集团通过成立多间公司经营不同的业务以达到精简公司架构及业务运作的目的。如由凤凰卫视中文台有限公司经营中文台、凤凰电影台有限公司经营电影台、凤凰卫视资讯台有限公司经营资讯台、凤凰资讯有限公司经营互联网业务、凤凰周刊有限公司从事出版及期刊分销业务、Binji Overseas Limited 拥有本集团的标志及知识产权等，这些均为凤凰集团的全资附属公司。此外他们也已经成立非全资的附属公司，包括香港凤凰周刊有限公司（经营《凤凰周刊》）、国凤在线（北京）信息技术有限公司（经营有关电脑网络信息的技术及互联网技术业务，包括凤凰网站）、凤凰影视（深圳）有限公司（提供有关节目制作的辅助服务）等。①

除此之外，凤凰集团还进行了部分媒介所有权融合和技术的融合。2006 年，中国移动收购凤凰卫视股份。随着网络技术的发展，电视开始走与网络之路，2007 年，凤凰网启用新域名 ifeng. com，正式摆脱凤凰卫视官网的身份，自立门户。

当前，传媒企业之间的竞争已从早期产品的竞争发展到核心能力的竞争，缺乏核心能力或核心能力较弱的传媒就有在竞争中被淘汰的危险。凤凰传媒集团正是利用其特殊的区位优势，在激烈的竞争环境下，准确把握自己的资源优势，实行差异化战略，注重专业化及创新的理念，将产业的价值链向其他媒体、其他行业进行延伸，形成多点产出、多点支撑的价值链条，以其无法复制的核心竞争力初步形成了向欧美市场发展、覆盖全球华人社区的频道格局。②

（三）新媒体联动传播，媒介融合渐行渐远

在凤凰集团媒介融合道路上，它的步伐风驰云卷。除了电视屏幕外，这个

---

① 吴海荣：《凤凰卫视媒介融合策略探析》，载《西南民族大学学报》（人文社科版）2006 年第 9 期。

② 姜蕾：《打造媒体的核心竞争力 凤凰卫视经营策略分析》，载《今传媒》2010 年第 2 期。

传媒巨头也在向手机、电脑以及户外等各类屏幕疯狂扩张。其中最有影响力的莫过于其新媒体。

2005年年底，凤凰卫视将新媒体确定为未来的发展重点。当时刚成立的凤凰新媒体以提供网络互动、宽频以及无线增值服务为突破口，开始了漫长的探索。随后一年内，凤凰网在筹备许久之后悄然改版，凤凰新媒体同时也将大量凤凰卫视资讯搬上手机，推出了包括"整点播报"等WAP产品。凤凰卫视副总裁兼凤凰新媒体CEO刘爽认为："最初，这些基于手机屏幕的新媒体业务都是摸索和尝试。"

直到2006年6月8日，中国移动宣布入股凤凰卫视，凤凰新媒体迎来了爆发的契机。2006年6月8日，中国移动宣布收购星空传媒所持有的凤凰卫视19.9%股权。根据战略联盟协议，中国移动与凤凰卫视将在移动增值服务领域，在以无线方式提供传媒内容方面进行资源共享，中国移动将在其无线平台上优先并以优惠条件获得凤凰卫视的内容。①

这意味着中国移动与凤凰新媒体开展合作，这给凤凰新媒体带来了更大的发展空间。凤凰卫视为中国移动提供移动手机内容，与移动增值业务进行深度融合。比如将"时事直通车"等资讯类节目植入手机，顺应移动媒体即时性特点，提供实时的信息服务；访谈类节目，如"鲁豫有约"可以通过手机媒体与观众和用户深度互动，增强了节目的参与性；对有影响力的节目甚至可以考虑开设WAP论坛，利用节目影响力聚集WAP人气，增加中国移动的数据业务流量。② 这些将为凤凰卫视进一步扩大影响力、增强自身业务能力和资本增值提供可能。

凤凰新媒体首创中国跨平台跨媒体的联动传播模式，秉承中华情怀，全球视野，兼容开放，进步力量的媒体理念，坚持"使全球华人零距离"的服务宗旨，为全球主流华人提供互联网、无线通信、电视网三网融合无缝衔接的新媒体优质体验。③

2007年11月29日，凤凰卫视旗下凤凰网正式启用新域名ifeng.com，宣布新的战略布局。以此为标志，凤凰新媒体终于开始全面发力。"凤凰新媒体之路摸索了两年多时间，现在总算正式起飞。"凤凰卫视副总裁兼凤凰新媒体

---

① 高钢：《关于媒体融合的几点思索》，载《国际新闻界》2006年第9期。

② 赵彬彬：《主持人也需要包装与宣传———从"凤凰卫视"谈起》，载《当代电视》2005年第8期。

③ http：//phtv.ifeng.com/intro/，2010-5-21。

CEO 刘爽接受《财经时报》独家专访时表示，"这两年我们最大的收获，就是找到了一条差异化道路"。

凤凰新媒体专注一亿高端网民，通过旗下综合门户凤凰网（www. ifeng. com）和手机凤凰网（wap. ifeng. com），网台联动，组合传播，提供含文图音视频的全方位综合新闻资讯、深度访谈、观点评论、财经产品、互动应用、分享社区等服务，满足主流人群浏览、表达、交流、分享、娱乐、理财等多元化与个性化的诉求。据尼尔森 2009 年数据显示，在与综合类门户的评比中，凤凰网的周覆盖用户规模排名已经进入前五，访问用户的文化程度、收入水平、管理层和专业人员的比例远高于各大门户网站。凤凰新媒体以其独特的受众精准性、内容洞察力、平台整合力、及品牌影响力为媒体营销价值核心，为客户提供高效的营销投资回报（4I for ROI）。①

在宽带与无线互联网带来颠覆性革新及新旧媒体融合的时代，凤凰新媒体引领着互联网、手机、电视的联动组合传播与 3G 时代的手机媒体化创新。从全球范围来看，今天媒介融合集中体现为加快传媒移动化变革的进程，这种变革既源于技术进步的推动，更源于生活方式的变化、人们信息需求方式的变化。在这样的变革中，便利性决定有效性、必读性支配可能性、耐读性体现有用性的规律在更强有力地起着作用。便利性等要求不仅决定了传媒终端走向便携化，出现更多的借助便携终端的信息产品，也在改变传媒的传播理念、产品形态和生产流程。

2009 年 10 月，在北京举行的世界媒体峰会分组讨论会上，凤凰卫视行政总裁刘长乐说："新媒体是对传统媒体的补充和完善，两者就像是一个人的两支臂膀，相得益彰、相辅相成，结合好了就能形成完整、有机的架构，共同发展、实现'共赢'。"他还将传统媒体与新媒体比喻为乘法的关系，而非简单的加减法。"凤凰既有传统媒体，也有新媒体，现在两者之间的互动非常强劲。"相信凤凰传媒集团这一对强劲的"翅膀"能帮助"凤凰"在媒介融合领域舞出华丽的舞姿。

2010 年以来，网络媒体在社会传播中趋于主流化，互联网向社会各界加速渗透；传统产业的互联网应用逐步深化，对互联网的需求不断增长；政策推动相关技术应用的步伐，3G 网络已基本覆盖全国，移动互联网呈现蓬勃发展势头。相关政策的出台加快了我国新技术的应用步伐，逐步降低互联网的使用门槛，推动了互联网向不同群体渗透。这些都直接或间接推动了媒介融合在我

---

① http：//phtv. ifeng. com/intro/，2010-5-21。

国的发展步伐。

根据 CNNIC 的《第 26 次中国互联网络发展状况统计报告》，截至 2010 年 6 月，我国网民规模达到 4.2 亿，互联网普及率达到 31.8%；同时，我国手机网民规模达 2.77 亿。① 由此带来的是社会各界对互联网的不断增长的需求。

中国人民大学新闻学院高钢教授认为："今天我们感受到的媒介融合，是现代信息技术推进的信息传播的技术手段、功能结构和形态模式的界限改变及能量交换。现代信息技术正在改变着信息的采集、合成、传播和经营的各个环节的运行方式，把历史上不同媒介形态的独立演进过程统一为一个更加丰富、更加有序的进程。"② 这在某种程度上反映出我国媒介融合的现状：传播平台互补、信息共享、信息传播交互、互惠共赢。然而，我国媒介融合融合之路并不平坦，在鲜花与掌声的背后也往往伴随着艰辛与烦恼，面临诸多困境并存在一些不足。

按照中国社科院新闻所网络与数字传媒研究室主任闵大洪所说，新旧传媒在融合过程中的主要瓶颈，从国家指导层面上说是政策和规则的制定，从媒体运营层面上说是机制的建立，从技术层面上说是数字平台的整合。这三个方面的现实或许是目前媒介融合在中国语境下所面临的挑战。如成都传媒集团成立之初，集团的人力资源管理体系、运营管理体系、财务管理体系、企业文化等都尚未建立。我国媒介融合实践过程中的羁绊还有技术、人才、资金等难以短时间解决的壁垒。

面对媒介融合实践中的机遇与挑战，无论是传统媒体业界、新媒体业界还是学界都在积极探索，寻求更适合中国传媒的发展路径。

2009 年 8 月，"经济欠发达地区党报发展与创新"专家论坛在广西壮族自治区河池举行，该论坛主要探讨经济欠发达地区媒介融合发展战略。针对经济欠发达地区要不要实施媒介融合，能不能实施媒介融合，如何实施媒介融合等问题进行了分析探讨；2010 年 5 月，2010 新媒体高峰论坛在广东中山大学举行，会上传统媒体与新媒体的融合成为众多业界以学界讨论的焦点；7 月，新华社新疆分社主办了"新媒体时代传统媒体的机遇与挑战——2010 年新疆媒体高端论坛"。新华社新闻研究所刘光牛主任在论坛会上指出，全媒体是当前世界媒体行业发展的趋势，"未来的媒介融合，信息传播活动将受到全方位的影响，由此带来的也将是根本性的变革，而媒介机构也将在新的市场格局中寻

① 来源于 CNNIC，http://www.cnnic.net.cn/，2015-1-20。
② 高钢：《迎接媒介融合的时代》，载《新闻与写作》2009 年第 7 期。

找自身新的定位和业务模式"①。

媒介融合是一个会随着技术的发展而不断突破的过程，在融合过程中需要不断创新、不断优化，我国的媒介融合实践，更需要经历不断的磨砺和创新，才能收获佳绩。

思考题

1. 请综合思考：国外哪些媒介融合的实践经验值得国内借鉴？其特点是什么？为什么可资借鉴？

2. 对比分析国内 5 家媒体成功的媒介融合案例，并用一句话概括其特色。

3. 国内外有哪些不成功的媒介融合实践活动？其失败的原因是什么？试举例说明。

4. 分析国内媒介融合实践存在的主要问题，并提出相应对策。

5. 移动互联网的应用给媒介融合带来了哪些机遇与挑战？

---

① 刘光牛：《全媒体是全世界媒体行业发展的趋势》，http：//news. xinhuanet. com/eworld/，2010-7-11。

第七章　媒介融合的未来趋势

　　媒介融合已成为全世界范围内媒介大整合之下的作业模式，展示出新闻传播界的崭新生态图景，可以说整个社会已经进入"融媒时代"。如前文所述，在回顾和盘点了媒介融合的前世今生之后，我们不禁要进一步追问：这样的一种后劲十足的事物具有怎样的发展态势呢？其在发展过程中又会遭遇怎样的制约和困难？这些正是本章要解决的问题，同时，以媒介融合这一新生事物为参照，我们能更加清楚地看出新闻传播实践的未来走向。

第一节　媒介融合的影响因素

　　尽管目前媒介融合在新闻传播界风生水起、遍地开花，但纵观发展全局，如同其他新生事物一样，受到诸多显性或隐性因素的制约与影响，并在很大程度上阻碍了媒介融合的进一步发展。这些影响因素主要包括：

一、政府管控

　　媒介融合得以顺利实施的基本前提在于政府管控与媒介规制层面的大力支持，由此才能保证媒体组织和制度的重新组合及配置，并通过媒体之间的整合、并购、协作等，使媒介融合真正实现规模中出效益，融合中见实效。美国是最早关注并推广媒介融合与媒介规制的国家之一。早在《1996 年电信法案》（Telecommunications Act of 1996）通过时，联邦通信委员会（FCC）就解除了对电信和媒体之间跨行业经营的限制，即允许电话公司与有线电视业务领域的相互渗透。2002 年，FCC 对跨媒介所有权的规定进行了重新修订，将《广播/电视跨媒体所有权限制令》和《报纸/广播电视跨媒体所有权禁令》合并，在很大程度上取消了原来对跨媒介经营的限制，从政策法规上确保了媒介融合的发展。

　　而当前国内媒体即便开始意识到并着力推进媒介融合，但大多苦于政府管控及政策瓶颈，很难在限制条款众多的现有政策下有所作为。虽然从 1978 年以来，与改革开放同时起步的新闻改革已经进行了 30 多年，但目前在对媒体的管理和控制上，政府还显得相当谨慎。可以说，我国媒体的双重性质从根本上决定了其必须在市场规制和政府规制之间"戴着镣铐跳舞"，使得像媒介融合这样的媒体实践不可避免地面临着政策与市场的双重风险。就深层次上而言，事关我国传媒体制改革关键的资本开放和市场重组并未取得实质性的突破，政策与理论所倡导的媒体采编权与经营权分离这一原则在实践层面上却难以落实，由此导致媒体的产业链条无法得到清晰呈现并真正实现市场化；从表现上看，国内新闻业基本上仍处于条块分割的局面，其市场主体并尚未完全确立，统一、开放、竞争的全国性市场也还没有形成。此外，在管理上也政出多门，多头管理带来一系列混乱问题，如"网络电视兼容了电信网络和光电内容，其发展受来自电信、广电、文化部三部委的共同监管，当电信运营商进入广电领域，行业之间的利益纷争便成为这一新媒体发展的绊脚石"①；而在媒介产权、融资、上市等方面更是管控严格，相关管理制度、政策、法规等也迟迟未能跟上。一言以蔽之，"在新旧交替的变革中，一系列矛盾和问题逐渐暴露出来，诸如结构滥、散，规模效益差，层次不明，中心不突出……管理规范不全，体制不顺等"②，以跨媒体、跨行业、跨地区为主要表现形式的媒介融合在实践运作中依然受到政府的严格管制，面临因行政区划、行业分割等所带来的尴尬与困扰，不少名义上的"媒介融合"实质上不过是传统媒体与网络媒体的有限合作而已，并未实现包括报纸、广播、电视等多种媒体在内的真正意义上的媒介融合。例如《南方都市报》的网站"奥一网"，系收购深圳一家网站而创办，那么在实行报网融合之后，业务上的融合例如采编管理不再是一报一网各行其是，新闻采集一次性完成，新闻加工方式与发布渠道却是多元化的，是否会因为地域与行业的限制而运行困难？还有待于进一步考察③。因此，如何建设精干的"去机关化"组织架构与高效运行的管理机制，成为影响媒介融合顺利展开的重要难题。

二、经济成本

媒介融合是一项涵盖各方面的综合工程，需要多方面的协力才能顺利运

---

① 喻国明、戴元初：《羽化前的阵痛——2005 中国传媒产业"关键词"》，载《当代传播》2006 年第 2 期。

② 李良荣：《新闻学概论》，复旦大学出版社 2004 年版，第 331 页。

③ 林如鹏、顾宇：《媒介融合背景下的报网融合探析》，载《暨南学报（哲学社会科学版）》2009 年第 1 期。

行。其中的重要方面就是经济成本。事实上，媒介融合既是一种新闻传播理念与设想，又是新闻传播实践的现实发展，经济与物质基础是其必不可少的支撑。例如某一家传媒集团在实现各子媒体融合时所需要投入的物力和财力、新闻工作者进行媒介融合报道时所使用的设备与工具等。尤其是随着媒介融合的不断拓深，对相关技术、设备设施、工具等方面的需求将日益提高，而相应的经济成本也会水涨船高。

从当前国内媒体来看，真正走在媒介融合实践前列的媒体基本上是传媒集团，而且大多位于经济发达地区或省市中心地带，如佛山传媒集团、广州日报报业集团、成都传媒集团、烟台日报传媒集团等。这些地区或是经济实力强健，或是属于省会和中心城市，拥有坚实的经济地位与资源，也能够为媒介融合实践提供充足的物质保证。

三、人员需求

媒介融合涉及的最关键因素是人，即新闻工作者，更确切地说是媒介融合工作者。这一类新闻工作者不同于以往的普通新闻工作者，而应该是身兼十八般武艺、既广博又专深的"全能记者"，也就是前文提到的"背包记者"。有学者指出，这种"全能记者"应当具备超越传的研究力、整合传播的策划力、复合纵深的知识结构和工业标准式的多媒体知识。国外学者进一步提出，新闻编辑部在媒介融合时代将由传统新闻传播管理转为"知识管理"（Knowledge Management）。具体来说，在多种媒体融合的新闻编辑部中，记者、编辑的主要职能已经不是采集新闻，而是对浩如烟海的新闻和信息进行筛选和重新组合，使这些杂乱的信息呈现出相互联系和深刻意义，并使其转化为知识。新闻从业者的工作也因此在某种意义上成为知识生产与管理的工作。[1]

根据美国的经验，符合媒介融合发展要求的新闻人才主要集中在两个方面：一是能够在媒介融合集团中实施整合传播策划的高层次管理人才，二是上述可以使用多种技术、工具的全能型记者和编辑。但是，从目前国内情况看，符合以上要求的专业人才可以说人数寥寥甚至难觅踪影，究其原因，一方面因为国内媒体人事结构的不合理和新闻院校人才培养模式的陈旧在短时间内还难以得到根本性的解决；另一方面，媒体虽然已经开始认识到经营管理人才、资本运作人才和新媒体技术人才的匮乏，但培养与引进复合型、专业型人才的力

---

① 蔡雯：《从"超级记者"到"超级团队"——西方媒体"融合新闻"的实践和理论》，载《中国记者》2007年第1期。

度和速度还远远跟不上实践迅猛发展的步伐。这种人才缺乏主要体现在两个方面，一是绝对性缺乏，即在总量上存在缺口；二是相对性缺乏，即不同地区、不同媒介领域、不同媒体的分布上不平衡，如在我国南部、东部或西部中心城市等发达地区，媒介融合所需的复合型人才较集中，其他地区则很少甚至完全没有；再如，在由异质型媒介组合而成的传媒集团，复合型人才较多，反之在单一型媒介构成的传媒集团，则多为只擅长某种技能的媒介人才。有学者指出，由于制作视频新闻的人员稀缺，特别是在一线采访、录制视频新闻的人才奇缺，使得目前传统媒体通过网络发布的新闻，要么是同质新闻，要么为事后对新闻事件的分析，或者是对新闻人物的"嘉宾访谈"，却无法实现多元新闻报道样态的同步跟进。可以这样说，如果没有培养出真正意义上的"全能记者"、"融合记者"（Convergence Journalist），就难以形成真正意义上的媒介融合。

另一方面，媒介融合人才培养的另外一条途径就是"武装"现有的新闻工作者，但纵观当前国内媒体，尚未建立一套行之有效的培训与提升机制，实现已有人才的"更新换代"，因此使媒体中呈现出普通新闻工作者"过量"与媒介融合人才"稀缺"的"怪现象"。

四、技术力量

媒介融合本身就是传播科技飞速发展的见证，同时也在推动着后者的不断创新和变革。作为一项综合性的工程，媒介融合的推进还需要先进的技术支撑。实际上，媒介融合的多媒体、跨媒体核心特征就是以网络为代表的传播科技的产物，并且，媒介融合每前进一步都离不开技术的革新，后者也是前者的强大助推器。很多研究者认为，媒介融合的关键内容就是技术融合，即两种或多种技术融合后产生新的传播技术，而且所产生的新传播技术与新媒介的功能大于原有各部分的总和。由此才能打破媒介的介质壁垒，使同一内容的多介质化成为可能，或者说，是"一"型媒介向"X"型媒介转化的过程。

而从目前国内媒体来看，在全方位、多层次实现媒介融合的过程中，尽管表面上传播技术、网络技术、新技术的发展蓬勃兴盛，其实在核心支撑技术上仍旧存在很大不足与滞后，缺乏能跟上国际媒介融合步伐的过硬技术，难以成功搭建与集团化、融合化相伴生的新闻内容生产相适应的一体化技术平台。比如，集文字、图片、音频和视频于一体的新型报纸还没有完全实现技术上的成功，传统报业如何实现报网互动还亟待解决，媒介融合技术平台的构建尚待时日。又如，我国报纸从20世纪90年代中期开始建设新闻网站，但据有关研究机构的调查，直到 2006 年，报纸网站还只是其母体报纸的简单翻版，至 2007 年年底，很多网络报纸的声誉依然没有超过其所属的报纸媒体，网络报纸在业务流程上的新技术开发与应用还比较缓慢，新媒体产品的生产也没有完全跟上。方正电子总裁刘晓昆指出："报业正在走向媒体融合，中国报业在创新中谋求战略转型，需要面向全媒体的技术平台……报业在信息化建设方面应该重点建设两个库，即'全媒体内容数据库'和'统一客户数据库'。目前，这套全新的全媒体解决方案还在酝酿之中。"①

五、观念支持

从更高层次而言，媒介融合是一种各类型媒介在诸多方面实现融合的理想境界，是一种新闻传播实践的发展理念。正如国内学者郑瑜在《媒介融合：新媒体时代的发展观》一文中所指出的，媒介融合已经成为新媒体时代的发展观，是指各种媒介呈现出多功能一体化的发展趋势，其目的是通过组织和制度重构，对新闻资源进行优化配置、充分开发。由此要求各媒体特别是决策者、管理者要树立和明确媒介融合的观念，坚定媒体发展的必然走向，并在整个媒体组织中推广与强化媒介融合的理念。

但目前国内普遍的事实却是，不少媒体管理者受制于传统观念，或者尚未意识到，或者不愿也不敢放开手脚开展媒介融合，仍然固守在传统业务的藩篱之中，因而给媒介融合的长足发展造成很大制约。以报业为例，目前一些报纸把媒介融合简单地理解为报纸的数字化、等同于多媒体叠加和数字化产品的多向发布；一些报纸企图通过单一的"报纸+网站"的形式实现纸质媒体向数字化转型。究其原因，正如一些研究者所言，我国的报业发展一直遵循的是党报的历史传统，始终维持着较强的意识形态控制，强调政治宣传而轻视经济功能，因而报业在经营管理的观念与实践中还存在着巨大的历史惯性和束缚，还无法做到真正意义上的企业化管理，媒介融合本身所要求的资源与业务的全方位整合实际很难实现。②

观念转变的另一主体则来自于新闻工作者本身。尽管媒介融合的大势已经如滔滔江水，不可阻挡，但并非身处其中的每一位个体都对此心向往之并身体

① 转引自李莉：《媒介融合环境下中国报业发展的挑战与机遇》，载《今传媒》2010 年第 1 期。

② 《谈媒介融合环境下中国报业发展的挑战与机遇》，http：//www.tshjy2010.com/web/20100529/tshjy2010/html/news_53391_1.shtml，2014-9-9。

力行。以国外实践及相关研究来看，包括新闻工作者在内，反对媒介融合的声音不绝于耳。此外，并非所有受众都能认识到媒介融合的积极意义与作用，甚至有的开始质疑媒介融合对新闻质量的负面效果。正如美国波因特学院①（Poynter Institute）的罗伯特·海曼所言："媒介融合将带来一连串的价值冲突：报纸的新闻价值，电视的存在价值以及网络的开放、杂乱、不可编辑和自由言论。"② 一方面，作为新闻质量核心体现的新闻价值，在媒介融合中如何实现选择与呈现，成为一个棘手又不可忽视的问题；另一方面，从新闻业务操作环节来看，人们根深蒂固的观念是，新闻工作者通过勤恳、扎实、细致的采访来获取新闻，是新闻质量的有力保证，而如果新闻工作者同时从事多种工作，无疑将在一定程度上降低新闻质量，从而导致人们对新闻质量的怀疑。

第二节　媒介融合的潜在矛盾

媒介融合的发展与完善绝不是一蹴而就的事，除了以上提到的影响因素以外，如果从更宏观的层面上来考察，在媒介融合的发展过程中还可能出现这些潜在的矛盾：

一、媒介融合"VS"社会信息总量

信息社会的逐渐成形使得"信息"成为这一时代的关键词，个体信息保有量的多少代替财富和地位，成为每一位个体成功与发展的"秘诀"所在。而与信息社会、信息海洋、信息过剩相对应的，却是信息稀缺、信息贫乏，即数字鸿沟，在西方统称为"Digital Divide"，有时也叫"Digital Gap"或者"Digital Division"，是指数字差距或数字分裂，又称为信息鸿沟，也就是"信息富有者和信息贫困者之间的差异"，包括国家、民族、性别和代际差异，甚至还有阶层、行业、城乡和年龄差异。③ 可以说，"信息沟"已经成为今天信息社会的一道并不亮丽但无处不在的景观，"由于社会经济地位高者通常能比社会经济地位低者更快地获得信息，因此，大众媒介传送的信息越多，这两者

---

① 美国著名的传媒教育机构和新媒体研究重镇。由美国名报人尼尔逊·波因特（Nelson Poynter）创办，强项为新媒体研究特别是媒介融合研究。

② 转引自徐泌：《国际媒介融合发展的瓶颈》，载《中国广播电视学刊》2008年第7期。

③ 刘建明等：《新闻学概论》，中国传媒大学出版社2007年版，第32页。

之间的知识鸿沟也就越有扩大的趋势"①。而且，新媒介技术层出不穷，更新换代的周期越来越短，其趋势更可能是"老沟"未能填平，而"新沟"又不断出现（N. 卡茨曼，1974）。可以说，"信息沟"非常显著地体现出信息社会中信息增长与个体信息获取量之间的非正相关关系，如图 7-1 所示：

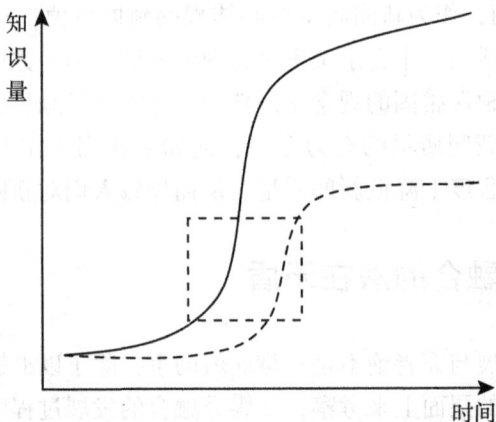

图 7-1　"知沟"假说示意图

那么，作为社会信息集散地与传播中枢的媒体，自然处于信息流通与发布的核心地位，而旨在促进各类媒介之间融合互通的媒介融合，同样与信息具有天然而紧密的关联。2009 年 4 月，美国南加州大学安南伯格分校数字化未来中心公布的调查结果显示，互联网用户在线阅读新闻的时间正在迅速增加，现代媒介的数字化生态正在形成。那么，当媒介融合在不断推进着这种数字化生态的同时，社会信息总量是增多了还是减少了？媒介融合的发展之于"信息沟"的弥合起到的是积极意义还是负面作用？媒介融合实践是否有助于个体信息保有量和使用率的改善与提高？这一系列问题折射出媒介融合与信息总量之间爱恨交织、错综复杂的关系。

二、媒介融合"VS"知识产权

与媒介融合紧密相连的另外一个问题是知识产权。根据《建立世界知识产权组织公约》规定，知识产权包括对下列各项知识财产的权利：文学、艺

---

① Tichenor, P. J. Mass Communication and differential Growth in Knowledge. *Public Opinion Quarterly*，1970：。

术和科学作品；表演艺术家的表演及唱片和广播节目；人类一切活动领域的发明；科学发现；工业品外观设计；商标、服务标记以及商业名称和标志；制止不正当竞争以及在工业、科学、文学或艺术领域内由于智力活动而产生的一切其它权利（斯德哥尔摩，1967）。总之，知识产权涉及人类一切智力创造的成果。在信息发布、获取和交流日益频繁的今天，知识产权纠纷随之逐渐增多。2010 年 3 月 5 日，全国政协委员、著名作家冯骥才在接受采访时非常痛恨地表示："我找不到我的知识产权在哪里？已经被网络剥夺了。"① 学者有云，专有性是知识产权的本质特征，如何保证网络信息环境知识产权的专有性不被削弱，如何保证专有权的实现，不仅是一个理论问题，也不仅是网络立法问题，而且是一个从理论到实践的涉及立法、司法、执法的综合问题，是一个应当认真探讨的问题。② 从媒介融合的角度看，可以说，知识产权所具有的独占性、专有性这一本质特征与媒介融合的互通、共融要求之间具有某种程度的固有矛盾，这也是不少媒体实践中所面临的困扰，尤其体现在传统媒体与网络媒体的信息传播过程中。如广州日报报业集团滚动新闻部与集团采编部和大洋网联手互动，共同策划、报道了 2007 年 "6·15" 九江大桥坍塌事故、2008 年北京奥运会等重大事件，取得了非常好的社会效果。但是，滚动新闻和网络的版权维护问题逐渐开始凸显，并成为媒介融合中不得不正视的严肃问题。"在当今媒体竞争激烈的形势下，滚动新闻上网以后，如何保证传统报纸的独家采访特点，是一个非常具体的问题。滚动新闻以快制胜，克服了报纸的出版时限，抢得了新闻的第一发布权，这对报纸的独家采访特点造成了一定的威胁。有时记者跑了一天的新闻，瞬间就被其他网站转走，前后不过几分钟，等于为他人做了嫁衣。"③ 也就是说，媒介融合中的知识产权问题，既涉及传统媒体，更因为以网络为代表的新媒体的兴起而变得日益扑朔迷离，而这一问题不解决，势必影响到媒介融合的健康发展。

三、媒介融合 "VS" 新闻自由

作为新闻传播界的基本原则与最高目标，新闻自由是言论、出版自由在新

---

① 李丽：《冯骥才：我找不到我的知识产权，已经被网络剥夺了》，http：//ip. people. com. cn/GB/11086754. html，2010-3-6。

② 张野：《怎样才能更好地保护网络知识产权》，http：//www. nipso. cn/onews. asp? id＝707，2015-3-4。

③ 申凡、谢亮辉：《我国媒介融合发展的问题与对策——以〈广州日报〉滚动新闻部为例》，载《新闻前哨》2009 年第 4 期。

闻活动中的体现。新闻自由既包括公民有通过报纸和新闻期刊等出版物表达思想见解的权利；也包括公民通过广播、电视等出版手段发表意见的权利；还包括公民通过新闻媒介了解国内外大事，获得各种信息，表达并传播各种思想和见解，参与国家生活和社会生活的一项政治权利。① 我国宪法第三十五条明文规定："中华人民共和国公民有言论、出版、集会、结社、游行、示威的自由。"实际上，所有新闻传播实践追求的终极目标都是为了在现实世界中最大限度地实现新闻自由。应该说，网络以及所代表的新媒体极大拓展和延伸了新闻自由的广度与深度，已成为当下中国思想文化信息的集散地和社会舆论的放大器②，由此网络也被赋予了各种神圣的名号，如"网络共和国"、"网络乌托邦"等。而以网络为基本线索得以连接和实现的媒介融合，自然或多或少被承载了实现新闻自由的期待。有人说，媒介融合使新闻自由度增强了；有人则言，媒介融合实质上并未改变当前新闻自由的现状。应该说，从法律规定与实践需要两方面来说，新闻自由都具有合理性，但在实现过程中，它依然遭遇一定程度的困境。③ 如果再考察媒介融合实践的现实情况，可以说它还远远没有达到其理想境界，之于新闻自由的作用也尚未发挥到应有程度，甚至在某些时候、某些方面，还可能造成对新闻自由的阻碍。因此，如何处理好媒介融合与新闻自由之间的协调和平衡，是每一位致力于媒介融合的新闻人必须直面的问题。

第三节　媒介融合的发展前瞻

如前文所述，受制于我国社会背景和新闻事业的发展现状，媒介融合遭遇着这样那样的困境，但不断满足受众与社会需求而变革一直是新闻传播实践的基本发展规律，媒介融合正是顺应这种规律的显著体现，表明社会发展要求媒介的多元化、整合化。所以，可以这样说，各类媒介之间的融合与互补是新闻业的必然发展趋势，并具体表现为如下几个方面：

一、理论和技术层面的"乘胜追击"

媒介融合固然是一种新鲜活泼的新闻传播实践现象，同时更应当从理论高

① 黄瑚：《新闻法规与职业道德教程》，复旦大学出版社2006年版，第13页。
② 郎遥远：《当网络成为新闻自由的翅膀》，http：//blog. cultwe. ifeng. com/artide/3336502. html，2015-3-4。
③ 陈奕：《试论新闻自由的合理性及其现实困境》，载《新闻知识》2007（4）。

度予以定位和提升。从第一章对国内外媒介融合的理论梳理可以看出，众多学者已经从不同角度对媒介融合进行了阐释。但是，目前尚未出现从整体上对媒介融合加以系统研究与深入探讨的著作，也未能形成关于媒介融合的统一定义，而且在媒介融合的很多已有研究上也存在模糊、交叉、实践指导性欠缺等问题。因此，如何在现有媒介融合理论的基础上"乘胜追击"，与时俱进地从瞬息万变的融合实践中归纳、提炼和总结出其理论核心、框架与体系，并与其他学科、专业领域相结合，构建完整、清晰的媒介融合理论体系，成为媒介融合在理论层面上的突破点。

那么，作为理论的另一方面实践呢？目前实践层面的主要问题之一是技术的再开发与再成熟。从第四章关于媒介融合技术的介绍中可以了解到，媒介融合的支撑技术正在不断革新与完善，但是还远远不够，蓬勃发展的受众市场与需求必然要求媒介融合技术能在不久的将来再次跃上一个新的台阶。

具体从国内来看，在数字技术革命的推动下，电信、广播电视和出版业的产业边界日益模糊和收缩，三大产业的内容生产、传输平台和接收终端不断走向融合，传统传媒业纵向一体化的结构逐步裂变为横向一体化的结构，这是一场全新的产业革命，也为媒介融合提供了宽广的发展平台与必要的支撑条件。《2006—2007 中国新媒体发展研究报告》中指出，目前中国新媒体产业已经呈现出融合、创新、合作、替代等特点，其中融合是新媒体发展的显著特点。而且，传统媒体和新媒体将在竞争的基础上，逐渐走向互动与合作，不断实现技术、资本等方面的深度融合，其中技术方面的融合是关键所在。美国传播学者伊契尔·索勒·普尔（Ithiel De Sola Pool）在《自由的科技》（*the Technology of Freedom*，1983）一书中提出"传播形态融合"（the Covergence of Modes）一词，认为数码电子科技的发展是导致历来泾渭分明的传播形态聚合的原因。事实也是如此。目前越来越多的大门户网站、搜索引擎以及诺基亚、苹果、联想等以技术为支撑点的大公司纷纷介入媒介融合这一领域，国内正在推进的"三网融合"更是从国家政策的高度给予技术平台的融合以强大的支持。所谓"三网融合"，是指"电信网、广播电视网和互联网的融合，在技术改造的基础上，提供包括语音、数据、图像等综合多媒体的通信业务，可以涉及技术融合、业务融合、行业融合、终端融合及网络融合"①（见图 7-2）。"2010 年 1 月 13 日，国务院常务会议决定加快推进电信网、广播电视网、互联网三网融

---

① 吕天玲、陈枫、陈祥蕉：《李毅中：三网融合有望 5 月实施》，http：//www.bianews.com/news/91/news/91/n-171891.html，2010-3-6。

合，并审议通过了推进三网融合的总体方案。……为推进三网融合工作顺利开展，中国将加强政策扶持。组织实施重大科技和产业化专项，制定相关产业政策，扶持三网融合共性技术、关键技术、基础技术和关键软硬件的研发和产业化。"[1]

图 7-2 "三网融合"示意图[2]

二、媒介生态层面的"融合为王"

媒介并不是孤立存在的，它也是一种社会子系统，是社会的有机组成部分，它的存在与发展与其他子系统（诸如政治、经济、文化）之间存在着密切的关系。这种关系的总和即是媒介的生态环境。[3] 简而言之，谈及"媒介生态"这个概念，其中与媒体产生一定互动关系的非物质环境都可以是"媒介生态"里的要素或子系统，包括经济、政治、技术的使用、文化等方面，各个子系统之间的互动形成了"媒介生态"。而且，作为新闻传播工具的媒介，属于社会信息系统，这是媒介系统在总系统中的基本定位。[4]

那么，从深层次上看，在"融合为王"的汹涌大潮中，媒介生态将发生持续而渐进的变动。主要表现在：一方面，媒介融合所带来的理念变化与格局

---

① 《中国三网融合将分两个阶段进行》，http：//news. xinhuanet. com/politics/2010-02/09/content_ 12960404. htm，2015-3-2。

② 《三网融合试点城市名单送审 江苏与北京有望胜出》，http：//news. hexun. com/2010-04-13/123308282. html，2010-4-13。

③ 李良荣：《新闻学概论》，复旦大学出版社 2004 年版，第 134 页。

④ 李良荣：《新闻学概论》，复旦大学出版社 2004 年版，第 137 页。

转换同时会对与媒介系统相关的其他社会子系统产生或多或少的影响，甚至带来后者在很大程度上的变化。尤其是那些与媒介系统关联度最高的社会子系统，比如文化系统，媒介融合所蕴含的互补、融通、协调等理念将逐渐渗入文化系统之中，内化为其中的一部分。再比如技术系统，媒介融合所产生的新兴技术同时也属于技术变革的范畴之一。另一方面，其他社会子系统的发展成果也能为包括媒介融合在内的媒介系统的发展提供丰富的新鲜血液和有力支撑，从而更好地推动媒介融合的进行。

具体到与媒介融合密切相关的新闻改革，我国新闻业正经历着"转企改制"的重大变革，很大一部分原来以事业单位身份存在的媒体将变成企业，进而形成事业单位和企业单位并存的"双轨制"，其核心就是实现跨媒体、跨行业、跨区域的重新组合，伴随着淘汰、兼并、联合等一系列过程，小、散、乱的传媒现状将随之改变，整个媒介生态会呈现出一种崭新的景观——按照暨南大学新闻与传播学院教授董天策先生的说法，这种改变将给予媒介融合历史性的契机。同时，在媒介生态持续变动的大背景下，推进媒介融合的重要因素就集中到媒体内部管理机制或运作机制的创新上。目前，南方报业传媒集团、广州日报报业集团、烟台日报报业集团等都已经对融合之后的媒体组织结构"再造"进行了积极尝试，并随之带动集团内部业务流程的"再造"。也就是说，媒介融合从大的层面说是产业间的交融、渗透，从小的层面看则是整个业务流程的重新调整。

三、传播环境层面的"和谐为市"

此处的传播环境指的是作为社会组织的媒介所产生和营造的社会环境。通常意义上的传媒，实际上包括两重含义：一是作为工具和技术手段的传媒，强调的是工具和技术属性；二是作为社会组织的传媒，强调的是其组织属性。[①]对于后者而言，从国内来看，传播环境将因媒介融合的不断完善而得到优化。

长期以来，我国媒体一直受传统观念影响，在政治体制和经济基础的影响下，充当的是宣传与训导工具的单一功能，其他功能的实现自不待言，更遑论媒介融合的进行了。而随着社会转型期的到来和各项改革的推进，正如德国哲学家在谈及我国社会转型和发展状况时所言："我对今日中国的形势不熟悉……不过我确实认为，经济的进一步自由化和政治体制的进一步民主化，将

---

① 申凡、陈奕：《和谐社会视域下的传媒发展》，载《新闻窗》2007年第4期，第11页。

最终促进而且也需要民主形式的舆论必须根植于其中的、我们称之为政治公共领域和联系网络的某种等价物。"① 当前，随着社会领域各项改革的不断深入，特别是构建"和谐社会"的目标提出后，为媒介融合提供了相契合的社会理念支撑——"和谐"这一概念就是指组成整体的诸要素配合默契，恰当匀称，形成平稳、互助、共生的最佳状态，这是一个不断运动、变化及升华的过程。从这一角度看，媒介融合的内涵也是"和谐为本"——实现各媒介、各子部分之间的互通、互补和融通，这正是一个不断实现和谐的过程。有学者提出，媒介的和谐发展从空间维度上可分为机制和谐、流程和谐、组织和谐与关系和谐，并认为这一和谐发展状态是一种由媒介内部向外部延伸的体系。② 从这一体系来看，媒介融合所致力解决的"融合"也不外乎这几个领域，甚至可以这样说，"融合"要达到的正是"和谐"的目标。有学者更深刻地指出，媒介融合同时也是"文化冲突—融合—认同"的过程。如先后在《芝加哥论坛报》和《底特律新闻报》担任媒介部门负责人的马克·希诺乔伊认为，媒介融合的关键在于传统文化要向媒介融合文化转变。不同媒介组织在相互融合的过程中，由于各自原有文化价值、观念取向不一样或不尽相同，难免产生一些文化冲突（Culture Shock，指生活在某一文化中的人，初次接触到另一种文化模式时所产生的思想混乱与心理压力）与障碍。对于自身而言，往往从已有文化结构出发，对外来文化加以甄别、筛选和提炼，吸收为自身文化的一部分；对于"外来者"而言，则需要努力寻求共同之处，适当地加以自我改造与适应，从而赢得原有文化体系的认同和接纳。经由这样逐步渗透、演进、交互的过程，不同媒介以文化融合为深层次依托，逐渐实现真正意义上的媒介融合。

四、新闻教育层面的"源头活水"

作为与新闻传播业界相对应的另一端，学界和教育界的作用同样不容小觑。媒介融合人才的培养出自新闻教育，必须依靠新闻教育为媒介融合源源不断地输送新鲜血液，成为促进媒介融合发展的"源头活水"。在这一点上，国外很多新闻院校已经为我们作出了表率。如作为全世界最早成立的新闻学院，美国密苏里新闻学院不拘旧法，顺时而动，在全世界范围内第一个创办"融合新闻"专业，为我国新闻教育在媒介融合时代的革新提供了具有建设性的

---

① ［德］J. 哈贝马斯：《关于公共领域问题的答问》，梁光严译，载《社会学研究》1999 年第 3 期。

② 申凡、陈奕：《和谐社会视域下的传媒发展》，载《新闻窗》2007 年第 4 期。

思路。在密苏里新闻学院和社会形势的影响下，目前国内也有一批新闻院校开始了对"融合新闻"专业的探索，如南京大学金陵学院于2007年在国内新闻院校中率先开设"媒体融合"专业（方向），所参考的就是密苏里新闻学院的课程设置，采用国际流行的模块化课程体系来培养复合型新闻人才。其院系负责人表示，已经投入使用的"媒体融合未来实验室"，将结合先进的IT技术平台，以互动和动态化媒体实践为教学基本思路，展现一个开放性、符合中国特色的媒体行业转型的新型实验机构。此外，汕头大学长江新闻与传播学院也与密苏里新闻学院合作，成立了国内新闻院校中第一个"媒体融合实验室"，该实验室通过数码平台，兼容图文、视频、音频等多种手段，为媒介融合的教学与科研提供坚实的技术支撑。而作为国内老牌新闻院校的中国人民大学新闻学院，也开始增设"数字新闻传播"、"跨媒体传播实验"等专业方向和课程，作为传统新闻学专业人才培养模式改革的实验田。可以说，国内众多新闻院校都已经或正在着手进行以培养媒介融合人才为核心的新闻教育改革，力争为媒介融合的发展提供充足的人才保障。

除了学校教育之外，在职培训也是增强媒介融合人才储备的重要手段，国内媒体与研究者正在逐步提出相应的可行性方案。再有，另外一种广义的媒介教育方式即媒介素养教育，它在媒介融合的大背景下也将发生很大变化。"媒介素养"（Media Literacy）是指受众所具有的获取、分析、评价和传递各种形式信息的能力，或者说受众认识、理解及运用各种形式媒介的能力。它是20世纪下半叶起在欧洲、北美洲和大洋洲以及拉丁美洲、亚洲部分地区逐渐兴进的一种崭新教学项目，是在大众传媒时代针对多种媒介对人的影响而提出的一种教育思想和方法。在媒介融合时代，受众如何在信息海洋中、运用不同媒介来获取自身所需信息，已经成为衡量媒介素养高低的要素之一。在这一方面，我国的媒介素养教育近几年才起步，如2004年，复旦大学建立了国内第一个媒介素养研究网站，陆续地对媒介素养现状进行调查研究，是这一领域的开拓者。

综上所述，媒介融合作为信息社会发展的必然产物，也是新闻传播实践的重大革新，必将带来新闻传播理念上的一系列深刻调整。它已经成为席卷全球的时代浪潮，也正在对国内新闻业和新闻传播实践产生革命性的影响。在融合平台渐趋一统的背景下，传统媒体和新媒体的界限日益模糊，很多业界人士表示，目前已经很难区分什么是新媒体、什么是旧媒体，手机移动媒体的出现甚至让互联网也变成了旧媒体，而将来也必定会有更新的移动终端媒体出现。因此，刻意地区分新旧媒体变得毫无意义，一味地唱衰传统媒体或一味地歌颂新媒体也并非明智之举，真正的应为之道是大力推进产业间、媒体间的融合。当然，由于各方面因素的限制，媒介融合的过程中还存在着不少亟待解决的难点与困境，但是，这一趋势不可避免而且无法阻挡。无论是国内业界或学界，都应当积极迎接和面对这一历史机遇与挑战，借媒介融合之东风，将新闻改革与媒介繁荣推向新的高度。

思考题

1. 理解媒介融合发展中的影响因素。

2. 媒介融合和知识产权之间的矛盾在当今社会有何具体表现？试举例说明。

3. 你觉得媒介融合在理论层面最需要解决的问题是什么？

4. 在"融合为王"的汹涌大潮中，媒介生态变动的主要表现有哪些？

5. 你如何看待媒介融合的关键在于文化的融合？

6. 当前我国在媒介融合教育上有何成果？试举例说明。

参 考 文 献

专著类

[1] 王菲. 媒介大融合——数字新媒体时代下的"媒介融合"论. 广州：南方日报出版社, 2007.

[2] 徐沁. 媒介融合论：信息化时代的存续之道. 北京：中国传媒大学出版社, 2009.

[3] [美] 杰克·富勒. 信息时代的新闻价值观. 展江, 译. 北京：新华出版社, 1999.

[4] 李良荣. 新闻学概论. 上海：复旦大学出版社, 2001.

[5] 孙旭培. 当代中国新闻改革. 北京：人民出版社, 2004.

[6] 郑杭生. 社会学概论新修. 北京：中国人民大学出版社, 2003.

[7] Lawson-Borders, G. *Media Organization and Convergence*：*Case Studies of Media Convergence Pioneers*. Lawrence Erlbaum Associaties, 2006.

论文类

[1] 蔡雯. 新闻传播的变化融合了什么——从美国新闻传播的变化谈起. 新闻采编, 2006 (2).

[2] 陈奕、申凡. 和谐社会视域下的传媒发展. 新闻窗, 2007 (4).

[3] 孟建. 媒介融合：粘聚并造就新型的媒介化社会. 国际新闻界, 2006 (7).

[4] 肖燕雄. 论应对媒介融合的法制管理原则. 新闻界, 2006 (6).

[5] 张开. 媒介素养教育在信息时代. 现代传播, 2003 (1).

[6] 蔡雯. 从"超级记者"到"超级团队"——西方媒体"融合新闻"的实践和理论. 中国记者, 2007 (1).

[7] 高钢，陈绚．关于媒体融合的几点思索．国际新闻界，2006（9）.

[8] 王鸿涛．媒介融合现状与前景．中国记者，2007（6）.

[9] 章于炎．媒介融合：从优质新闻业务、规模经济到竞争优势的发展轨迹．中国传媒报告，2006（3）.

后　记

近年来，媒体融合已经成为国际传媒业发展的大势所趋。

2014年8月18日，中央全面深化改革领导小组第四次会议审议通过了《关于推动传统媒体和新兴媒体融合发展的指导意见》。习近平在会议上强调，推动传统媒体和新兴媒体融合发展，要遵循新闻传播规律和新兴媒体发展规律，强化互联网思维，坚持传统媒体和新兴媒体优势互补、一体发展，坚持先进技术为支撑、内容建设为根本，推动传统媒体和新兴媒体在内容、渠道、平台、经营、管理等方面的深度融合，要着力打造一批形态多样、手段先进、具有竞争力的新型主流媒体，建成几家拥有强大实力和传播力、公信力、影响力的新型媒体集团，形成立体多样、融合发展的现代传播体系。要一手抓融合，一手抓管理，确保融合发展沿着正确的方向推进。

以此为契机，推进传统媒体与新兴媒体的融合，已经从各个媒体的各自为战上升为国家战略。这既是媒体发展的时代需要，也是满足和适应民众诉求的重要体现。

新闻教育理当适应媒体发展的需要，大力培养媒体融合背景下"一专多能"式的复合应用型新闻专业人才。为此，文华学院新闻系从2010年起，通过组建融媒体教学团队和设置融媒体核心课程，将媒介融合纳入新闻教育。经过多轮教学实践与总结，才形成了《媒介融合教程》一书。

本教程作者认为，媒介融合的本质是生产形态的融合，其核心是开发和共享内容资源，生产和发展融合新闻。因此，它必然要改变新闻传播流程，形成有别于传统媒体的新闻生产方式和市场营销方法。

为此，本教程在阐述媒介融合发展历程及其技术支持的基础上，重点从新闻实践的角度研究了媒介融合的新闻生产流程再造。从如何"打通"各个单一介质媒体之间独自作战、自我循环的生产流程入手，阐明了在媒介融合的背景下，各种媒体的采编作业怎样才能在"打通"中形成"共融"，各种介质的媒体在生产流程中如何形成一个有机整体的问题。在此基础上，本教程分析了实施媒介融合的制约因素，并对媒介融合的未来发展趋势提出了展望。

　　以"再造新闻生产流程"为重点，探究媒体融合的发展轨迹、技术支持和具体实践操作，这是本教程区别于其他同类型著述的基本特色和主要特点。

　　本教程认为，在"打通"中形成"共融"，是再造新闻生产流程的核心，也是融媒体实施新闻传播的关键。

　　在媒介融合时代，媒介的定义外延更为宽泛。"媒介就是渠道"，所有能将传受双方互联互通，并承载信息、意义与文化的介质都可以看做是媒介。就媒体结构层面而言，传统的和新型的传播方式之间的区分标准正日益模糊，不同媒介之间的关联性和兼容性正日益加强。媒介融合带来的最重要的一个结果，即"媒介之间的边界由清晰变得模糊"。因此，专业媒体必须在"打通"与"共融"中再造新闻生产流程。

　　在"打通"与"共融"中再造新闻生产流程，前提是要建立依托网络技术打造的数据库，进行多媒体信息的储存、处理与加工；核心是要建立新闻生产的指挥调度中心，构建以用户为中心的多元化的信息传播机制。它如同人的大脑，在对多介质、多媒体进行"打通"和"共融"中，实施对整个新闻生产流程的指挥调度和控制管理。

　　在新闻生产流程再造的过程中，最基本的环节是全能记者的多媒体信息采集。要通过整合人力资源，构建全能记者的信息采集平台；记者队伍要突破思维定势，实现新闻内容采集的跨媒体思维；要熟悉融媒体采写技能，培养"一专多能"型全能记者。与此同时，还要培养具有新闻策划意识、擅长多介质信息处理技能的媒体编辑，实施多媒体编辑的信息分层处理，这同样是新闻生产流程再造中必不可少的重要环节。

　　新闻生产的目的是为了新闻传播。信息发布是新闻传播流程的末端环节，也是融媒体时代新闻传播环状流程构建中不可或缺的重要组成部分。随着传播技术的发展，数字化媒体的融合功能还将继续增强。运用多信道的信息终端，进行融媒体的新闻信息传播，让用户在新的终端介质上实现听、读、看、说、录等手段对新闻信息的自由选择和组合，则是媒体融合时代的基本特征和终极追求。

　　本教程通过大量案例，对如何构建新闻生产的指挥调度中心，怎样培养全媒体记者和编辑人才，如何运用多信道的信息终端，进行融媒体的新闻信息传播等进行了详细阐述；并结合大数据技术，阐明了媒体如何采集、分析与运用相关数据，更好地为用户服务的问题。

　　本教程是为了满足新闻教学的需要，由文华学院新闻系集体著述的结晶。在集体商议并确定教程的总体结构后，第一章、第二章由杜俊伟执笔，第三章由姜平执笔，第四章由黄龙执笔，第五章、第七章由陈奕执笔，第六章由王丽明执笔。在完成初稿、二稿后，由姜平统稿并修改，申凡最后审阅定稿。

姜　平

2014 年 9 月于文华学院

书 目

* 已出书